맥을 잡아주는 세계사 06

영국사

日不落帝国的辉煌 英国
编者 :《图说天下. 世界历史系列》编委员

영국사

맥세계사편찬위원회 지음
김상수 교수 감수(한국외대 영어통번역학부)
강치원 교수 추천(강원대 사학과)

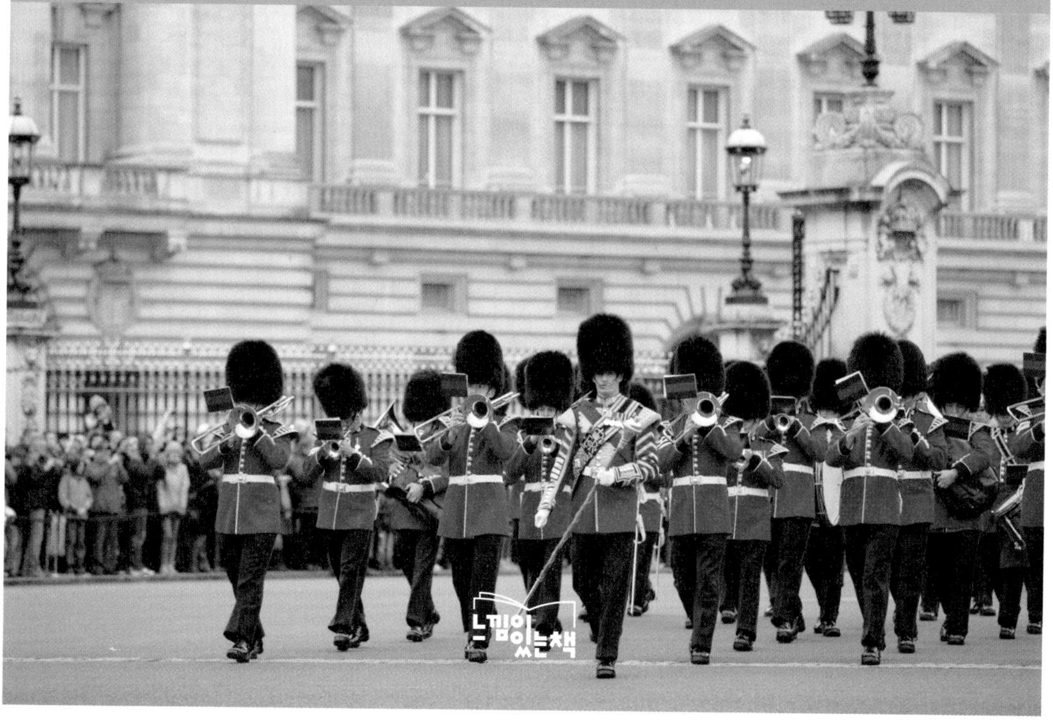

느낌이있는책

일러두기

1. 외래어 표기는 국립국어원의 표기법을 기준으로 하되, 관례화되어 있는 특별한 경우를 제외하고 모두 해당 국가의 원어 발음에 가깝게 표기하였다.
2. 역사적 사실이나 사건 등은 네이버 두산백과, 위키백과, 다음백과를 순차적으로 참고하였다.
3. 이 책에서 영국이라 함은 잉글랜드, 웨일즈, 스코틀랜드, 북아일랜드가 합쳐진 연합왕국을 일컫는 것으로서 잉글랜드와는 구분된다.
4. 흔히 대영 제국이라 불리는 영국 제국 혹은 영제국은 영국 제국이라 부르는 것으로 기준을 정하였다.

'영국인은 자신들 외에 다른 사람은
존재하지 않으며, 잉글랜드 외에
딴 세상은 없다고 여기는 것 같다.'

책머리에

5000년 인류 역사를 담은 장쾌한 대하드라마

역사는 장대한 대하드라마이다. 그것도 아주 잘 짜인. 사건이 일어나게 된, 일어날 수밖에 없는 명확한 이유가 있고, 그로 인해 전개될 이야기는 전후 관계가 딱딱 들어맞는다. 각각의 시대를 살아 낸 사람들의 이야기는 너 나 할 것 없이 드라마보다 더 드라마틱하다. 그야말로 파란만장하다.

역사란 드라마틱한 시대를 살아 온 사람들의 파란만장한 삶에 관한 이야기이다. 그 속에 생존을 위한 몸부림이 있고, 종족과 전쟁이 있으며, 문화와 예술이 있고 국가와 민족이 있다. 권력을 향한 암투와 뜨거운 인류애가 함께 숨 쉬는가 하면, 이념과 창조, 파괴, 희망이 춤춘다.

인류의 역사는 희망적인가. 우리가 역사를 통해 배우고 이를 삶에 적용하는 한 인류의 역사는 희망적이다. 이것이 우리가 역사를 알아야 하고 이 시대의 문제에 대한 해답을 역사에서 찾아야 하는 이유이다.

역사는 읽는 것이 아니라 보는 것이라 했던가. '맥을 잡아주는 세계사'는 마치 대하드라마를 보는 듯 한 권, 한 권이 잘 짜인 책이다. 인과 관계가 명확하니 행간과 맥락이 머릿속에 쏙쏙 들어온다. 600여 개의 에피소드는 드라마를 흥미진진하게 이끌고 가는 매개체이며, 2,000여 장에 이르는 시각 자료는 세트, 정지 컷, 의상, 소품 구실을 한다. 에피소드는 어느 한 곳에 치우치지 않도록 다양한 시각을 담은, 다양한 사료를 바탕으로 꾸몄다.

각 권은 50여 개의 장으로 이루어진다. 각 장이 시작될 때마다 해당 시기와 등장인물이 어김없이 소개된다. 또한 그때 다른 곳에서는 어떤 일들이 벌어지고 있었는가를 별도의 연표로 제시한다. 그렇다. 드라마이므로 배경이 되는 시기가 있어야 하고, 주인공이 있어야 하며, 전후좌우의 맥락을 살피기 위해서는 주인공을 둘러싼 시대의 흐름도 아울러야 한다. 이러한 플롯으로 그리스와 로마, 이집트 역사를 통해 고대 문명의 원형을 찾아보고, 중·근세 유럽의 강국 영국, 프랑스, 독일을 거쳐 근세 일본과 중국, 미국, 러시아까지, 한 편, 한 편 완성도 높은 드라마로 빚어내어 역사의 거대한 흐름 속으로 독자들을 끌어들이려 한다.

과거에 대한 올바른 인식 없이, 올바른 현재적 삶도 없다. '맥을 잡아주는 세계사'는 독자들에게 한 걸음 더 가까이 다가가 말을 건네는 책이다. 우리 삶을 더 인간답게 가꾸어 가기 위해 우리는 무엇을 고민해야 하고, 어떻게 해야 할지를 묻는다. 물론 그에 대한 답은 독자 스스로 찾아야 한다. 이 책 안에서 펄펄 살아 움직이는 역사를 통해.

자, 이제 모든 준비가 끝났다. 독자들이여! 5000년 인류 역사의 거대한 물줄기! 그 장쾌한 대하드라마 속으로 함께 빠져들어 보자. 그것도 아주 열렬히.

– 맥세계사편찬위원회

역사 속에서 거침없이 튀어나온 인물들과의 조우

역사는 과거와 현재와 미래의 대화라고 합니다. 현재의 가치가 과거의 사실을 만납니다. 현재는 과거와 미래에게 자신의 삶에 대해 묻습니다. 어디서 왔는지, 제대로 살고 있는지, 어떻게 살아야 하는지……. 현재가 치열하게 고민한 것일수록 과거가 들려주는 답은 명확합니다. 과거의 이야기는 여기에서 머물지 않습니다. 미래까지 적나라하게 제시합니다. 고대 로마의 정치·사회사에서 한국의 현재를 읽어 내는 일이 가능할까요? 물론입니다. 어디 현재뿐이겠습니까? 미래를 예측할 수도 있습니다. 왜냐하면 미래는 실천과 의지의 소산이기 때문입니다. 그것은 바로 과거를 아는 자들의 몫입니다. 이것이 바로 역사를 알아야 하는 이유입니다. 그래서 역사는 과거의 사실과 현재의 가치와 미래의 의지의 대화입니다.

이런 점에서 볼 때 최근 일어난 교학사의 한국사 교과서 역사 왜곡 논란은 참으로 안타까운 일이 아닐 수 없습니다. 편향된 시각으로 집필된 역사 교과서가 자라나는 세대들에게 우리 역사를 바로 알고 현실을 직시하며 미래를 준비하는 토대를 제공할 수 있을까요? 역사를 잊은 민족에게 미래란 없다고 했습니다. 이념 논쟁을 떠나 역사 교육에 대한 사회적 합의가 절실합니다.

느낌이 있는 책에서 의욕적으로 출간한 '맥을 잡아주는 세계사' 시리즈를 보고 세 번 놀랐습니다. 가장 먼저 본문 구성이 매우 독특하다는 데 놀랐습니다. 마치 독자들이 날개를 달고 그 지역 상공을 날면서 여행을 하듯 쓰인 서술 방식은 그간의 역사서에서는 찾아보기 어려운 점입니다. 시간의 흐름에 따라 역사적 사건의 현장이 펼쳐지면서 그 시기에 가장 중요했던 인물이 등장하여 종횡무진 맹활약을 합니다. 이러하니 마치 다큐멘터리나 한 편의 영화를 보는 듯 지면이 살아 움직입니다. 두 번째로 놀란 것은 시간의 흐름에 따른 종적 편성 외에 신화, 축제, 교육, 건축, 예술, 여성 등 다양한 테마를 다룬 횡적 편성을 통해 생활사까지 아울렀다는 점입니다. 정치·사회사 중심의 역사서에서 놓치기 쉬운 생활사를 단원 말미에서 종합적으로 서술함으로써 두 마리 토끼를 모두 잡는 데 성공하였습니다. 마지막으로 놀란 것은 꼼꼼한 구성입니다. 각 단원이 시작될 때마다 시기와 주요 인물 혹은 사건이 제시되고 그 아래 총체적인 세계사의 흐름을 알 수 있는 비교 연표를 제시하여 독자들의 머릿속을 깔끔하게 정리해 주고 있다는 점입니다. 필요한 자리에 적절하게 들어간 사진 자료들은 한눈에 보아도 귀한 자료임을 알 수 있습니다.

이 책은 중국 최고의 인재들로 구성된 중국사회과학원과 베이징대학 등 중국 유수 대학 사학과 교수진이 기획과 집필을 담당하였습니다. 우리로서는 그간에 주로 접해 왔던 서양이나 일본 학자들의 시각에서 벗어나 중국 역사가들의 새롭고 참신한 사관을 접할 수 있다는 점에서 흥미로운 일이 아닐 수 없습니다. 고대 그리스에서 시작되는 여행은 전 세계 곳곳의 상공을 날며 생생한 역사의 현장을 돌아봅니다. 그 현장에서 만나는 주인공들은 더 이상 박물관에 놓인 초상화 혹은 조형물이 아닌, 따스한 피를 가진 한 인간입니다. 그들과의 만남, 생각만으로 벌써 가슴이 뛥니다.

– 강치원, 강원대 사학과 교수. 경기도율곡교육연수원장

타임머신을 타고 영국 역사 속으로 빠져드는 유쾌한 경험

서유럽의 끝자락에 외롭게 서 있던 조그만 섬나라 영국은 19세기 중엽이 되면 세계 초일류 강대국으로 발돋움한다. 전 세계 인구의 4분의 1을 지배하는 '해가 지지 않은 제국'을 건설하면서, 자본주의, 의회 제도, 영어와 같은 근대화의 씨앗을 지구촌 곳곳에 심어 놓았다. 비록 20세기 들어 두 차례의 세계대전과 냉전체제를 겪으면서 초강대국의 지위는 잃어버렸지만 오늘날의 세계 질서는 영국이 짜 놓은 틀에서 크게 벗어나지 못하고 있다.

영국의 역사를 다룬 책은 아주 많다고는 할 수 없지만 번역서를 포함해서 꽤 다양한 주제에 걸쳐 꾸준히 출판되었다. 하지만 대부분의 경우 대학원생 수준 이상이 되어야만 비로소 쉽게 이해할 수 있는 전문적인 책이거나, 기행문이나 여행안내서와 같이 다소 단편적이고 학술적이지 못한 책이어서 아쉬웠다. 이 책은 바로 이러한 아쉬움을 달래 주는 매우 중요한 역할을 하고 있다. 복잡한 연표와 어려운 용어를 최대한 자제하면서도 영국사의 흐름에서 결정적인 역할을 한 사건과 인물들에 대해 쉽게 설명한다. 설령 글을 읽다 지쳐 흐름을 놓치게 되더라도 연속적으로 등장하는 흥미로운 그림과 사진자료 덕분에 마치 다큐멘터리 방송을 보는 것처럼 편하게 역사를 공부할 수 있도록 도와준다.

쉽고 흥미롭고 편하다고 해서 이 책이 전문지식의 전달에 소홀한 것은 결코 아니다. 물론 전문 역사가들의 학설이나 논쟁을 소개하는 데까지 나아가지는 않지만, '맥을 잡아 주는 영국사 중요 키워드'와 '테마로 읽는 영국사'라는 작은 섹션을 만들어 주요 사건들에 대해 심층적으로 소개한다. 또한 지역 간 상호영향을 중시하는 최근 역사연구 경향인 '지구사Global History' 또는 '트랜스내셔널Trans-national 역사'의 영향도 반영해서 챕터가 시작할 때마다 '한 눈에 보는 세계사'라는 간단한 연표도 제시함으로써 세계사적인 맥락도 파악할 수 있게 도와준다.

고대 문명의 발상지이자 수천 년 동안 강대국의 지위를 누려 왔던 중국이 서양의 식민지 처지로 몰락한 것 역시 영국이 주도한 산업화와 제국의 팽창 탓이었다. 비록 이 책의 구성과 내용에서 중국인 저자의 서양에 대한 비판적인 시각을 발견하기는 쉽지 않지만, 주로 영국과 미국에서 교육을 받은 국내 영국사 연구자들의 시각과 이 책의 시각을 비교해 보는 것도 흥미로울 듯하다. 매우 중요한 사건들을 다루고 있긴 하지만 의회를 중심으로 한 민주주의의 발전과 개인적 자유의 확대와 같은 다소 서양 중심적인 주제에는 상대적으로 관심을 덜 기울이는 것을 발견할 수 있는데, 이는 최근 급성장한 중국 지식인들의 자신감을 표현하는 것으로 볼 수 있겠다. 영국인이 익숙하게 느끼는 영국사가 아니라 외부에서 본 영국사를 집필하겠다는 시도인 것이다.

이 책이 들려주는 역사적인 사건과 인물들, 그림과 사진을 통해 재생해 주는 그들의 생생한 모습, 세계라는 큰 틀과 그들을 엮어서 짚어 주는 역사의 '맥'은 독자들로 하여금 마치 타임머신을 타고 영국의 역사를 단 몇 시간 만에 여행한 것과 같은 유쾌한 경험을 하게 해 줄 것이다. 이 책을 통해 영국사라는 매력적인 주제에 흠뻑 빠져드는 독자가 많아지기를 기대한다.

– 김상수, 한국외국어대 영어통번역학부 교수, 영국사 전공

CONTENTS

1 풍운의 섬나라

2 해가 지지 않는 나라

3 세계의 공장

4 전쟁의 포화 속에서

5 다시 피어나는 잉글랜드의 장미

The United Kingdom

맥을 잡아주는 세계사

The flow of The World History

제1장 | 풍운의 섬나라

1. 로마의 브리튼 정복
2. 고대 7왕국 시대
3. 앨프레드 대왕
4. 노르만 정복
5. 헨리 2세의 사법 개혁
6. 위대한 사자왕
7. 역사를 빛낸 대헌장
8. 의회 제도의 기원
9. 백년 전쟁
10. 장미 전쟁

The United Kingdom

1 로마의 브리튼 정복

오늘날의 영국은 브리튼Britain 제도의 여러 섬으로 구성되며, 그 가운데 가장 큰 면적을 차지하는 것이 바로 그레이트 브리튼Great Britain 섬이다. 영국의 총 면적은 약 24만㎢이며 해안선의 길이는 1만 1,000㎞에 달한다. 기원전 1세기 무렵 강대한 로마 제국은 농업 식민지를 확보하고 광산을 약탈하기 위해 브리튼을 침략했다. 이후 브리튼은 약 300여 년에 걸쳐 로마의 지배를 받으며 로마 문명의 영향 아래 크나큰 변화를 이루었다. 오늘날 사학자들은 로마가 영국을 문맹의 암흑 속에서 밝은 문명의 세상으로 이끌어 영국 문명사의 서막을 열었다고 평가한다.

시기 : 기원전 55년~3세기
인물 : 카이사르Caesar, 클라우디우스Claudius, 하드리아누스Hadrianus

초창기

지금으로부터 약 300만 년 전까지만 해도 브리튼 섬은 유럽 대륙과 하나로 연결되어 있었다. 그리고 이곳에 인류가 살기 시작한 것은 약 25만 년 전으로 추정된다. 영국의 저명한 정치 사상가 홉스Thomas Hobbes의 표현을 빌리면, 이 시기에 브리튼 섬에 거주하던 원주민들은 가난하고 혹독한 환경에서 생활했다. 평균 수명은 스물다섯에 불과했고 주로 사냥을 하거나 과일을 채집해 먹을 것을 구하면서 공동생활을 했다.

한눈에 보는 세계사

기원전 57년 : 신라 건국
기원전 37년 : 고구려 건국
기원전 18년 : 백제 건국
기원전 4년 : 예수 탄생
286년 : 로마, 분할 통치 시작
306년 : 로마, 콘스탄티누스 대제 즉위

유럽 대륙에 살던 켈트 족Celts이 본격적으로 브리튼 섬으로 이주하기 시작한 것은 8세기부터이다. 이주민들은 금속을 제련하는 기술력과 화폐 제도, 종교 의식과 같은 문명을 기반으로 왕국을 세웠다. 당시 켈트 족의 이주는 500여 년의 시간 차이를 두고 세 차례에 걸쳐 이루어졌다. 최초의 이주민은 라인 강 유역에 거주하던 켈트 족이었다. 두 번째 이주민은 켈트 계 '브리튼 인'Britons으로 기원전 500년에 막강한 무력을 앞세워서 지금의 잉글랜드 지역을 점령했다. '브리튼Britain'이라는 단어도 바로 그들에게서 유래한 것이다. 세 번째 이주민은 유럽 대륙의 갈리아 지역 북부에 살던 켈트 족으로 기원전 100년에 대거 이주했다. 흔히 '게일 인'Gael이라고 불리는 이들의 진출을 시작으로 브리튼 섬에는 정치적 권위가 있는 부족 국가가 등장했다. 그 가운데 템스 강 북쪽의 카투벨라우니Catuvellauni, 남동 지역의

영국 잉글랜드 햄프셔 카운티에 있는 윈체스터 대성당

윈체스터 대성당(Winchester Cathedral)은 역사가 900여 년에 이르는 유서 깊은 성당으로, 유럽에서도 큰 규모를 자랑하는 성당 가운데 하나이다. 《오만과 편견》을 쓴 작가 제인 오스틴(Jane Austen)의 묘지도 이곳에 있다.

코르타니Coritani, 서섹스Sussex 지역의 콤미우스Commius 등은 규모가 큰 부족 국가였다. 특히 게일 인은 로마가 갈리아 지역을 정복할 때 갈리아 지역과 연합하여 저항 운동을 펼쳐 훗날 카이사르가 영국을 정벌하는 빌미를 제공했다.

두 차례의 원정 실패

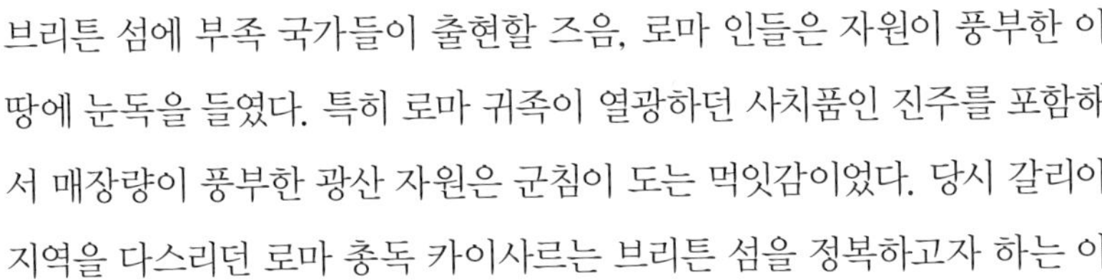

브리튼 섬에 부족 국가들이 출현할 즈음, 로마 인들은 자원이 풍부한 이 땅에 눈독을 들였다. 특히 로마 귀족이 열광하던 사치품인 진주를 포함해서 매장량이 풍부한 광산 자원은 군침이 도는 먹잇감이었다. 당시 갈리아 지역을 다스리던 로마 총독 카이사르는 브리튼 섬을 정복하고자 하는 야욕을 불태우기 시작했다.

의식용 방패

기원전 1세기 무렵의 유물. 청동으로 도금된 길이 81.3㎝의 방패로 템스 강변에서 출토되었다.

기원전 55년 8월의 어느 날 밤, 카이사르는 2개 군단 1만 2,000명을 수송선 100여 척에 싣고 브리튼 원정에 나섰다. 그리고 며칠 후 해안에서 브리튼 인과 치열한 전투를 벌였다. 사실, 이때 상황은 로마군에 불리하게 펼쳐졌다. 해안에 암초가 많아 수송선이 해안선 가까이에 정박할 수 없는 탓에 로마군은 무거운 병기를 들고 바다에 뛰어들어야 했다. 병사들이 넘실대는 파도에 겁을 집어먹고 머뭇거리자 황동색 독수리 깃발을 든 기수가 병사들을 독려했다.

"뛰어들라, 로마의 병사들이여! 우리의 영광스러운 깃발을 적에게 내주려는가? 조국에 대한 의무를 다하라!"

그 말에 애국심이 불타오른 병사들은 용맹하게 바다로 뛰어들어 해안으로 돌진했다. 브리튼 인은 필사적으로 방어했지만 숙련된 로마군을 당해 내기에는 역부족이라 결국 화친을 청할 수밖에 없었다. 마침 폭풍우로 보급선이 도착하지 못해서 곤경에 빠졌던 로마군은 선뜻 화친을 받아들이고 황급히 갈리아로 철수했다.

이듬해에 카이사르는 수송선 800척에 5개 군단 2만 5,000명을 싣고 또다시 브리튼 원정길에 나섰다. 막강한 군사력을 앞세운 로마군은 첫 번째 원정과 달리 매우 수월하게 내륙 깊숙이 공략해 들어갔다. 브리튼 인은 이에 맞서 로마군과 정면으로 교전하는 것을 피하고 게릴라 전술을 펼쳤다. 30~40명으로 유격대를 구성해 로마군의 보급선과 낙오된 병사들을 집중적으로 공격한 것이다. 게릴라 전술은 매우 효과적이었다. 로마군은 섬의 대부분 지역을 점령했지만 브리튼 인의 주력 부대를 격파하지 못해서 끊임없이 그들의 기습에 시달려야 했다. 설상가상으로 갈리아 지역에서 봉기가 일어났다. 카이사르는 두 지역에서 동시에 전투를 치르기에는 로마의 병력이 부족하다는 사실을 잘 알고 있었다. 그래서 서둘러 브리튼 인과 화친을 맺고 브리튼 섬에서 철수할 수밖에 없었다.

핏빛 어린 정복

카이사르는 브리튼 섬을 완전히 정복하지는 못했지만, 두 차례에 걸친 원정에서 로마군의 위세를 떨쳤다. 이후 브리튼 인은 로마의 심기를 건드리는 일을 삼가고 갈리아의 내정에도 간섭하지 않았다. 그러나 브리튼 섬을 정복하고자 하는 로마 통치자들의 갈망은 쉽사리 사라지지 않았다. 마침내 43년에 로마 황제 클라우디우스가 자신의 통치 기반을 공고히 하고자 브리튼 정벌을 단행했다.

앞서 두 차례 원정의 실패를 교훈 삼아 로마는 먼저 완벽한 보급로를 확보하고 4만 대군을 파견했다. 원정대는 바닷길이 순탄하여 매우 순조롭게 섬에 상륙했다. 반면에 브리튼 인은 그 사이에 자만심에 빠져서 방어를 소홀히 했다. 마침 수확기라 로마군이 식량만 약탈하고 전면적으로 군사 행동에 나서지는 않을 것으로 생각했던 것이다. 덕분에 로마군은 칼에 피 한 방울 묻히지 않고 손쉽게 브리튼 섬을 정복했다. 그러나 쉽게 얻은 승리감에 도취한 탓이었을까? 로마군은 폭정을 일삼으며 브리튼 섬 주민들을 학대하기 시작했다. 이에 점차 폭정에 대한 불만이 쌓이면서 저항 운동이 시작되었다.

마침내 60년에 브리튼 인이 대규모 봉기를 일으키고 그동안 로마군에게서 받은 학대에 앙갚음이라도 하듯 잔인한 보복을 했다. 저항군의 발길이 닿는 곳마다 로마군과 로마에 귀순한 원주민들은 철저하게 몰살당했다. 당시 런던 지역에서만 로마 인과 주민 7만 명이 몰살당했으니 그 분노가 어느 정도였는지 짐작하고도 남을 것이다. 그러나 정규 훈련을 받고 완벽한 무장을 갖춘 로마군이 곧 대대적인 반격에 나서서 봉기를 진압했다. 수십만 명의 피로 얼룩진 이 봉기를 계기로 로마군은 통치 전략을 바꾸었다.

스톤헨지

영국인에게 스톤헨지는 신비로 가득한 고대 석상인 동시에 인류의 상상력을 유감없이 드러내는 상징물이기도 하다.

먼저 브리튼 섬에 부과하던 과도한 세금을 줄이고, 도로를 닦고 건축물을 세웠으며, 교육 시설을 확충해 라틴 어를 보급하는 등 일련의 문화 정책을 시행했다. 이러한 정책으로 원주민들은 점차 로마 인의 생활 방식에 동화되고 로마는 브리튼 섬의 통치 기반을 공고히 할 수 있었다.

마지막 철수

122년에 로마 황제 하드리아누스가 브리튼 섬 시찰에 나섰다. 이때 그는 지금의 스코틀랜드에 거주하는 켈트 족의 저항에 대비하여 북부 지역에 방어벽을 축조하라고 명령했다. 오늘날 '하드리아누스 방벽Hadrian's Wall'으로 불리는 이 성벽은 길이가 100여㎞에 달하고, 요새 17곳과 포대 80여 개, 봉화대 100여 개가 있다. 하드리아누스 방벽 덕분에 브리튼 섬의 남부 지역은 300여 년 동안 평화를 유지할 수 있었다. 더불어 찬란한 로마 문명의 영향으로 야만 시대에서 벗어나 새롭게 거듭났다. 이 시기에 런던은 브리튼 섬과 서유럽 경제 교류의 교통 요충지였다. 영국 경제의 기반이 된 방직 공업도 바로 이때 시작되었다. 그뿐만 아니라 로마 인이 밀려들면서 라틴 어가 보급되고, 2세기 후반에는 기독교가 전파되었다. 당시 브리튼 섬의 인구는 약 100만 명 이상으로 추산되는데, 로마는 브리튼 섬을 속주로 삼아 군사적 관리에만 주력했기에 일반인은 이주하지 못했다.

3세기 말엽에 이르러 로마 제국은 경제, 정치, 종교적으로 심각한 위기에 맞닥뜨렸다. 특히 스코틀랜드 지역에 거주하던 켈트 족의 침략으로 철통같던 하드리아누스 방벽이 무너져 크나큰 타격을 입었다. 엎친 데 덮친 격으로 398년에 서고트족이 로마에 반란을 일으켜 발칸 반도의 로마 속주들을 약

하드리아누스 황제의 두상

높이 40.7cm의 청동 두상. 날카로운 콧날과 그윽한 눈빛, 꽉 다문 입술은 황제의 위엄과 지혜로움을 그대로 표현했다.

탈하고 급기야 로마를 침략했다. 브리튼 섬에 주둔하던 로마군은 로마를 방어하기 위해 급히 본국으로 철수했다. 407년에 마지막 주둔 부대가 브리튼에서 철수하면서 로마의 점령 시대는 끝을 맺었다.

로마의 통치는 브리튼 섬에 끔찍한 살육과 재앙을 일으킨 동시에 찬란한 문명의 꽃을 피웠다. 로마의 문학과 예술은 원주민들에게 새로운 세계관을 심어 주었고, 도시마다 광장과 사원, 대중목욕탕, 지하수로 등 웅장하고 정교한 로마식 건축물이 세워졌다.

맥을 잡아 주는 **영국사 중요 키워드**

스톤헨지Stonehenge

스톤헨지는 런던에서 120km 떨어진 윌트셔 주 솔즈베리 평원에 있는 유명한 선사 시대 유적지다. 약 기원전 4000년 전, 즉 신석기 시대 말엽부터 청동기 시대 초엽 사이에 세워진 것으로 추정된다. 주로 거대한 돌덩어리로 이루어진 기둥들로, 면적 약 11헥타르의 널따란 평원 위에 세워져 있다. 돌덩어리는 대략 하나의 무게가 50톤, 높이는 8m에 달한다. 석상들을 중심으로 직경 90m에 달하는 원형 도랑이 파여 있고, 도랑 안쪽에는 구덩이 56개가 빙 둘러 배치되어 있다. 스톤헨지는 건축사상 중요한 위치를 차지할 뿐만 아니라 천문학적으로도 큰 의의가 있다. 돌기둥 사이의 통로와 하지夏至에 태양이 떠오르는 방향이 일치한 점으로 미루어 스톤헨지는 고대 하늘을 숭배하던 사원이거나 천문 기상을 관찰하기 위해 세워진 건축물로 추정된다.

2 고대 7왕국 시대

The United Kingdom

로마군이 철수한 후 브리튼 섬에는 7왕국이 생겨나 이들이 서로 대립하면서 전쟁이 시작되었다. 로마 통치 시절의 평화로움은 사라지고 피 냄새가 진동하는 격랑의 소용돌이 속으로 빠진 것이다. 전쟁의 공포와 불안감이 팽배해지면서 주민들은 종교적 힘에 기대어 위안을 얻고자 했다. 그리하여 당시 유럽 대륙에 퍼지고 있던 그리스도교가 브리튼 섬에 급속도로 전파되었다.

시기 : 3세기~8세기
인물 : 오파Offa

전란 속의 7왕국

오늘날 영국인의 조상에는 켈트 족과 로마 인의 후예 외에도 서유럽 지역에서 바다를 건너온 앵글로색슨 족Anglo-Saxon이 있다. 일반적으로 5세기 이전에는 영국을 '브리튼'이라고 불렀는데, 게르만계의 앵글로색슨 족이 이 땅을 차지하고 나서는 '앵글로 인의 땅'이라는 의미인 '잉글랜드'라고 불렀다.

287년에 앵글로색슨계의 해적들이 처음으로 브리튼 섬의 연해 지역을 침범했다. 이후 429년에 이르러서는 브리튼 섬의 내륙 깊숙이 침투하여 약

한눈에 보는 세계사

313년 : 로마, 그리스도교 공인
375년 : 게르만 민족 대이동 시작
486년 : 프랑크 왕국 성립
610년 : 마호메트, 이슬람교 창시
660년 : 백제 멸망
668년 : 고구려 멸망
676년 : 신라, 삼국 통일
698년 : 대조영, 발해 건국

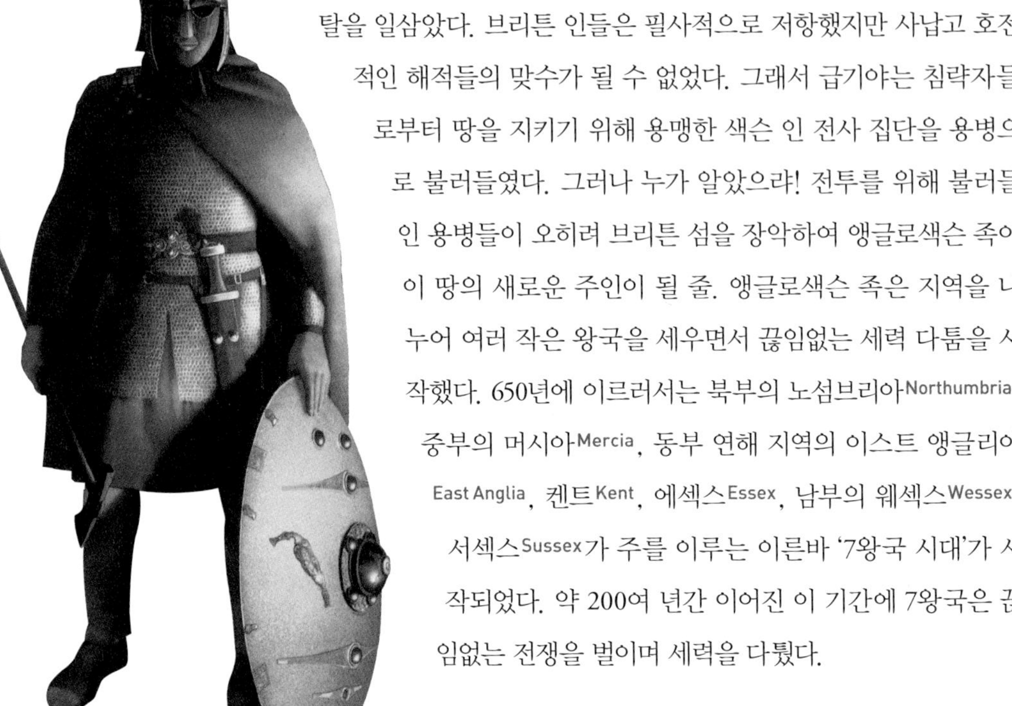

탈을 일삼았다. 브리튼 인들은 필사적으로 저항했지만 사납고 호전적인 해적들의 맞수가 될 수 없었다. 그래서 급기야는 침략자들로부터 땅을 지키기 위해 용맹한 색슨 인 전사 집단을 용병으로 불러들였다. 그러나 누가 알았으랴! 전투를 위해 불러들인 용병들이 오히려 브리튼 섬을 장악하여 앵글로색슨 족이 이 땅의 새로운 주인이 될 줄. 앵글로색슨 족은 지역을 나누어 여러 작은 왕국을 세우면서 끊임없는 세력 다툼을 시작했다. 650년에 이르러서는 북부의 노섬브리아Northumbria, 중부의 머시아Mercia, 동부 연해 지역의 이스트 앵글리아East Anglia, 켄트Kent, 에섹스Essex, 남부의 웨섹스Wessex, 서섹스Sussex가 주를 이루는 이른바 '7왕국 시대'가 시작되었다. 약 200여 년간 이어진 이 기간에 7왕국은 끊임없는 전쟁을 벌이며 세력을 다퉜다.

도끼와 방패를 든 무사

주도권 다툼

7왕국이 주도권을 다투는 동안 브리튼 섬에는 수많은 영웅이 탄생했다. 켄트 왕 에설버트Ethelbert도 그중 한 명이다. 에설버트는 그리스도교도인 프랑크 왕국의 공주를 왕후로 맞이했는데, 이때 많은 종교인이 공주를 따라 켄트 왕국으로 들어왔다. 597년에 로마 교황 그레고리우스 1세가 켄트에 수도사 아우구스티누스Augustinus를 수장으로 한 첫 선교단을 파견했다. 박학다식하고 지략이 뛰어난 에설버트는 일생일대의 기회가 왔다는 것을 직감했다. 종교의 힘을 빌려 자신의 지위를 공고히 할 절호의 기회였던 것이다. 에설버트는 세례를 받고 기독교인이 되는 동시에 거액을 쏟아 부어 캔터베리Canterbury 대성당을 세웠다. 이때부터 캔터베리 대성당은 영국 그리스도교 신학의 중추 역할을 맡았다. 아우구스티누스는 캔터베리 대성당의 첫 번째 주교로 임명되어 '잉글랜드 인의 사도'라고 불리게 되었다. 이후 여러 왕국의 국왕과 백성이 앞 다투어 그리스도교의 신자가 되었다. 잉글랜드 동남부의 여러 왕국에 교회와 수도원이 세워지면서 그리스도교는 빠른 속도로 퍼져 나갔다.

8세기 무렵에 머시아 왕국이 세력을 키워 약 80여 년 동안 브리튼 섬의 패권을 장악했다. 특히 머시아의 왕 오파Offa는 유럽 대륙까지 영향력을 뻗쳤다. 그는 왕위에 오르자마자 켄트 왕국을 비롯한 주변의 작은 왕국들을 복속시키고 반항하는 주민들을 잔혹하게 진압해 요크 지역 이남의 잉글랜드 대부분 지역을 평정했다. 또 프랑크 왕국 샤를마뉴Charlemagne 대제의 딸과 자신의 아들을 정략결혼시켜 유럽 대륙에까지 위세를 드높였다. 그뿐만 아니라 오파 왕은 캔터베리 대주교의 권한을 축소하여 영국 교회에 대한 로마 교황의 통제력을 강화해 주며 로마와 돈독한 관계를 유지했다. 오파 왕이 남긴 가장 큰 업적은 화폐의 유통이었다. 그는 프랑크 왕국의 화폐 제도를 도입해서 자신의 이름과 잉글랜드 국왕의 칭호가 들어간 화폐를 주조하도록 명령했다. 이 화폐는 그가 죽은 뒤에도 약 500여 년 동안 유럽 대륙에서 널리 사용되었다.

796년에 오파 왕이 죽고 나서 머시아 왕국은 쇠락의 길을 걷기 시작했다. 이때 머시아 왕국 대신 웨섹스 왕국이 브리튼 섬의 패권을 거머쥐었다. 9세기 초에 이르러 웨섹스의 에그버트Ecgberht 왕이 머시아 왕국을 정복하자 여러 왕국의 국왕들이 그를 '브리튼의 왕'으로 추대했다. 이로써 에그버트는 명실상부한 '7왕국의 왕'으로서 잉글랜드 지역을 통일했다. 200여 년간 이어진 7왕국 시대는 각 왕국의 주도권 다툼으로 전쟁이 끊이지 않았다. 그러나 한편으로는 강대국이 패권을 장악하면서 약소국 간의 전쟁을 막아 전체 브리튼 섬의 경제 발전을

두상 모양의 성유물 상자

성유물 상자는 높이 34㎝로 12세기 초엽 앵글로색슨 인의 작품이다.

촉진하는 긍정적인 작용도 했다.

웨섹스는 7왕국 가운데 가장 강력한 왕국이었지만 실질적으로 브리튼 섬 전체를 통일하지는 못했다. 반면에 그리스도교는 브리튼 섬에서 종교적 통일을 이루었다. 브리튼 섬의 정치적 통일은 이후 북유럽의 바이킹 족인 데인 인Danes의 침입에 저항하면서 비로소 실현되었다.

서사시 《베어울프Beowulf》

《베어울프》는 고대 영문학의 최고봉이자 유럽 속어로 쓰인 최초의 영웅 서사시이다. 총 3,182행이며 약 725년 즈음에 완성된 것으로 추정된다. 내용은 스칸디나비아 영웅 베어울프의 영웅담이 주를 이룬다. 베어울프가 실존 인물이라는 증거는 없지만 시 속에 나오는 몇몇 등장인물과 장소 및 사건은 역사적 사실로 입증된다.

시는 크게 전반부와 후반부의 두 부분으로 나뉜다. 전반부는 매일 밤 반인반수의 괴물 그렌델이 나타나 용사들을 잡아먹자 스웨덴 남부 기트 족Geats의 왕자인 베어울프가 부하를 이끌고 괴물을 없애는 과정이 서술된다. 후반부에서는 베어울프가 왕이 되어 50년 동안 태평성대를 구가하던 중에 갑자기 입에서 불을 뿜는 용이 나타나 나라를 짓밟기 시작한다. 이에 늙은 베어울프가 나서서 용을 물리치지만, 자신도 치명상을 입고 끝내 죽는다. 기트 족은 예아트 족이라고도 하며, 후에 일부가 남쪽으로 내려와 고트 족이 되었다.

3 앨프레드 대왕

The United Kingdom

8세기부터 11세기까지 300년 동안 대서양에 '바이킹Viking'이라고 불리는 북유럽의 해적 데인 인이 출몰하면서 브리튼 섬에 재앙과도 같은 수난이 닥쳤다. 바이킹의 약탈에 저항하는 과정에서 브리튼 섬에는 불세출의 영웅이 등장했다. 다름 아닌 앨프레드 대왕이다.

시기 : 849~899년
인물 : 앨프레드 대왕Alfred

바이킹 족 시대

웨섹스 왕국이 브리튼 섬의 패권을 장악한 후 한동안 평화가 유지되었다. 그러나 북유럽의 해적 데인 인이 브리튼 섬을 침범하면서 또다시 피바람이 몰아쳤다. 북유럽 스칸디나비아 반도 출신인 데인 인은 수백 년 전의 앵글로색슨 족처럼 바다를 건너와 브리튼 섬을 침략했다. 흔히 바이킹 족이라고 불린 그들은 뱃머리가 뾰족하게 솟아오른 바이킹 선을 타고 거친 파도가 넘실대는 바다를 누비고 다녔다. 바이킹 족에게는 남의 땅이든 금은보화든 무조건 훔친 사람이 주인이었다. 그들에게는 약육강식의 법칙만이

한눈에 보는 세계사
843년 : 베르됭 조약 성립
870년 : 프랑크 왕국 분열

존재했던 것이다. 바이킹 족은 250여 년에 걸쳐 브리튼 섬을 무자비하게 약탈하며 바이킹 시대를 구가했다.

당시 브리튼 섬에는 바이킹 족에 대적할 만한 국가가 없었다. 브리튼 섬은 바이킹 족에 그야말로 언제든지 마음 내키는 대로 곡식과 재물을 챙겨 올 수 있는 '식량 창고'와도 같았다. 바이킹 족의 마구잡이식 약탈이 오랫동안 계속되어 브리튼 섬에는 더 이상 곡식이나 재물이 남아나지 않았다. 그러자 바이킹 족은 이곳의 비옥한 토지에 눈독을 들이기 시작했다. 그들은 가족을 데리고 와 브리튼 섬에 정착해서 살며 농사를 지었다. 이렇게 삶의 터전을 만들고 그들만의 언어와 법률, 풍속·습관을 이어가며 세력 범위를 키워 나갔다. 당시 바이킹 족이 집단으로 거주하던 지역을 '데인로Danelaw'라고 불렀다.

바이킹 선

바이킹 선은 군함과 무역선 두 종류로 나뉜다. 두 종류 모두 배의 앞뒤 끝 부분이 휘어진 원뿔처럼 뾰족한 형태로, 거대한 고무나무를 통째로 깎아서 만들었다.

항쟁

바이킹 족이 브리튼 섬을 제멋대로 약탈하던 시기에 그들의 맞수가 등장했다. 849년에 영국의 위대한 영웅 앨프레드 대왕이 지금의 버크셔 주 지역에서 태어났다. 앨프레드는 평범한 가정의 아이가 아니었다. 그의 아버지는 웨섹스 왕국의 왕이었고, 그의 형이 당시 국왕이었다. 덕분에 앨프레드는 어린 시절부터 왕자로서 훌륭한 교육을 받았다. 게다가 본래 영특해서 아버지를 따라 로마를 방문했을 때 교황에게서 찬사를 듣기도 했다. 성장해서는 바이킹 족의 무자비한 약탈 행위를 목격하고 그들을 내쫓겠다고 결심했다. 그는 형 애설레드 Aethelred 1세를 도와 바이킹 족과의 전쟁에 뛰어들었다.

871년에 애설레드 1세가 바이킹 족과의 전투에서 중상을 입고 숨을 거두었다. 그리하여 앨프레드가 스무 살의 젊은 나이에 웨섹스 왕국의 국왕이 되었다. 당시 전세는 웨섹스 왕국이 상당히 불리했다. 앨프레드는 조국을 지키기 위해 위험한 전투에도 몸을 사리지 않고 직접 앞장서며 혼신의 힘을 다했다. 이와 관련해 예로부터 전해 오는 이야기가 하나 있다. 당시 전쟁 중에 앨프레드가 떠돌이 가수로 변장해서 바이킹 족의 진영에 들어갔다고 한다. 하프를 연주하고 경쾌한 민요를 부르며 그들의 마음을 사로잡은 앨프레드는 적진을 염탐했다. 그 결과, 바이킹 족이 자만심에 빠져서 경계가 느슨한 데다 후방에서의 보급이 원활하게 이루어지지 않아 민가에서 약탈한 식량에 의존한다는 사실을 알아냈다. 그 후 앨프레드는 바이킹 족의 약점을 집중적으로 공략했다. 정예 부대를 보내서 바이킹 족의 식량 보급 부대를 습격한 것이다. 그래서 바이킹 족은 결전을 눈앞에 두고 굶주림에 허덕여야 했다.

10세기 바이킹 그림이 새겨진 아일랜드 은화로 더블린에서 주조되었다.

공인된 지도자

876년에 앨프레드는 군대를 이끌고 바이킹 족과의 마지막 결전에 나섰다. 식량이 바닥나 굶주림에 시달리던 바이킹 족은 파죽지세로 밀려오는 저항군에 맞설 엄두를 내지 못하고 결국 뿔뿔이 흩어졌다. 바이킹 족의 왕 구

드럼이 도망가는 병사들을 군법에 따라 사형에 처하며 사기를 끌어올리려고 애썼지만, 전세를 뒤집기에는 역부족이었다. 바이킹 족은 결국 앨프레드에게 항복할 수밖에 없었다. 그러자 앨프레드는 바이킹 족과 평화 협정을 맺었다. 뛰어난 항해술과 전투력을 갖춘 바이킹 족을 브리튼 섬에서 완전히 내쫓으려면 막강한 군사력을 키울 시간이 필요했기 때문이다. 바이킹 족은 그리스도교를 믿으라는 앨프레드의 요구 조건을 받아들이고 북방으로 물러가 데인로에 정착했다. 이로써 앨프레드는 런던을 포함한 남부 지역 전체를 통치하게 되었다. 진정한 의미의 잉글랜드가 탄생한 것이다.

14세기 영국 판화로 앨프레드 대왕이 데인 인과의 전투에서 패한 뒤 농가에 은신한 당시를 묘사했다. 데인 인과의 전투 전략을 고심하느라 화덕 위의 음식을 태워서 여주인에게 잔소리를 듣는 장면이다.

886년에 앨프레드는 대군을 이끌고 런던에 주둔하면서 데인로를 제외한 잉글랜드 전 지역의 공인된 지도자가 되었다. 바이킹 족의 침입에 맞서 저항하는 동안 브리튼 섬의 작은 왕국들 사이에 벌어진 주도권 다툼은 실질적으로 끝이 났다. 앨프레드는 요새를 강화하고 육군을 재편해서 수비력을 보강하는 한편 국가 정비에도 게을리하지 않았다. 그는 직접 역사서를 쓰고 여러 법령을 제정했다. 특히 법령을 제정할 때에는 약자들이 무지 또는 부패한 재판관 때문에 억압받는 일이 없도록 공정성을 유지하는 데 심혈을 기울였다. 이때 그가 만든 법령은 영국 관습법의 기초가 되었다. 앨프레드는 문화 교육에도 상당한 노력을 기울였다. 막대한 자금을 동원해서 학교를 짓고 유럽 대륙에서 학자들을 초빙해 귀족 자제들을 교육했다. 박학다식했던 앨프레드 자신도 라틴 어 책을 영어로 번역해서 로마 문화를 전파하는 데 중요한 역할을 했다. 이렇듯 앨프레드는 브리튼 섬을 통일하고 국가의 기틀을 닦는 데 막대한 공헌을 했다. 그리하여 오늘날까지도 '앨프레드 대왕'으로 불리며 널리 추앙받고 있다.

앨프레드 대왕의 사후

앨프레드 대왕이 죽고 왕위를 이어받은 에드워드Edward는 그의 유지를 충실히 받들었다. 북방의 바이킹 족과 전쟁해서 데인로를 정복하고, 웨일스와 스코틀랜드에 거주하던 켈트 족도 복종시켰다. 이리하여 마침내 웨섹스 국왕이 브리튼 섬의 명실상부한 통치자가 되었다.

그러나 태평성대는 그다지 오래가지 못했다. 980년에 그동안 암암리에 세력을 키운 바이킹 족이 반격하기 시작했다. 당시의 국왕 애설레드 2세는 선대 왕들처럼 용기와 지략을 갖추지 못한 무능한 국왕으로 바이킹 족에 막대한 돈을 주고 회유하여 평화를 구걸했다. 그는 다섯 차례에 걸쳐 바이킹 족에 총 13만 파운드를 주어 영국 역사상 가장 큰 치욕을 남겼다. 게다가 그가 바이킹 족에 건넨 돈은 국고에서 충당한 것이 아니라 이를 위해 일부러 '데인겔드Danegeld', 즉 국방세라는 명목으로 일반 백성에게서 징수한 것이었다. 이 얼마나 무능하고 수치스러운 일인가?

이렇듯 참담한 대가를 치르면서까지 왕권을 지키고자 했지만,

바이킹 갑옷으로 무장한 사람들

영국의 세틀랜드 지방에서는 연례행사로 매년 1월에 '업 헬리 아(Up Helly Aa)'라는 불꽃 축제를 연다. 참가자들이 고대 바이킹 복장을 하고 횃불을 든 채 거리를 행진하며 바이킹 선을 불태우는 의식을 거행한다.

운명의 여신은 나약한 국왕의 편이 아니었다. 1015년에 덴마크의 왕자 크누트Cnut가 200척에 이르는 대규모 함대를 이끌고 브리튼 섬을 공격했다. 그리고 잉글랜드의 내란을 틈타 애설레드 2세를 권좌에서 내쫓고 대신 잉글랜드 왕위에 올라 첫 번째 덴마크 인 왕이 되었다. 이어서 그는 덴마크와 노르웨이의 왕으로 추대되었다. 이렇게 크누트는 잉글랜드와 노르웨이, 덴마크 등 북해 지역 전체를 아우르는 '북해 제국'을 건설하고 '크누트 대제'로 불렸다. 크누트 대제는 잉글랜드를 통치하는 데 주력하면서 회유 정책을 펼쳐 잉글랜드 인과 덴마크 인 사이의 갈등을 잠재우는 데 노력했다. 또한 법전을 편찬하고, 잉글랜드 인을 관리로 임명했으며, 앵글로색슨 문자와 덴마크 문자를 함께 사용하게 했다. 그뿐만 아니라 십일조 세금 징수를 허락하여 교회와 수도원의 환심을 샀으며, 교회의 적극적인 지지 아래 잉글랜드 국민의 폭넓은 신임을 얻을 수 있었다. 1041년에 크누트 대제가 죽자 잉글랜드 국민은 선왕 애설레드 2세의 아들 에드워드를 국왕으로 추대했다. 이로써 덴마크 인의 영국 통치는 막을 내렸다.

맥을 잡아 주는 **영국사 중요 키워드**

고색창연한 영국의 옛 수도, 윈체스터

영국의 수도가 런던이라는 사실을 모르는 사람은 없을 것이다. 그러나 윈체스터Winchester가 런던 이전에 잉글랜드 최초의 수도였다는 사실을 아는 사람은 그다지 많지 않다. 고색창연한 역사 도시 윈체스터는 런던에서 자동차로 한 시간 거리에 있다. 처음에 로마 인의 군사 기지로 만들어진 이 도시는 훗날 강력한 웨섹스 왕국의 정치, 경제 중심지가 되었다. 9세기 무렵에 데인 인이 이곳에 침입했을 때 앨프레드 대왕이 분열해 있던 잉글랜드의 7왕국을 단합시켜 위기에서 브리튼 섬을 구하면서 잉글랜드가 탄생했다. 1066년에 프랑스의 노르만이 침입해 왔을 때, 정복왕 윌리엄은 런던의 웨스트민스터 사원에서 대관식을 올렸지만 윈체스터에서 다시 한 번 대관식을 올려야 했다. 이는 윈체스터가 잉글랜드 인들의 마음속에 얼마나 중요한 위치를 차지하는지 보여 주는 일화이다.

4 노르만 정복

The United Kingdom

노르만 정복은 1066년에 프랑스 서북부에 있던 노르망디 공국의 윌리엄 공작이 잉글랜드를 정복한 것을 가리킨다. 이 정복은 영국의 역사 발전에 중대한 영향을 미쳤다. 잉글랜드 왕위에 오른 윌리엄 공은 강력한 왕권 강화 정책을 펼치며 봉건 제도를 확립했다.

시기 : 1066년
인물 : 윌리엄William 1세

남다른 출생 배경

노르망디Normandie 공국은 북방 게르만 족의 일파로 이른바 바이킹이라고도 하는 노르만 인이 프랑스의 센 강 하류에 세운 작은 나라이다. 프랑스의 지배를 받는 가운데서도 독립적인 군사력과 행정 체계를 갖춘 독립국이었다. 노르망디 공국은 지리적 이점과 뛰어난 항해술, 용맹한 전투력을 갖추어 유럽 대륙에서 매우 중요한 위치를 차지했다. 다만, 국가마다 제각기 장단점이 있듯이 노르망디 공국은 강력한 군사력을 갖춘 반면에 경제적, 문화적으로 낙후되어 있었다. 11세기 유럽 대륙에서는 거의 '미개 지

한눈에 보는 세계사
1019년 : 고려, 귀주대첩
1077년 : 카노사의 굴욕

역'이나 다름없었다. 그러나 이러한 기형적인 발전도 그리 오래 지속되지 않았다. 위대한 지도자가 등장하면서 노르망디 공국이 강대국의 길로 접어든 것이다.

이 위대한 지도자는 바로 후세인들에게 '정복왕'으로 불리는 윌리엄 1세다. 윌리엄의 일생은 셰익스피어의 희곡처럼 매우 드라마틱하다. 그의 아버지는 노르망디 공국을 통치하는 로베르Robert 공작이었고 어머니는 가죽을 가공하는 비천한 무두장이의 딸이었다. 아름다운 '신데렐라'와 용감하고 늠름한 국왕 사이에서 훗날 잉글랜드를 정복한 불세출의 영웅이 태어난 것이다. 사실 윌리엄은 비천한 신분의 어머니에게서 태어난 사생아였기 때문에 그 누구도 바로 그가 공작의 지위를 계승하리라고는 상상도 하지 못했다. 그러나 로베르가 단 하나의 혈육 윌리엄만 남기고 갑작스레 세상을 뜨자 노르망디 공국의 귀족들은 울며 겨자 먹기로 윌리엄의 지위를 인정할 수밖에 없었다. 윌리엄은 일곱 살의 어린 나이로 노르망디 공국의 공작이 되었다. 이후 그는 음모와 폭력이 난무하는 궁궐에서 피비린내 나는 권력 투쟁을 직접 목격하며 강한 의지와 인내심을 갖춘 젊은 군주로 성장했다.

브리튼 섬 정벌

젊은 군주 윌리엄이 차근차근 자신의 기반을 다지며 권력을 장악해 나가는 동안 바다 건너편의 브리튼 섬에서는 전란이 일어났다. 당시 브리튼 섬을 통치하던 에드워드 국왕은 앨프레드 대왕의 자손으로 어린 시절부터 노르망디에서 생활했다. 잉글랜드 귀족들의 지지를 받아 왕위에 올랐지만 그는 자신이 자란 노르망디에 대한 애착이 매우 강했다. 그래서 왕위에 오른 후 상당수 노르만 인을 관리에 임용했는데 이 조치는 잉글랜드 인의 불만을 불러일으켰다. 그리고 에드워드를 왕으로 추대했던 귀족들은 자신들이 미개인이나 다를 바 없다고 여기는 노르만 인이 주요 관직을 차지하자 마침내는 반란을 일으켰다. 결국 에드워드는 귀족들의 강요에 못 이겨 모든 노르만 인을 추방했다. 그뿐만 아니라 잉글랜드의 실질적인 정권은 에드워드의 장인이었던 웨섹스 백작 고드윈Godwin이 장악하게 되었다.

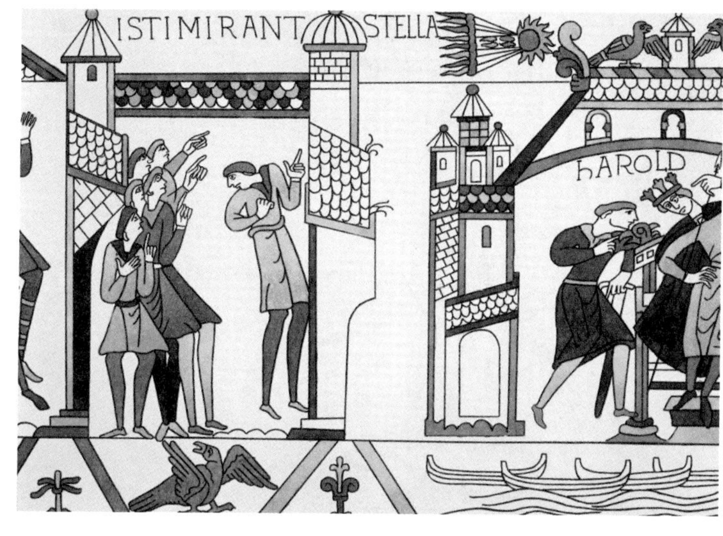

1064년, 핼리 혜성이 관측되자 예언자들은 해럴드의 최후가 다가왔다고 예언했다.

1066년에 잉글랜드 국왕 에드워드가 죽자 왕위 계승 문제로 격렬한 분쟁이 발생했다. 잉글랜드 인들은 고드윈 백작의 아들이자 에드워드의 처남인 해럴드Harold를 새로운 왕으로 선출했다. 그러자 노르웨이 왕 하랄 하르드로데Harald Hardrada와 노르망디 공국의 윌리엄 공이 왕위 계승권을 주장하며 반기를 들었다. 당시 노르망디 공국의 정권을 완전히 장악한 윌리엄 공은 잉글랜드를 자신의 세력권에 넣으려고 호시탐탐 엿보고 있었다. 이때 하랄 하르드로데가 선수를 쳤다. 그는 잉글랜드에서 도망친 귀족의 도움을 받아 1066년에 잉글랜드 북부 지역을 공격해 요크 성을 점령했다. 그러나 행운의 여신은 그의 편이 아니었다. 해럴드가 이끄는 잉글랜드군과의 격전에서 패배하고, 목숨까지 잃고 말았다. 바로 이때를 틈타 노르망디 공국의 윌리엄 공이 대군을 이끌고 바다를 건너와 잉글랜드 남부의 페번지Pevensey에 상륙했다. 이제 막 격전을 치른 해럴드에게는 그야말로 청천벽력과도 같은 소식이었다. 해럴드는 윌리엄 공의 교활함을 저주하며 이미

지칠 대로 지친 병사들을 이끌고 밤을 지새워 남쪽으로 이동했다.

1066년 10월 14일, 헤이스팅스Hastings에서 해럴드가 이끄는 영국군과 윌리엄이 이끄는 노르만군이 역사적인 결전을 치렀다. 해럴드의 병력은 8,000명 이상이었지만 대부분이 방패와 칼로 무장한 보병이었다. 설상가상 임시로 징용된 농민군이었기에 군사 지식이나 훈련이 부족했다. 반면에 윌리엄 공이 이끄는 노르만군은 비록 병력은 6,000명에 불과했지만 활에 능숙한 기병 위주로 조직된 정예 부대였다. 영국군은 언덕 꼭대기에 방패로 거대한 수비벽을 쌓고 철저하게 방어선을 구축했다. 노르만군이 기병을 앞세워서 맹렬하게 공격을 퍼부었지만 단단한 방어선을 뚫을 수 없었다. 마침내 무작정 공격해서는 승부를 가릴 수 없다고 판단한 윌리엄 공은 속임수를 쓰기로 했다. 거짓으로 퇴각하는 척해서 영국군이 스스로 방어선을 넘어 뒤쫓아 오도록 유인한 것이다. 영국군은 포악한 노르만군이 꽁무니를 빼자 어느새 진열을 무너뜨리고 우르르 뒤쫓아 나왔다. 이때를 기

헤이스팅스 전투에서 해럴드가 이끄는 영국군의 공격 무기는 칼과 창, 도끼였으며, 방어 무기는 갑옷과 방패였다.

다린 윌리엄 공은 미리 매복시켜 둔 정예 부대에 신호를 보냈다. 그 순간 영국군은 난데없이 나타난 기병대의 공격에 혼비백산해서 도망치기 시작했다. 해럴드는 날아오는 화살에 한쪽 눈을 맞아 뒤따라 온 노르만 병사에게 목숨을 잃고 말았다. 해럴드를 격파하고 의기양양해진 윌리엄 공은 병사들을 이끌고 승리의 깃발을 휘날리며 잉글랜드 내륙으로 깊숙이 전진했다. 캔터베리를 점령한 후 템스 강을 따라 서쪽으로 전진해서 런던의 항복을 받아 냈다. 그리고 1066년의 크리스마스 날, 비천한 사생아 출신인 노르망디 공국의 윌리엄 공이 런던 웨스트민스터 사원에서 새로운 영국 국왕으로 추대되었다.

윌리엄 공이 세운 노르만 왕조(1066~1135년)는 윌리엄 1세 시대로 불렸다. 역사가들은 윌리엄 공이 잉글랜드에 상륙한 사건을 '노르만 정복'이라고 부르며 그에게 '정복자'라는 칭호를 붙였다. 노르만 정복은 영국 역사상 기념비적인 사건이다. 노르만 정복과 노르만 왕조의 건립은 영국의 봉건 제도를 더욱 강화했고, 역사가들은 이때부터 영국의 정통 역사가 시작되었다고 말한다.

외교와 내정

왕위에 오른 윌리엄 1세는 정치 무대에서도 자신의 기량을 유감없이 발휘했다. 그는 먼저 왕권을 강화하는 데 주력했다. 그 주요 정책으로 봉건 제도를 도입해서 잉글랜드를 정복하는 데 공을 세운 공신과 귀족들에게 정복한 땅을 고루 나누어 주었다. 귀족과 공신들은 많은 땅을 하사받았지만, 그 땅은 조각조각 각 지역에 흩어져 있었다. 그래서 세력을 키워 왕권을 위협할 정도가 되지 못했다. 이러한 분봉 방식은 프랑크 왕국에서 유래했다. 전쟁에서 공을 세운 기사들에게 봉토를 나누어 주는 대신 국왕에게 충성을 맹세하게 하고 세금과 병역의 의무를 부과하는 것이었다. 유럽 대륙에서 성행하던 봉건 제도는 정복왕 윌리엄에 의해 영국에도 도입되어 시행되었는데 유럽과 다른 점이 있었다. 프랑크 왕국의 국왕은 봉토를 하사한 백작, 공작에게만 충성과 의무를 요구할 뿐 그 휘하의 부하들에게까지 권리를 행사하지는 않았다. 그러나 영국은 봉토를 하사받은 영주는 물론 그의 가신과 종복들까지 국왕에게 충성을 맹세해야 했다. 이것이 바로 그 유명한 '솔즈베리의 서약'이다. 누구를 막론하고 잉글랜드에서 토지를 보유한 사람은 윌리엄 1세에게 충성을 선서해야 하고, 국왕의 직속 신하이든 영주의 가신이든 국왕과 모든 백성 사이에는 주종 관계가 성립되며, 이는 다른 모든 관계에 우선한다는 내용이었다. 솔즈베리의 서약은 지방 권력을 약화시키고 왕권을 크게 강화하면서 영국이 중앙집권적 봉건 국가로 발전하는 토대가 되었다.

행정적인 면에서 윌리엄 1세는 기존에 백작 여섯 명이 구역을 나누어 관할하던 행정 체계를 폐지했다. 대신 각 주에 영주를 임명하여 국왕을 대신해서 관리하게 했다. 또 스코틀랜드 및 웨일스와 맞닿아 있는 변경 지역에는 변경 주州를 세워서 방어를 공고히 했다. 윌리엄 1세는 잉글랜드를 정복하는 과정에서 국토 면적의 7분의 1을 왕실 소유로 강탈해 막대한 경제력을 확보했다. 그런 만큼 과거에 왕권에 맞서며 정권을 쥐락펴락하던 귀족 세력은 상대적으로 크게 약화되었다.

종교 면에서는 로마 교황의 지지 아래 철저하게 교회 개혁을 단행했다. 기존의 주교 다섯 명을 파면하고 노르망디에서 데려온 주교들을 대신 세워 영국의 교회를 통치하게 했다.

윌리엄 1세는 덴마크 인의 침입에 대비하여 군사력을 강화하고 국고를 채우는 데 필요한 세금 수입을 확보하기 위해 전국의 토지와 인구, 사유 재산 현황을 전면적으로 조사했다. 각 지방으로 파견된 전문가들은 모든 마을과 농가를 샅샅이 뒤지며 경제 현황을 세밀하게 조사했다. 농가마다 보

유한 토지 면적과 가축 및 쟁기의 수량까지도 상세하게 조사하여 토지 대장을 작성했다. 이 토지 대장은 백성이 도저히 발뺌할 수 없을 정도로 대단히 상세해서 마치 '최후 심판의 날'을 연상시킨다고 하여 '둠즈데이북Doomsday Book'이라고 불렸다. 둠즈데이북은 당시 행정 관리의 걸출한 성과물로, 영국 역사 중 사회경제사에 하나의 이정표가 되었다.

헤이스팅스 전투는 역사상 최후의 영국 정복 전쟁이었다. 그 후로는 누구도 영국을 정복하지 못했다.

'둠즈데이북'과 '솔즈베리의 서약'은 윌리엄 1세가 각 지방의 영주에 대한 지배권과 재산권을 확보하여 왕권을 강화하는 토대가 되었다. 1086년 말엽에 노르망디로 돌아간 윌리엄 1세는 1087년 11월에 프랑스 왕과 벌인 전투에서 중상을 입고 목숨을 잃었다. 노르만 정복의 역사적 의의는 그가 죽은 뒤에도 길이 빛났다.

The United Kingdom

5 헨리 2세의 사법 개혁

헨리 2세의 사법 개혁은 영국에 새로운 법질서를 세우면서 강력한 중앙 권력을 행사할 수 있는 토대를 마련했다. 이로써 지방 영주의 전횡과 억압이 줄어들고 국왕의 권위가 강화되었다. 이에 대해 전前 영국 총리 처칠은 "헨리 2세의 위대한 공적은 영국 관습법의 기초를 세운 것이다. 후세인들은 그가 세운 주춧돌 위에 집을 지었을 뿐이다. 관습법의 세부적인 내용은 많이 변화했으나 기본 골격은 지금까지도 변함이 없다."라고 찬사를 보냈다.

시기 : 1163년
인물 : 헨리Henry 2세

저절로 굴러들어 온 왕위

1135년, 윌리엄 1세의 아들 헨리 1세가 죽자 왕위 계승권을 둘러싸고 잉글랜드의 귀족들 간에 격렬한 분쟁이 일어났다. 이로 말미암아 전체 잉글랜드가 무려 20여 년간 내란에 휩싸였다. 1154년 12월, 싸움에 지친 귀족들은 정치적 분쟁을 끝내기 위해 마침내 타협했다. 그 결과 헨리 1세의 딸인 마틸다와 앙주 백작의 아들인 헨리를 공동으로 왕으로 추대하기로 했다. 바로 헨리 2세다. 이로써 백여 년 동안 잉글랜드를 통치한 노르만 왕조가 끝나고 새롭게 앙주 왕조가 시작되었다. 앙주 왕조는 헨리 2세의 아버지인

한눈에 보는 세계사
1150년경 : 캄보디아, 앙코르와트 건설
1170년 : 고려, 무신 정변

앙주 백작이 항상 투구에 금작화 가지를 꽂은 데서 유래하여 플랜태저넷Plantagenet 왕조라고도 부른다.

헨리 2세는 매우 독특하고 개성적인 왕이었다. 평소에는 성미가 급하고 변덕스러우며 포악한 편이었으나 일단 군사나 정치와 관련된 중요한 일을 처리할 때에는 냉혹하리만큼 이성적이고 기회를 기다릴 줄 아는 인물이었다. 헨리 2세는 라틴 어와 프랑스 어에 능통했지만 아이러니하게도 영어는 단 한 문장도 완벽하게 구사할 줄 몰랐다. 어린 시절부터 노르망디 공국에서 성장했기 때문이었다. 그러나 스물한 살의 젊은 나이에 왕위에 오른 그는 특유의 총명함과 재능으로 제왕의 면모를 드러냈다. 국내의 반대 세력을 평정하고, 불과 4년 만에 다루기 까다로운 봉건 귀족을 굴복시켰으며, 스코틀랜드와 웨일스 지방에 대한 통치권을 회복하는 동시에 아일랜드 정벌에 나섰다.

벽화가 그려진 벽돌

14세기에 13.2cm 너비의 직사각형 도자기 타일로 만들어진 것이다. 각 인물의 형상이나 동작은 풍자적인 요소를 담고 있다.

개혁 의지

경제나 문화적으로 낙후되었던 잉글랜드와 서유럽 지역에는 다소 황당하기까지 한 '신성 재판Ordeal'이 유행했다. 이른바 신성 재판이란 신은 무고한 사람을 돕는다는 전제 아래 법정의 피고나 증인에게 물이나 불을 이용해 고통스러운 고문을 한 다음 이를 무사히 견뎌 낸 사람의 결백을 인정하는 재판 방식이었다. 예컨대 불에 달군 쇠젓가락으로 팔을 지진 후 상처가 덧나지 않고 원상태로 회복되거나 강물에 빠뜨려서 살아남으면 무죄로 인

헨리 2세의 초상화

헨리 2세는 재위 기간에 아일랜드, 웨일스, 스코틀랜드를 복속시켰다. 또 정략결혼과 전쟁을 통해 남쪽으로는 피레네 산맥에서부터 북쪽으로는 프랑스 영토 대부분을 점령하여 잉글랜드 국왕의 왕권을 크게 강화시켰다.

정했다. 또 재산권 다툼에서는 소송을 건 쌍방이 칼이나 권총으로 승부를 겨루는 '결투'가 성행했다. 현대인의 시각에서는 참으로 황당하고 비합리적이지만 신성 재판은 무려 수세기에 걸쳐 잉글랜드와 유럽 지역에서 크게 유행했다.

1163년에 헨리 2세는 잉글랜드에서의 통치권을 강화하고 혼란스러운 법질서를 바로잡고자 강력한 사법 개혁을 추진했다. 역사적으로 오늘날 영국 헌법의 기초가 된 관습법 '코먼로Common Law'를 제정한 것이다. 코먼로는 잉글랜드 귀족과 대주교로 구성된 '국왕 법정'의 권위를 강화했다. 당시 국왕 법정은 왕실 소유의 영토에서 발생한 소송 사건만 다루었고, 나머지 사건은 해당 지역의 영주 법정에서 심판했다. 헨리 2세는 이러한 기존의 법을 개정하여 시민이 일정한 금액을 내면 영주 법정을 거치지 않고 직접 국왕 법정에 소송을 제기할 수 있도록 했다. 또 영주 법정의 판결을 번복할 수 있는 권한을 부여해 국왕 법정의 권한을 크게 강화했다. 이 밖에도 순회재판소를 시행해 국왕 판사를 전국 각지로 파견해서 사건을 재판하도록 했다. 이로써 소귀족과 하층 계급의 기사들, 일반 시민, 농노들에 대한 지방 영주의 사법권을 크게 제약하는 한편, 국왕이 대리인을 통해 직접 백성과 접촉하면서 왕권을 크게 강화했다.

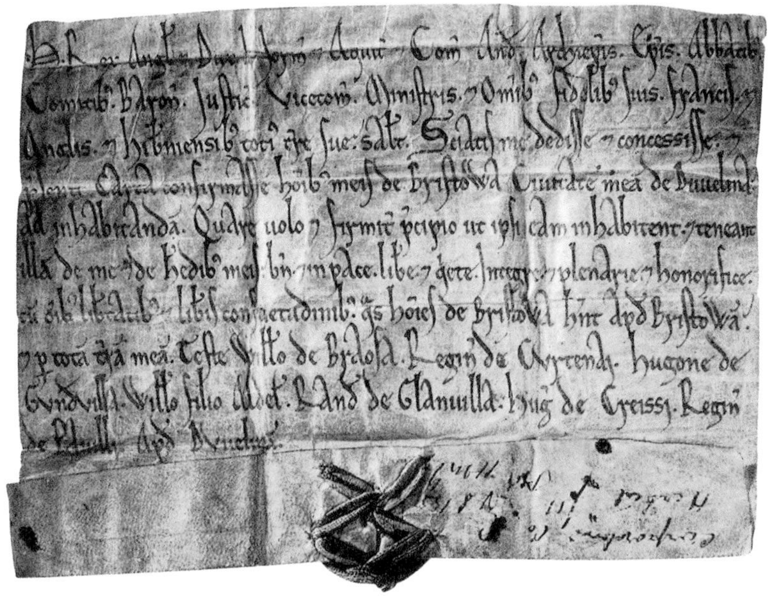

H. Rex Angl. Dux Norm. et Aquit. et Com. And. Archiepis. Epis. Abbatib.
Comitib. Baron. Justic. Vicecom. Ministris et Omnib. Fidelib. suis Francis et
Anglis et Hibniensib. toti. tre sue: salt. Sciatis me dedisse et concessisse et
psenti Carta confirmasse hoib. meis de Bristowa Civitate mea de Duvelina
ad inhabitanda. Quare volo et firmit. pcipio ut ipsi eam inhabitent et teneant
illa de me et de hedib. meis bn. et in pace. libe. et qete. integre et plenarie et honorifice.
cu oib. libtatib. et libis consuetudinib. qas hoies de Bristowa hnt apd Bristowa.
et p tota tra mea. Teste Willo de Braosa. Regin de Curtenai. Hugone de
Gundevilla. Willo filio Aldel. Ranulf de Glanvilla. Hug. de Creissi. Regin
de Pavill. Apd Duvelina.

헨리 2세가 제정한 도시 헌장

1171년, 헨리 2세가 아일랜드에서 선포한 첫 번째 도시 헌장이다. 시민들은 도시 헌장에 규정된 헌법에 따라 해당 지역 영주의 사법권에 맞설 수 있었다.

배심원 제도

국왕 법정의 권위를 높이기 위해 헨리 2세는 배심원 제도를 마련했다. 12명으로 구성된 배심원단이 피고의 유죄와 무죄 여부를 판단한 후 판사가 코먼로에 따라 형량을 결정했다. 배심원들은 법관이자 증인이었다. 이들은 재판이 시작되기 전에 각기 공정한 평결을 맹세했으며, 불공평한 판정을 하면 엄중한 처벌을 받았다. 이러한 배심원 제도는 오늘날까지 이어져서 미국과 영국 사법 제도의 근간을 이루며 "법은 만인 앞에 평등하다."라는 원칙을 실현하고 있다.

이 밖에도 헨리 2세는 봉건 영주들의 군사력을 빌리지 않기 위해 국왕이 직접 지휘하는 친위 부대를 창설했다. 그리고 기사들은 일정한 금액의 돈을 내면 병역의 의무를 면제해 주었다. 이러한 조치로 왕권이 크게 강화되었고, 기사들은 병역의 의무에서 벗어나 상업이나 농업, 목축업에 종사할 수 있게 되었다. 시간이 지나면서 이들은 새로운 자본가 계층으로 부상하면서 훗날 영국 청교도 혁명의 중추 세력이 되었다.

헨리 2세는 사법 개혁을 단행하여 영국 역사상 중요한 공헌을 했지만, 자식 교육에서는 크게 실패해 아들 헨리, 리처드, 제프리가 그를 냉대하며 반역을 일으켰다. 1189년 8월 6일, 헨리 2세는 향년 쉰넷의 나이로 병사했다.

6 위대한 사자왕

The United Kingdom

영국의 수도 런던을 방문할 기회가 있다면 웨스트민스터 국회의사당의 정문을 주의 깊게 살펴보라. 갑옷을 입은 기사의 동상을 하나 발견할 수 있을 것이다. 긴 칼을 움켜쥔 채 말을 타고서 금방이라도 뛰어오를 것만 같은 용맹한 모습을 바라보노라면 사방에서 고함이 터져 나오는 전쟁터에 서 있는 듯한 착각에 빠진다. 이 기사는 다름 아닌 플랜태저넷 왕가의 두 번째 국왕이자 영국 역사상 가장 유명한 국왕 중 하나인 '사자왕' 리처드 1세이다.

시기 : 1157~1199년
인물 : 리처드Richard 1세

왕의 탄생

플랜태저넷 왕가의 창시자인 헨리 2세는 외조부 윌리엄 1세에 비하면 참으로 대단한 행운아였다. 그는 별다른 어려움 없이 왕위에 올랐고, 헨리 2세가 스물네 살 되던 해에 왕후가 옥스퍼드의 왕궁에서 건강한 사내아이를 낳았다. 그는 아들의 이름을 리처드라고 지었다. 귀한 아들을 얻은 헨리 2세는 종일 아들을 안고 궁전을 산책했다. 먹성도 좋고 울음소리도 우렁찬 왕자를 바라보는 헨리 2세의 얼굴에는 웃음이 떠나지 않았다. 하루가 다르게 무럭무럭 커가는 왕자를 대견스러워하면서도 그는 리처드가 훗날 플

한눈에 보는 세계사
1150년경 : 캄보디아, 앙코르와트 건설
1170년 : 고려, 무신 정변

랜태저넷 왕가의 대번영을 이끌 불세출의 영웅이 되리라고는 상상하지 못했을 것이다.

사자왕의 전설

리처드는 왕위 계승자로서 어린 시절부터 엄격한 귀족 교육을 받았다. 라틴 어와 프랑스 어, 승마, 활쏘기 등을 체계적으로 배우며 왕위 계승자로서 필요한 교양을 쌓았다. 또 지식이 풍부하고 사람들의 마음을 잘 다룰 줄 알았다. 청년 귀족들은 잉글랜드를 풍요롭고 부강한 나라로 만들어 줄 미래의 군주로 리처드를 높이 떠받들었다. 남자들은 앞다투어 그가 이끄는 기사단에 들어갔으며, 여자들은 그를 연모의 대상으로 삼았다. 그야말로 잉글랜드 인 전체가 그를 숭배하며 열광했다.

리처드 1세에게 복종하는 로빈 후드(Robin Hood)

영국에 전해 내려오는 민화 중에는 의적 로빈 후드가 리처드 1세에게 귀순하여 존 왕의 세력과 투쟁을 벌이는 내용이 있다.

1189년에 헨리 2세가 죽자 리처드는 잉글랜드 국왕으로 추대되었다. 그가 바로 리처드 1세이다. 그렇다면 그에게는 왜 '사자왕'이라는 별명이 붙은 것일까? 여기에는 재미있는 일화가 숨어 있다. 전해 오는 이야기에 따르면, 리처드 1세는 어느 날 우연히 사자와 마주쳤다. 이때 리처드 1세는 일말의 두려움도 없이 사자의 입속으로 손을 집어넣어서 심장을 꺼내 죽였다고 한다. 이때부터 그는 '사자왕'이라는 별명으로 불렸다. 그러나 이는 민간의 전설로 내려오는 이야기인 만큼 신빙성이 떨어진다. 역사가들이 설명하는 바로는, 리처드 1세는 평소 백수의 제왕인 사자를 매우 좋아해서 종종 자신을 사자에 비유했다고 한다. 사자와 같은 위엄과 용맹함으로 수많은 나라를 복속시켜 잉글랜드를 부강하게 하겠노라고 다짐한 것이다. 그의 다짐처럼 리처드 1세는 생애의 대부분을 전쟁터에서 보냈다. 그리하여 후세인들이 그의 용맹성을 기려 '사자왕'이라고 일컫게 된 것이다.

전쟁의 세월

왕위에 오른 리처드 1세는 훤칠한 키에 준수한 용모를 자랑하는 청년 전사가 되어 있었다. 리처드는 뛰어난 기병 전술을 갖추었다. 그리고 화려한 궁전에서 성대한 파티를 즐기기보다는 갑옷으로 무장한 기병대를 이끌고 너른 들판을 질주하며 기병 전술을 연마하는 것을 좋아했다. 당시 서유럽에서는 제3차 십자군 전쟁이 시작되고 있었다. 야심만만한 리처드 1세도 군대를 조직하여 유럽 연합군에 속해 십자군 전쟁에 참여했다. 최전방을 누비며 전투를 지휘한 리처드는 당시 아랍 인들에게 공포 그 자체였다. 때로는 전투에서 생포한 아랍인 포로 2,700여 명을 학살할 만큼 무자비하고 잔인한 군주의 모습을 보이기도 했다.

리처드 1세가 전쟁터를 누비는 동안 음모의 그림자가 그를 엄습했다. 제3차 십자군 전쟁을 위해 동맹을 맺은 프랑스 왕 필리프 2세가 암암리에 잉글랜드를 공격할 준비를 하고 있었던 것이다. 또 잉글랜드 국내에서는 리처드 1세가 오랫동안 자리를 비운 틈을 타 그의 동생인 존이 왕위를 빼앗으려고 모반을 준비하고 있었다. 이러한 소식을 전해 들은 리처드 1세는 곧바로 군대를 이끌고 귀국 길에 올랐다. 그런데 엎친 데 덮친 격으로 그가 탄 배가 폭풍우에 침몰하고 말았다. 소수 친위대를 이끌고 가까스로 베네치아 부근 해변에 상륙한 리처드 1세는 오스트리아의 레오폴트 5세에게 붙잡히고 말았다. 레오폴트 5세는 십자군 원정 때 리처드에게 모욕당한 적이 있었다. 리처드 1세가 국왕인 자신의 깃발과 공작인 레오폴트의 깃발이 함께 나부끼는 것을 용납할 수 없다며 그의 깃발을 빼앗아 진흙탕에 던져 버렸던 것이다. 이에 앙심을 품은 레오폴트 5세는 리처드 1세를 신성로마 제국의 황제인 하인리히 6세에게 팔아넘겼다. 리처드 1세는 신성로마 제국의 여러 성을 전전하며 갇혀 지내는 몸이 되었다. 하인리히 6세는 잉글랜드에 그의 몸값으로 15만 마르크를 요구했다. 당시 잉글랜드 왕실의 1년 수입이 7만 마르크였던 점을 고려하면 감당하기 어려운 액수라는 것을 알 수 있다. 이에 위엄을 갖춘 군주 리처드를 숭배하던 잉글랜드 백성은 전국적으로 모금 운동을 벌였다. 가난한 농민부터 귀족,

역사서 기록에 따르면 리처드 1세는 10년에 이르는 재위 기간에 잉글랜드에 체류한 기간은 6개월에 불과했다. 그래서 그는 평생 영어를 제대로 구사하지 못했다고 한다.

수도사까지 모두 흔쾌히 모금하여 그의 몸값으로 8만여 마르크를 마련했다. 이렇듯 만백성에게 숭배 받는 리처드를 더 이상 가혹하게 대할 수 없었던 하인리히는 8만 마르크만을 받고 리처드 1세를 풀어 주었다. 리처드 1세가 잉글랜드로 돌아오자 런던 시민은 성대한 환영식을 열어 왕의 귀환을 축하했다.

사자왕의 죽음

무사히 잉글랜드로 귀환한 리처드 1세는 귀족과 민중의 지지에 힘입어 동생 존을 체포하고 내란을 평정했다. 그러나 리처드 1세는 모반을 꾀한 동

1189년에 리처드 1세가 잉글랜드 국왕으로 추대되었다.

생을 사형에 처하지 않았다. 어쩌면 오랜 포로 생활을 겪으면서 피붙이의 소중함을 느꼈거나, 그동안의 살육에 대한 죄책감이 들었는지 모른다. 그는 동생을 처벌하기는커녕 프랑스 앙주 지역을 봉토로 나눠 주었다.

반란을 진압한 지 얼마 지나지 않아 사자왕 리처드 1세는 어이없게 생을 마감하고 말았다. 그 사연은 이렇다. 어느 날 리모주 자작의 영지에서 황금이 발견되었는데, 자작은 그것을 내놓으라는 리처드 1세의 요구를 거부했다. 그러자 성미가 급한 리처드 1세는 샬뤼에 있는 자작의 성을 공격했다. 성은 쉽게 함락했으나 리처드 1세는 포위 공격하는 과정에서 그만 화살에 맞고 말았다. 그 상처가 덧나면서 리처드 1세는 마흔두 살의 나이로 잉글랜드 인들의 눈물과 애도 속에 숨을 거두었다. 그리고 그의 동생 존이 왕위를 계승했다.

7 역사를 빛낸 대헌장

The United Kingdom

리처드 1세가 죽은 뒤 그의 동생 존이 왕위를 계승했다. 존 왕은 성미가 변덕스럽고 탐욕적이며 잔인하여 형과 같은 인격적 매력이나 정치적 재능이라고는 찾아볼 수 없는 인물이었다. 그는 결국 귀족들의 압박 아래 국왕에게 있어서는 치욕적이라고 할 수 있는 대헌장을 승인했다.

시기 : 1215년
인물 : 존John 왕

폭정

존 왕이 그토록 꿈꾸던 왕위에 올랐을 무렵 역사의 시곗바늘은 13세기를 향해 달리고 있었다. 13세기는 영국 역사상 봉건 제도가 절정기를 누리던 시기였다. 역사가들은 이 시기를 융성한 영국의 위상을 세계적으로 떨친 가장 화려한 시대로 평가하고 있다. 둠즈데이북의 기록에 따르면 헨리 2세가 통치할 당시 영국에는 약 100여 개의 중소 도시가 있었다. 오늘날 유명 도시도 모두 그 당시에 이름을 날리기 시작했다. 그 후 경제 발전과 상공업의 번영에 따라 인구와 자본이 대량으로 유입되면서 도시가 우후죽순으

한눈에 보는 세계사

1231년 : 몽골, 고려 1차 침입

1232년 : 몽골, 고려 2차 침입. 고려, 강화도 천도

로 생겨나 순식간에 300여 개로 늘어났다. 이들 중소 도시는 국왕과 봉건영주에게 거액의 세금을 내는 대신 일정한 자치권을 행사할 수 있었다. 도시가 발전하면서 신흥 시민 계층과 상공업에 종사하는 소귀족들이 사회의 중추 세력으로 부상하기 시작했다. 이들 시민계층은 국왕에게 봉건영주들의 권력을 제한하고 왕권 중심의 통치를 요구했다.

존 왕에게는 봉건영주들의 세력을 약화시키고 왕권을 강화할 수 있는 절호의 기회가 될 수 있었다. 그러나 정치적 안목이 부족했던 존 왕은 시대의 흐름을 파악하지 못한 채 오로지 시민의 호주머니에서 돈을 빼내기에만 골몰했다. 그는 프랑스와의 전쟁을 위해 과도한 세금을 징수하기 시작했다. 리처드 1세 때만 해도 1인당 1마르크였던 기병들의 부역 면제세가 3마르크로 무려 두 배 이상 늘어났다. 그뿐만 아니라 존 왕은 각종 잡세를 늘려서 상인과 시민을 핍박했다.

존 왕의 탐욕은 끝이 없었다. 그는 교회의 풍족한 재산에도 군침을 삼키기 시작했다. 1209년부터 약 3년 동안 존 왕은 교회 재산 약 2만 8,000파운드를 몰수했다. 종교적 지도자로서 만인들로부터 존경을 받던 주교들은 생명을 위협받고 국외로 도망쳤다. 그러자 존 왕은 이 틈을 타서 교회 소유의 땅과 집을 모조리 왕실 재산으로 몰수했다. 당시 교황 인노켄티우스 3세는 "교황은 해이고, 왕은 달이다."라며 각국에 강력한 영향력을 미치고 있었다. 그러한 그가 교회의 재산을 몰수하는 존 왕을 가만히 지켜보고 있을 리가 없었다. 그는 존 왕을 교적에서 파문하고 성사 금지령을 내려 잉글랜드 내에서 모든 종교 의식을 금지했다. 이러한 조치는 엄청난 파문을 불러일으켰다. 당시 유럽 군주들은 종교적 힘을 통치 기반으로 삼고 있었기 때문에 그리스도교도로서의 신분 박탈은 귀족들의 반란을 불러일으켜 왕위에서 폐위될 가능성이 컸다. 그리고 종교는 잉글랜드 인들의 일상생활에서 중요한 부분을 차지하고 있었기 때문에 종교 활동의 금지는 존 왕에 대한 분노와 증오로 직결되었다.

대헌장의 탄생

교황의 분노와 백성의 원성에 직면한 가운데 설상가상으로 프랑스와의 전쟁이 시작됐다. 그러나 백성이 지지하지 않고 기사들마저 외면하는 전쟁에서 승리를 거두는 것은 불가능했다. 프랑스군을 당해 낼 수 없었던 존 왕은 대륙의 영국령 땅 대부분을 빼기고 말았다. 선대로부터 지켜 오던 영지를 모조리 잃고 나자 백성은 그에게 땅을 빼앗겼다는 뜻의 '실지왕失地王'이라는 별명을 붙여 주었다. 그를 조롱하는 민심이 고스란히 담긴 별명이 아닐 수 없었다.

온갖 세금으로 백성을 핍박하고 영토마저 계속해서 이웃나라에 빼앗기자 잉글랜드 인들은 존 왕의 무능함을 더 이상 참을 수가 없었다. 급기야 대귀족들마저 반기를 들고 일어난 것이다. 대귀족들의 적극적인 지지 아래 교회와 평민, 기사들이 한데 연합하여 존 왕에게 권리요구서를 제출했다. 존 왕이 저지른 잘잘못을 모조리 나열하고, 역대 선왕이 제정한 법률을 엄격히 준수하고 시민의 기본적 권리를 존중하라고 요구하는 내용을 담은 요구서였다. 그러나 존 왕이 이를 거부하자 귀족들은 무기를 들고 런던을 향해 진격해 들어갔다. 그제야 자신이 막다른 골목에 내몰렸다는 사실을 깨달은 존 왕은 왕위를 지키기 위해 귀족들의 요구를 받아들일 수밖에 없었다.

1215년 6월 15일, 존 왕은 템스 강가에서 귀족 대표와 협상 테이블에 앉았다. 쌍방은 한 차례 격렬한 논쟁을 벌인 끝에 겨우 협의를 달성했다. 존 왕은 국왕의 권력을 제한하고 신하와 백성의 권리를 보장하는 내용이 담긴 권리 요구서에 마침내 서명을 했다. 바로 '대헌장'이었다.

총 63개 조항으로 이루어진 대헌장은 왕권을 견제하고 귀족의 경제, 사법, 정치적 특권을 존중하며, 교회의 이익을 보장한다는 내용을 담고 있었다. 가령 제1조는 국왕은 교회의 모든 권리를 침범하지 못한다고 규정했으며, 제2조에는 봉토에 대한 영주의 계승권을 인정하고 일정한 상속세만 내면 된다고 규정했다. 존 왕이 대헌장에 서명하여 귀족과 국왕이 서로 타협하면서 내란의 위기는 간신히 모면하는 듯했다.

그러나 존 왕으로서는 대헌장을 승인한 것은 참을 수 없는 치욕이었다. 결국 그는 얼마 지나지 않아 국외 용병을 대거 모집하여 자신에게 반기를 든 귀족들을 공격했다. 이에 존 왕에 대한 신뢰를 완전히 잃어버린 귀족들이 폐위를 주장하며 반란을 일으키면서 또다시 내란이 폭발했다. 1216년, 존 왕이 전쟁 도중 병사하자 그의 어린 아들 헨리Henry 3세가 왕위에 오르면서 내란도 끝이 났다. 헨리 3세 이후의 국왕들은 대헌장의 법률적 효력을 인정하였다. 이후 대헌장은 왕권을 견제하는 사법 원칙으로 영국의 역사 발전에 매우 중요한 영향력을 미쳤으며 오늘날 영국 헌법의 토대를 마련해 주었다.

1215년 영국 캔터베리 대주교 스테판 랭턴(Stephen Langton)이 귀족들과 함께 '대헌장'을 기초했다.

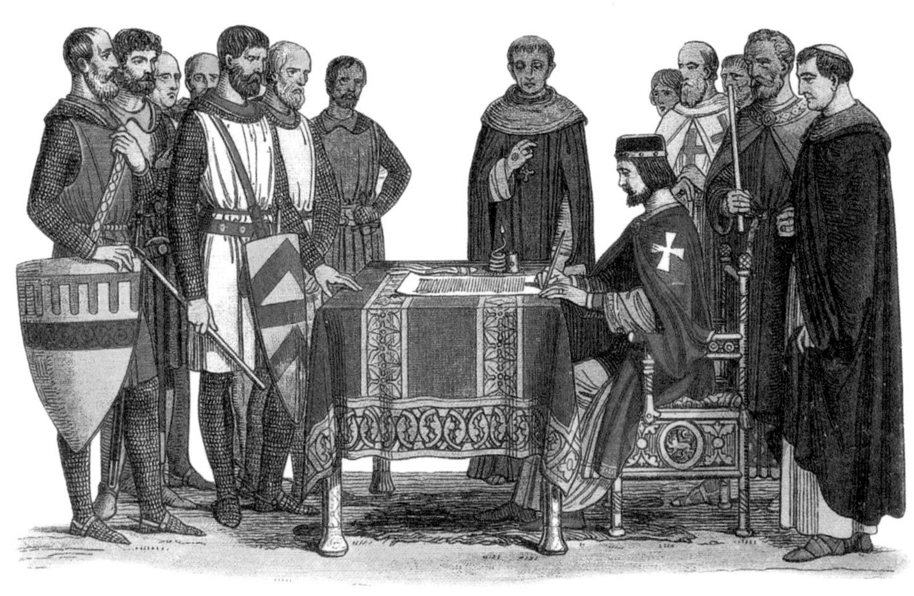

8 의회 제도의 기원

The United Kingdom

영문의 '의회Parliament'라는 단어는 라틴 어를 어원으로 한 프랑스 어에서 유래했다. 본시 사람들 간의 대화나 협상을 의미하는 단어였으나 훗날 정치가들 간의 담판이나 변론, 회의를 뜻하는 말로 바뀌었다. 전제 왕권이 절정을 이루던 13세기 유럽에서 최초의 의회가 영국에서 탄생했다.

시기 : 1265년
인물 : 시몽 드 몽포르Simon de Montfort

의회의 유래

존 왕이 죽은 뒤 그의 아들 헨리 3세가 왕위를 계승했다. 헨리 3세는 아버지 존 왕과 마찬가지로 왕권을 제한하는 대헌장을 인정하려 들지 않았다. 1227년에 그는 정식으로 친정을 시작하면서 국고를 늘리기 위해 대헌장의 조항을 무시한 채 병역 면제세를 중복으로 과세했다. 이로 말미암아 나이가 들어 군대에 들어갈 수 없거나 세금을 낼 수 없는 가난한 사람들은 삶의 터전인 땅을 몰수당했다. 또 프랑스 공주를 아내로 맞아들인 헨리 3세는 왕비의 친척인 프랑스 인을 대거 불러들여 중요 관직에 임명하고 총애

한눈에 보는 세계사
1251년 : 고려대장경(팔만대장경) 완성　　1270년 : 고려, 삼별초의 항쟁 시작

했다. 이는 귀족들의 불만을 샀다. 귀족들은 '대회의'를 열어서 국왕에게 영국 귀족들의 참정권을 보장해 달라고 요구했다. 대회의를 통해 귀족들이 힘을 모으고 여러 의견을 결의하자 사람들은 대회의를 '의회'라고 부르기 시작했다.

1258년에 시칠리아 국왕이 죽자 헨리 3세는 시칠리아 국왕과의 친척 관계를 빌미로 자신의 둘째 아들 에드먼드를 시칠리아 왕위에 앉힐 계획을 세웠다. 그래서 우선 교황과 타협을 했다. 에드먼드에게 시칠리아 왕위를 주는 대가로 교황이 시칠리아에서 벌이는 전쟁의 자금을 지원하기로 약속한 것이다. 당시 잉글랜드는 3년 연속 흉작인 탓에 전체 국민 경제가 악화 일로를 걷고 있었다. 이런 상황에서 헨리 3세가 갖은 명목으로 세금을 거두자 귀족들의 원성이 하늘을 찌르기 시작했다. 결국 귀족들은 헨리 3세의 매제 시몽 드 몽포르를 중심으로 반란을 일으켰다. 시몽 드 몽포르는 스물세 살에 프랑스에서 영국으로 건너와 출중한 외모와 재능으로 상류사회에서 두각을 나타낸 인물이었다. 그 후 헨리 3세의 여동생 엘리너와 결혼하면서 왕실의 일원이 되었다.

사실 시몽 드 몽포르의 신분이나 지위로 따지자면 그는 마땅히 국왕의 충실한 옹호자가 되어야 옳았다. 그러나 평소 헨리 3세가 시몽 드 몽포르를 여동생을 꼬드긴 바람둥이로 업신여기며 싫어했던 탓에 서로 관계가 좋지 않았다. 시몽 드 몽포르는 왕의 인척이었음에도 가장 먼저 반기를 들었던 것이다. 1258년 4월, 귀족들의 강요에 의해 헨리 3세는 옥스퍼드에서 왕이 지명한 12명의 대신과 귀족 대표 12명으로 구성된 왕실 위원회를 열었다. 그리고 곤궁해진 국고를 귀족들이 채워 주는 대가로 헨리 3세는 왕실 위원회가 제출한 개혁안을 승인했다. 바로 '옥스퍼드 조례'였다. 이 조례에서는 왕권을 크게 제한하여 15명의 대귀족으로 구성된 귀족 위원회가 국정에 참여하도록 규정했다. 귀족 위원회는 매년 세 차례 소집되어 국가

중대사를 논의하고 결정하며, 왕국의 모든 고위 관리들은 왕과 귀족 위원회에 대한 충성을 맹세하도록 명시했다. 당시 모든 귀족이 국왕과 대립 관계에 있었기 때문에 홀로 궁지에 몰려 있던 헨리 3세는 울며 겨자 먹기로 조례에 승인할 수밖에 없었다. 옥스퍼드 조례는 대헌장을 이은 성문 헌법으로 정기적인 의회 소집을 규정했다는 점에서 매우 중요한 역사적 의의를 갖고 있다.

패전

헨리 3세는 왕권에 맞선 귀족들을 용서할 수 없었다. 자신에게 맞선 귀족들을 처단하기 위해 헨리 3세는 오랜 준비 끝에 친위대를 결성했다. 급기야 1262년 옥스퍼드 조례를 취소하는 명령을 내렸다. 이에 분노한 시몽 드 몽포르는 귀족들과 합세하여 반란을 일으켰다. 1264년 5월, 귀족 연합군은 루이스 전투에

1264년 5월 13일, 시몽 드 몽포르가 이끄는 귀족 연합군이 헨리 3세가 거주하고 있던 수도원을 공격했다.

서 왕실 친위대를 격파하고 헨리 3세와 그의 아들 에드워드를 포로로 붙잡았다. 그리고 시몽 드 몽포르를 우두머리로 한 귀족 연합은 잉글랜드의 실질적인 통치자가 되었다.

1265년 1월, 시몽 드 몽포르는 대헌장의 관련 조항에 따라 국사를 논의하기 위해 국왕의 이름으로 런던에서 의회를 소집했다. 이 의회는 120명의 성직자와 23명의 귀족 대표 이외에도 각 주에서 선출된 2명의 기사 대표와 각 도시에서 선출된 2명의 시민 대표가 참여했다. 이는 영국 최초의 의회로 훗날 '시몽 드 몽포르 의회'라고 불렸다. 그러나 귀족들 간에 권력 다툼이 벌어지면서 잉글랜드는 또다시 내란의 소용돌이 속으로 빠져들었다. 이 기회를 틈타 감옥에서 탈출한 헨리 3세의 아들 에드워드는 그해 8월 군대를 끌어모아 귀족 연합군을 격파했다. 이 과정에서 에드워드의 고모부이자 귀족 연합군의 우두머리였던 시몽 드 몽포르가 전사했다. 귀족들은 에드워드가 절대왕권을 회복하면서 의회 제도가 파기될 것으로 예상했다. 그러나 뜻밖에도 에드워드는 말버러 제정법을 공포하면서 귀족들에게 많은 권리를 양보하고 내란을 종결지었다. 강력한 왕권을 얻은 상황에서 더 이상의 싸움은 무모하며 의회를 존중해야 통치가 수월하다는 것을 깨달았기 때문이었다.

1295년 11월, 프랑스와 스코틀랜드, 웨일스와의 전쟁을 위한 군자금을 마련하기 위해 에드워드는 정식으로 의회를 소집했다. 이 의회는 과거 시몽 드 몽포르 의회를 그대로 본떠서 소집되었으며, 이후 영국 의회 구성의 모범이 되었다. 그리하여 역사적으로 '모범 의회Model Parliament'라고 불리게 되었다. 영국의 의회 제도 역시 정식으로 탄생하게 되었다. 당시 의회 제도의 가장 주된 기능은 입법이었으며, 국왕은 세금을 징수하려면 반드시 의회의 동의를 얻어야 했다. 의회의 탄생은 영국 정치사상 획기적인 일로 이후 영국 정치 투쟁의 양상을 바꿔놓았다.

9 백년 전쟁

The United Kingdom

14세기 초엽은 영국의 봉건 제도가 가장 크게 융성하던 시기로 영국 사회는 풍요와 번영을 누리고 있었다. 절대적 권력을 휘두르던 국왕은 영국이라는 섬 하나만으로는 만족할 수 없었다. 자신의 세력 범위를 바다 건너 대륙까지 확장하고 싶었다. 그러나 유럽 대륙까지 세력을 확장하는 과정에서 프랑스라는 강적과 맞부딪혔다. 이로 말미암아 유럽 역사상 가장 긴 전쟁인 백년 전쟁이 일어났다.

시기 : 1337~1453년
인물 : 에드워드Edward 3세, 헨리Henry 5세

전쟁의 도화선

영국과 프랑스는 오랜 세월 원한이 켜켜이 쌓인 앙숙이라고 할 수 있다. 1154년 앙주Anjou 백작의 아들 헨리가 잉글랜드 왕위를 계승하자 프랑스 앙주 가문의 영지는 자연스레 영국 왕의 소유가 되었다. 사실 앙주 가문은 프랑스에서도 손꼽히는 귀족 명문으로 프랑스 국토의 상당 부분을 소유하고 있었다. 이러한 앙주 가문의 영지가 영국 왕의 소유가 되자 프랑스 땅에서 영국 왕이 프랑스 왕보다 5배 이상의 영토를 보유하는 촌극이 발생

한눈에 보는 세계사

1347년 : 흑사병, 유럽을 휩쓸다
1392년 : 고려 멸망, 조선 건국
1446년 : 세종 대왕 훈민정음 반포
1450년 : 구텐베르크, 금속활자 인쇄술 발명
1453년 : 동로마 제국 멸망

하고 말았다. 이는 프랑스 귀족들로서는 절대 용납할 수 없는 문제였다. 그러나 영국의 위세는 그리 오래가지 못했다. '실지왕' 존 왕이 즉위한 뒤 국력이 나날이 쇠퇴해지면서 프랑스 영지를 하나둘씩 잃기 시작했다. 급기야는 영국 왕이 프랑스 국왕의 신하로서 무릎을 꿇는 지경으로까지 몰락하고 말았다. 특히 1314년부터 1328년까지 프랑스 국왕 4명이 교체되는 동안 영국 국왕은 매번 충성 서약을 맹세했으니 그 굴욕이 어느 정도였는지 짐작하고도 남음이 있다.

완전무장한 에드워드 3세

영국과 프랑스의 영토 분쟁은 이뿐만이 아니었다. 프랑스 남부 지역의 아키텐Aquitaine과 플랑드르Flandre를 두고 서로 격렬한 분쟁을 일으켰다. 아키텐 지역은 프랑스 땅에 있는 마지막 영국 영지 가운데 하나로서 프랑스에서 가장 부유한 지역이었다. 포도주와 소금의 주요 생산지인 알짜배기 땅을 영국이 차지했으니 프랑스로서는 가만히 지켜볼 수 없었다. 플랑드르 역시 상공업이 발달한 도시로 특히 방직업으로 매우 유명한 지방이었다. 친親프랑스 세력인 플랑드르 백작이 통치했지만 주민 대다수가 양모 산업에 의존했기 때문에 양모 수출국인 영국과 두터운 친분 관계를 유지했다. 즉, 정치적으로는 프랑스가 종주권을 쥐고 있었지만 경제적으로는 영국의 영향력 아래에 있었던 것이다. 그래서 영국과 프랑스 간에 플랑드르 지역에 대한 통치권을 놓고 또 한 번 격렬한 분쟁이 일어났다.

영토 분쟁 외에도 영국과 프랑스는 왕권 계승 문제로도 갈등을 일으켰다. 1328년, 프랑스 왕 필리프 4세가 직계 자손 없이 죽자 발루아 가문의 필리프 6세가 왕위를 계승했다. 그러자 영국 국왕 에드워드 3세가 왕위 계승권을 요구하고 나섰다. 필리프 4세의 외손자인 자신에게 프랑스 왕위를 이어받을 권리가 있다고 여겼기 때문이다. 그러나 왕위 계승권을 차지하려면 혈통뿐만 아니라 힘이 필요했다. 당시 영국은 프랑스에 대적할 만한 병력이 없었기에 에드워드는 눈물을 머금고 필리프 6세의 왕위 계승권을 인정할 수밖에 없었다. 그 후 10년이 지난 뒤, 군사력을 키운 에드워드 3세는 왕위 계승권을 문제 삼아 전쟁을 일으켰다. 1337년, 영국군이 프랑스 북부를 침공하면서 100년 동안 이어진 대전쟁이 마침내 시작됐다.

크레시Crecy 전투

애당초 병력 면에서 프랑스는 영국과 비교할 수 없을 만큼 월등했다. 프랑스 인구는 영국의 3배 이상으로 군대에 징집할 수 있는 청장년 남성이 영국의 4배에 달했다. 또한 전쟁이 프랑스 본토에서 벌어졌기에 프랑스군은 지리적 이점을 충분히 활용할 수 있었고 병참 보급도 원활하게 이루어졌다. 그러나 프랑스군은 어리석은 전략으로 이러한 이점을 쓸모없게 만들었다.

영국과 프랑스의 첫 번째 대전투는 해상에서 이루어졌다. 1340년 6월, 영국 함대와 프랑스 함대가 지중해에서 충돌했다. 프랑스 함대는 영국 함대의 3배였지만 영국군은 섬나라 특유의 해상 전투력을 십분 발휘하여 승리를 거두었다. 비록 9시간에 불과한 전투였지만 필리프 6세 휘하의 해군을 거의 전멸시키는 대승리였다. 덕분에 영국은 영국 해협의 해상권을 완전히 장악할 수 있었다. 1346년 7월, 영국 왕 에드워드 3세는 직접 정예부대를 이끌고 프랑스 북부 노르망디에 상륙했다. 영국군이 파죽지세로 플랑드르 지역을 향해 진격하자 프랑스 왕 필리프 6세는 대군을 거느리고 영국군을 추격했다. 8월 26일, 마침내 크레시 지방에서 프랑스군과 영국군은 대규모 전투를 벌이게 되었다.

크레시는 프랑스 북부 지방의 소도시로 지형적으로 작은 구릉지로 이루어져 있었다. 그래서 일단 언덕을 선점한 쪽이 전투에 유리했다. 유리한 고지를 차지한 것은 영국군이었다. 프랑스군은 오후 늦게 모습을 나타냈다.

크레시 전투에서 프랑스군은 열여섯 차례에 걸쳐 돌격했지만 결국 영국군에 전멸당하고 말았다. 전투가 끝난 뒤 에드워드 3세의 아들 흑세자는 죽음을 불사한 프랑스 기사들의 용맹을 기리며 주검 앞에서 경의를 표했다.

프랑스군은 두꺼운 갑옷으로 중무장한 기병과 제노바 용병 출신의 궁수들을 선두에 세웠다. 병력으로만 보면 프랑스군의 압도적인 우세가 예상됐으나 결과는 정반대였다. 긴 행군으로 병사들이 지친 상태에서 제대로 대오를 갖추지도 못한 채 전투를 시작한 것이 잘못이었다. 그러나 무엇보다도 치명적이었던 것은 영국군의 원거리 장궁 공격 때문이었다. 영국군은 장궁으로 무장한 장궁대를 선두에 세웠던 것이다. 장궁은 길이가 1.5m에 달하는 긴 활로 사정거리가 무려 250m에 달했다. 170m 거리 내에서도 적군의 갑옷을 관통할 수 있었기 때문에 당시로써는 가공할 만한 최첨단 무기였다. 선봉에 나선 프랑스 석궁부대가 영국 장궁대의 공격에 허망하게 무너지자 기사들이 뒤를 이어 진격했으나 결과는 마찬가지였다. 영국 장궁병이 쏘아대는 화살은 갑옷을 뚫고 말들을 쓰러뜨렸고, 말에서 떨어진 기사들은 영국 보병의 칼과 창에 죽임을 당했다. 프랑스군은 15차례나 돌격했으나 영국군이 진을 친 언덕 근처에도 가까이 갈 수가 없었다. 필리프 6세는 결국 전사자 1만여 명을 내고 퇴각했지만 영국군은 250여 명만 전사했다. 크레시 전투는 백년 전쟁 최초의 대규모 전투였다. 이 전투의 승리로 영국은 전쟁 초반 우위를 점할 수 있었다. 또한 이 전투에서 기사들이 새로이 등장한 장궁대에 힘없이 무너지면서 수백 년 동안 유럽의 전쟁터를 지배했던 중무장 기병대는 몰락의 길을 걷기 시작했다.

브레티니 조약 Treaty of Brétigny 체결

크레시 전투 이후 영국 왕 에드워드 3세는 여세를 몰아 프랑스의 중요 항구인 칼레Calais로 진격하여 포위했다. 무려 11개월 동안 이어진 포위 공격으로 성 안에 갇혀 있던 프랑스 귀족들은 결국 에드워드 3세에게 투항했다. 이후 백년 전쟁이 진행되는 동안 칼레 항은 영국군의 점령지로서 영국 양모 무역의 거점이 되었다.

그러나 영국이 칼레 항을 점령한 뒤 공포의 흑사병이 유럽 전역에 퍼지기 시작했다. 이로 말미암아 영국과 프랑스는 심각한 재정 위기가 닥치자 약속이나 한 듯 잠시 휴전을 하게 되었다. 1350년, 프랑스 왕 필리프 6세가 죽자 장John 2세가 왕위에 올랐다. 장 2세는 크레시 전투의 교훈을 잊은 채 장궁 앞에 속수무책인 기병대를 전투 일선에 앞세워 거듭되는 패전의 쓴맛을 봐야 했다. 1355년, 에드워드 3세의 큰아들이자 영국 역사상 '흑세자'로 유명한 에드워드가 프랑스 남부 지역을 침공했다. 군사를 이끌고 프랑스 내륙 깊숙이 전진하던 흑세자는 장 2세가 군사를 이끌고 영국군의 퇴로를 차단한다는 첩보를 입수하자 곧장 남쪽으로 퇴각 명령을 내렸다. 9월 19일 장 2세가 이끄는 프랑스군과 에드워드가 이끄는 영국군이 푸아티에에서 맞닥뜨렸다. 똑똑한 에드워드는 포도밭과 울타리 뒤에 군사를 매복하여 프랑스 기병대의 대오를 흩트려 놓았다. 기병대가 어수선한 틈을 타서 영국의 선진 무기인 장궁을 발사하여 프랑스 기병을 하나하나 쓰러뜨렸다. 영국군은 프랑스군을 궤멸시키는 대승을 거두었다. 반면에 프랑스 국왕 장 2세는 열네 살의 어린 아들과 함께 영국군에 포로로 잡히는 신세가 되었다.

전투에서 대패하고 국왕마저 포로로 잡히자 전투력을 상실한 프랑스 귀족들은 1360년 영국과 굴욕적인 '브레티니 조약'을 체결했다. 브레티니 조약에 따라 영국 왕 에드워드 3세가 프랑스 왕위 계승권을 포기하는 조건으로 프랑스는 아키텐 지방과 칼레 항을 영국에 할양했다. 또한 장 2세의 석방 조건으로 영국에 300만 크라운을 주면서 백년 전쟁 1기가 마무리되었다.

흑세자 에드워드
(1330~1376년)

영국 왕 에드워드 3세의 장남으로 백년 전쟁을 총지휘했다. 전투에 참가할 때마다 검은색의 갑옷을 입어서 흑세자라고 불리게 되었다.

전쟁 종식

장 2세는 포로로 잡혀 있다가 귀국한 지 얼마 지나지 않아 치욕과 분노 속에서 숨을 거두었다. 그 뒤를 이어 샤를Charles 5세가 1364년에 왕위에 올랐다. 샤를 5세는 장 2세의 실패를 거울로 삼았다. 그는 먼저 재정 수입을 확대하여 해군을 강화하고 육군을 재정비하는 데 집중했다. 군사상으로도 프랑스 본토의 지리적 이점을 활용한 새로운 전략을 개발했다. 영국군과의 정면 대결을 피하는 대신 유격부대를 파견하여 잦은 습격작전으로 영국군을 지치게 했다. 1380년, 프랑스군

유럽을 휩쓴 흑사병을 표현한 만화

1348년부터 1350년까지 2년 동안 총 2,500만 명의 유럽 인이 흑사병으로 목숨을 잃었다.

은 칼레 항 등 영국 해군이 장악한 연해 지역의 항구를 제외하고 브레티니 조약에서 영국에 할양한 영토 대부분을 수복했다. 이어서 영국과 프랑스는 20년간의 정전 협정을 체결했다.

그러나 정전 협정은 국가의 안전을 보장하지 못했다. 새로 즉위한 프랑스 왕 샤를 6세가 정신착란 증세를 일으키자 실권을 장악하려는 귀족들이 부르고뉴파Les Bourguignous와 아르마냐크파Les Armagnacs로 나뉘면서 내란 상태에 빠지고 말았다. 1415년, 영국 왕 헨리 5세는 프랑스의 내분을 틈타 맹렬한 기세로 노르망디를 진격했다. 같은 해 10월 25일, 크레시 부근의 아쟁쿠르에서 영국군은 유리한 지형을 활용하여 기사 4,000여 명과 보병 수만 명을 섬멸하면서 대승을 거두었다. 헨리 5세는 부르고뉴파와 결탁하여 '트루아 조약Treaty of Troyes'을 맺었다. 트루아 조약은 첫째로 영국 왕 헨리 5세는 프랑스의 왕녀 카트린과 혼약을 맺으며, 둘째로 왕녀는 지참금으로 영국 왕에게 프랑스를 증여하며, 셋째로는 정신착란 증세를 보이는 샤를 6세를 대신해 헨리 5세가 섭정을 맡다가 샤를 6세가 죽으면 왕위를 계승한다고 규정했다. 이 트루아 조약에 따라 헨리 5세는 샤를 6세의 딸 카트린과 결혼하여 프랑스 왕위 계승권을 거머쥐었다. 그러나 샤를 6세의 황태자를 지지하는 아르마냐크파는 굴욕적인 트루아 조약을 인정하지 않았다. 그들은 프랑스 중남부 지역에 거점을 두고 영국과 전쟁을 계속했다. 그리하여 프랑스는 파리를 중심으로 영국이 통치하는 프랑스 북부 지역과 샤를 6세의 황태자가 통치하는 프랑스 남부 지역으로 나뉘어 남북이 대치하는 상황이 되었다.

1422년, 영국의 헨리 5세와 프랑스의 샤를 6세가 잇달아 죽자 나이 어린 헨리 6세가 영국과 프랑스 두 나라의 국왕을 자칭하고 나섰다. 그러자 프랑스에서는 샤를 6세의 황태자가 샤를 7세로 프랑스의 왕위에 즉위하였음을 선언했다. 이에 영국군은 1428년 샤를 7세의 거점인 오를레앙Orleans을 포위하여 샤를 7세를 궁지로 몰아넣었다.

장기간에 걸친 영국군의 침략과 약탈 행위로 프랑스 인들의 반영 감정이 고조되면서 전 국민적인 반영 투쟁이 들불처럼 번지기 시작했다. 그 과정에서 불리한 전황을 승전으로 바꿀 영웅이 출현했다. 바로 잔 다르크 Jeanne D'arc였다. 그녀는 적은 수의 프랑스 병사로 오를레앙의 영국군을 격파하면서 승승장구하기 시작했다. 영국군은 프랑스 전 국민의 완강한 저항에 부딪혀 후퇴를 거듭했다. 1453년에 이르러서는 영국군 최대의 거점인 보르도Bordeaux 시가 프랑스군에 격파되면서 영국은 칼레 항을 제외한 프랑스 내의 모든 영토를 잃고 말았다.

백년 전쟁이 실패로 끝나면서 영국은 유럽 대륙의 영토 소유권을 포기했다. 대신 유럽 대륙에서 벌어지는 복잡한 문제들에 휩쓸리지 않은 채 독자적인 중앙집권적 군주제 국가를 건설하는 데 전심전력을 기울였다.

10 장미 전쟁

The United Kingdom

장미는 우리에게 화려하고 고귀한 아름다움과 코끝을 감도는 향기로 다가온다. 특히 사랑에 빠진 연인들에겐 열정의 상징이기도 하다. 그러나 이처럼 낭만적인 장미가 영국 역사에서는 피 냄새가 진동하는 전쟁의 상징이었다.

시기 : 1455~1485년
인물 : 요크York 공작, 마거릿Margaret, 에드워드Edward 4세

전쟁의 서막

영국 왕 에드워드 3세의 뒤를 이어 그의 손자 리처드 2세가 즉위했다. 리처드 2세는 정치적 역량이 없는 무능한 왕이었다. 설상가상 백년 전쟁을 겪으면서 영국의 귀족 세력이 급격히 팽창한 반면에 왕권은 하루가 다르게 약화되고 있었다. 1399년, 잉글랜드 북부의 귀족들이 반기를 들고 일어나 리처드 2세를 폐위했다. 대신 랭커스터Lancaster 가문의 헨리 4세를 새 국왕으로 추대했다. 플랜태저넷 왕조가 끝나고 랭커스터 왕조가 시작된 것이다.

한눈에 보는 세계사

1450년 : 구텐베르크, 금속활자 인쇄술 발명
1453년 : 동로마 제국 멸망
1469년 : 조선, 경국대전 완성
1492년 : 콜럼버스, 신대륙 발견
1498년 : 바스코 다 가마, 인도 항로 발견

그러나 무력으로 빼앗은 왕위는 더욱 강력한 무력의 도전을 받기 마련인 법이다. 영국의 귀족들은 백년 전쟁을 치르는 동안 부를 축적했다. 이들은 막대한 자금으로 사병을 양성하고 의회를 조종했다. 랭커스터 왕조 3대째인 헨리 6세가 나이가 어려 요크 공작 리처드Richard가 대신 섭정을 맡았다. 그러나 헨리 6세에게서 왕자가 태어나자 왕후 마거릿은 섭정 공인 리처드에게 불안감을 느껴 그를 국외로 추방했다. 이에 격분한 요크 공작 리처드가 왕위 계승권을 주장하며 귀족들을 모아 전쟁을 일으켰다. 그가 내세운 전쟁 명분은 이랬다. 즉, 선대왕 헨리 4세가 리처드 2세로부터 왕위를 찬탈했기 때문에 그의 손자인 헨리 6세는 왕위의 자격이 없다. 정통적인 왕위 계승권은 플랜태저넷 왕가의 피를 이어받은 자신에게 있다는 것이 그 명분이었다. 이로 말미암아 약 30년 동안 벌어진 전쟁은 랭커스터 왕가가 붉은 장미를, 요크가가 흰 장미를 각각 가문의 휘장에 그려 넣은 데서 유래하여 '장미 전쟁'이라고 일컬었다.

곤두박질

당시 요크가는 상공업이 발달한 영국 동남부 지역을 차지하고 있었다. 그리하여 요크가는 풍부한 경제력을 바탕으로 봉건 영주와 상인들의 전폭적 지지 속에 막강한 군사력을 키울 수 있었다. 요크 공작 리처드는 손쉽게 랭커스터가의 병사를 격파하고 헨리 6세에게 압력을 가해 요크 공작을 섭정 왕과 왕위 계승자로 선포하게 했다. 그러나 야심이 큰 헨리 6세의 왕후 마거릿은 결코 만만한 상대가 아니었다. 왕위를 포기하고 싶지 않았던 마거릿은 런던을 탈출하여 친정인 프랑스 왕실에 도움을 요청했다. 프랑스의 지원 속에서 대군을 모은 마거릿은 요크 공작을 공격하여 포로로 잡는데 성공했다. 마거릿은 그동안 으스대고 의기양양해하던 요크 공작을 무릎 꿇린 것에 만족하지 않았다. 그녀는 요크 공작의 머리에 종이로 만든 왕관을 씌워 모욕을 준 뒤 그의 병사 수천 명과 함께 처형시켰다.

마거릿 왕후의 충동적이고 무자비한 살육은 매우 어리석은 처사였다. 역사적으로 반란을 일으킨 우두머리를 처형시키는 선례는 있었지만 대규모 살육은 너무 잔인하고 무모했다. 이로 말미암아 국왕은 요크 가문과 철천지원수가 되었을 뿐만 아니라 잉글랜드 동남부 지역의 영주들이 등을 돌리는 결과를 초래했기 때문이다. 요크 공작의 아들 에드워드는 자신을 에드워드 4세라 칭하며 병사를 끌어모아 막강한 군사력을 키웠다. 1461년 3월, 에드워드는 랭커스터군을 타우턴Towton 전투에서 격파하고 헨리 6세를 국외로 추방했다.

당시 랭커스터군은 2만여 명의 병력으로 무장한 막강한 부대였기 때문

헨리 6세(오른쪽)와 요크 공작(왼쪽)이 레스터 회의 석상에서 논쟁을 벌이는 모습을 표현한 그림

에 승리는 불을 보듯 뻔했다. 그러나 하늘은 요크가의 손을 들어주었다. 전투가 벌어지던 날은 본래는 맑고 화창한 날씨였다. 그러나 누가 알았으랴. 갑자기 폭풍우가 몰아치면서 랭커스터군은 졸지에 역풍을 맞는 위치에 서게 되었다. 병사들은 강한 비바람에 몸조차 가누기가 어려워져 대오가 크게 흐트러지고 말았다. 이때를 틈타 요크군은 바람의 힘을 빌려 무차별 사격을 가해 상대편을 제압했다. 에드워드는 아버지의 원수를 갚기 위해 말을 타고 최고 선봉에 서서 병사들을 지휘했다. 전투는 아침부터 오후까지 계속되었고 들판에는 새빨간 피와 주검으로 가득 뒤덮였다. 랭커스터군은 울부짖으며 사방으로 도망쳤고 요크군은 그 뒤를 바짝 추격했다. 당시 전투에서 랭커스터군과 요크군 합쳐서 2만여 명이 목숨을 잃었으며, 헨리 6세 역시 전장의 이슬로 사라졌다.

평화의 악수

타우턴 전투 후 남편을 잃은 마거릿 왕후는 허겁지겁 스코틀랜드로 도망쳤다. 마침내 영국의 국왕 자리에 오른 에드워드 4세는 랭커스터 가문을 멸족시키기 않고 자비를 베풀었다. 그는 20여 년간 왕위에 있으면서 중상주의 정책을 펼쳤고, 덕분에 영국 경제는 도약적인 발전을 이루었다. 그러나 요크가의 번영은 그다지 오래가지 못했다. 에드워드 4세가 죽고 난 뒤 열두 살의 장남이 에드워드 5세로 즉위하였으나 왕통이 확립되기도 전에 동생 글로스터 공 리처드가 왕위를 찬탈했다. 그는 스스로 리처드 3세라 칭하며 조카 에드워드 5세를 투옥한 뒤 살해했다. 리처드 3세는 왕위에 오르자마자 자신에게 반대하는 귀족들을 무자비하게 살육하면서 귀족들의 반발을 불러일으켰다.

이 무렵 대륙에 망명해 있던 랭커스터계의 리치먼드 백작 헨리 튜더Henry Tudor가 이 기회를 틈타 영국으로 돌아왔다. 1485년 8월, 헨리 튜더는 병사를 이끌고 웨일스에 상륙하여 영국 동남부 지역으로 진격했다. 그는 웨일스 인의 지지를 얻기 위해 랭커스터가의 붉은 장미 대신 웨일스 지방의 전통 깃발인 붉은 용 그림의 깃발을 새로운 휘장으로 삼았다. 덕분에 그는 웨일스 인의 전폭적인 지지를 끌어들일 수 있었다.

8월 22일, 헨리 튜더는 보스워스Bosworth 평원에서 리처드 3세가 이끄는 병사들과 결전을 치렀다. 전투가 시작되자마자 리처드 3세가 이끄는 병사들이 앞다퉈 투항을 하면서 병사들의 사기가 뚝 떨어졌다. 리처드 3세는 엎치락뒤치락하는 격전 속에서 칼에 맞아 목숨을 잃었다. 30여 년이라는 짧은 시간 동안 2명의 영국 국왕이 내란으로 인한 전투에서 목숨을 잃고 만 것이다. 보스워스 전투에서 대승리를 거둔 헨리 튜더는 귀족과 병사들의 옹호를 받으며 런던으로 입성했다. 얼마 뒤 그는 정식으로 왕위에 즉위하면서 헨리 7세가 되었고, 새로운 튜더 왕조가 시작되었다. 헨리 7세는 요크가와 랭커스터가의 대립을 끝내고자 요크가 에드워드 4세의 딸 엘리자베스와 결혼했다. 두 가문이 화해의 악수를 하면서 30년에 걸친 장미 전쟁이 비로소 끝났다.

30년 동안 계속된 장미 전쟁은 귀족 계층에 심각한 타격을 가져왔다. 당시 전쟁으로 남작 계급 이상의 귀족 65명이 목숨을 잃었고 그 외 수많은 봉건 영주들이 목숨을 잃었다. 이로 말미암아 귀족 세력은 크게 약화했고, 반면에 왕권은 나날이 강화되어 헨리 튜더는 강력한 왕권을 휘두르게 되었다.

The United Kingdom

맥을 잡아주는 세계사

The flow of The World History

제 2 장 | 해가 지지 않는 나라

1. 인클로저 운동
2. 아름다운 유토피아
3. 국왕의 결혼과 종교 개혁
4. 피의 메리
5. 위대한 여왕 엘리자베스
6. 해적 시대
7. 무적함대의 궤멸
8. 지식은 힘이다
9. 영국이 낳은 대문호 셰익스피어
10. 내전 발생
11. 독재자 올리버 크롬웰
12. 명예혁명

The United Kingdom

1 인클로저(Enclosure) 운동

영국의 정치가이자 인문주의자였던 토머스 모어Thomas More는 인클로저 운동을 가리켜 "양이 사람을 잡아먹다."라고 비난했다. 인클로저 운동으로 농경지가 목장으로 바뀌면서 농민들이 토지로부터 내몰렸기 때문이다. 이처럼 잔인한 일면이 있지만 영국 농업의 근대화를 촉진하고, 생산력, 원자재, 소비 시장을 확대시키면서 자본주의의 토대를 마련해 주었다는 점에서 우리는 인클로저 운동을 다시 한 번 고찰해 볼 필요가 있다.

시기 : 15세기 말~19세기 초
인물 : 귀족, 지주, 부농, 빈민

양모로 말미암은 재앙

영국에서 인클로저 운동이 일어난 원인은 무엇일까? 이는 중세 말엽 영국의 토지 제도와 밀접한 관계가 있다. 당시 영국 농촌의 토지 제도는 영주 직영지와 농민 보유지 사이에 울타리가 없는 개방경지 제도였다. 다시 말해서, 1천 헥타르 규모에 달하는 장원의 토지가 울타리나 길 따위로 명확하게 구분되지 않아서 경작이나 수확, 방목 등을 촌락 전체가 공동 작업을 했다. 수확한 농작물은 똑같이 분배하되 지주에게는 일정한 소작료를

한눈에 보는 세계사

1602년 : 네덜란드, 동인도회사 설립
1618년 : 독일, 30년 전쟁 발발
1627년 : 조선, 정묘호란 발발
1636년 : 조선, 병자호란 발발
1701년 : 에스파냐 왕위 계승 전쟁
1776년 : 미국, 독립 선언
1789년 : 프랑스 혁명, 인권 선언
1807년 : 신성 로마 제국 멸망

냈다.

15세기 말엽에 이르러서 새로운 항로의 개척으로 영국의 방직 산업이 눈부신 속도로 발전하기 시작했다. 양모 수요량도 매우 증가하면서 양모 가격이 덩달아 상승했다. 영국의 귀족들은 주판알을 튕기기 시작했다. 이해타산이 빠른 귀족들은 소작농을 고용하여 농사를 짓는 것보다 양을 기르는 편이 훨씬 이득이라는 사실을 간파했다. 양을 키우는 데는 양치기 한 명과 양치기 개 서너 마리면 충분했다. 게다가 양모를 팔면 농작물을 파는 것보다 몇 배 이상의 이윤을 남길 수 있었다. 그리하여 봉건 영주와 귀족 등 토지 소유자들은 좀 더 많은 수익을 올리기 위해 지금까지 해 오던 농사를 그만두고 목장을 만들어 양을 기르기 시작했다. 농지는 물론이거니와 숲과 들판, 소택지 등 장원의 공유지에 살던 농민들을 강제로 내쫓고 울타리를 세워 목장을 지었던 것이다. 이처럼 울타리를 치고 타인의 출입을 제한한다는 의미에서 '인클로저 운동'이라 불리게 되었다. 영국의 인클로저 운동은 두 단계로 나뉜다. 15세기부터 17세기까지가 제1차 인클로저 운동 시기로 수많은 농민이 삶의 터전에서 쫓겨나 실업자가 되면서 "양이 사람을 잡아먹다."라는 특징이 매우 두드러졌다. 18세기부터 19세기까지는 제2차 인클로저 운동 시기이다. 이때는 제1차 때와는 달리 의회가 관련 법령을 통과시키면서 인클로저 운동을 전폭적으로 지원해 주었기에 흔히 '의회 인클로저'라고 불렸다.

과정

처음에는 인클로저 운동으로 농민들이 갈 곳 없이 떠돌거나 촌락이 파괴되는 등 사태가 심각해지자 국왕이 인클로저 금지법을 제정했다. 그러나 17세기 초엽에 이르면서 도시 인구가 나날이 증가하고 육류에 대한 수요량이 점차 늘어나자 의회는 1593년 인클로저 금지법을 폐지했다. 그러자 인

존 컨스터블의 〈보리밭〉

양 떼들이 오솔길을 지나가고 그 뒤로 양치기 개가 따라간다.

클로저 운동이 또다시 영국 전역을 휩쓸기 시작했다.

1549년 6월, 농민들은 인클로저 운동에 반대하여 '케트의 반란 Kett's Rebellion'을 일으켰다. 그러나 영국 귀족은 이탈리아의 용병을 동원하여 농민들을 무자비하게 진압했다. 삶의 터전을 잃어버린 농민들이 거지나 도둑으로 전락하는 것을 막기 위해 헨리 8세는 농민들의 유랑 생활을 금지하는 '걸인과 부랑자 처벌법'을 제정했다. 걸인과 부랑자 처벌법에 따라 연로하거나 노동력을 상실한 노동 무능력자를 조사하여 등록시킨 뒤 구걸을 허용하였다. 반면에 노동 능력이 있는 나태한 부랑인은 체포하여 태형을 가하고 고향으로 추방했다. 부랑인이 두 번 체포되면 매질과 더불어 귀를 자랐고, 세 번 체포되면 사형에 처했다. 이러한 잔인한 법령과 함께 1601년에는 '빈민법'이 제정되었다. 빈민법은 노동 무능력자인 빈민을 구제하기 위해 구빈세 징수권을 교구에 부여하였다. 1795년에는 임금으로도 최저 생활이 보장되지 못할 경우 국가가 생활보조금을 지급한다는 법률이 제정되었는데, 이는 훗날 유럽 복지 제도의 시초가 되었다.

1688년 명예 혁명 이후 인클로저 운동은 의회의 적극적인 지지를 받았다. 그 이유는 간단했다. 법을 집행하는 책임자가 대부분 인클로저 운동에 열심인 지주나 귀족들이었기 때문이다. 이때는 인클로저 운동이 비교적 체계적으로 진행되었다. 예컨대 지주가 울타리를 쳐서 목장을 만들 경우 먼저 의회에 신청서를 제출했다. 신청서를 접수한 의회는 다시 토지의 위치나 용도를 자세히 기록한 심의서를 요구했다. 그리고 조사원이 직접 부지를 조사한 뒤에야 최종적으로 허가가 났다.

인클로저 운동의 영향

인클로저 운동은 자본주의 발전에 필요한 자금과 노동력을 제공했을 뿐만 아니라 영국 사회에 지대한 영향을 미쳤다. 첫째, 영국의 농업 경제가 눈부신 발전을 거두었다. 1700년도에는 농민 1인당 부양 인구가 1.7명이었지만 1800년도에 이르러서는 2.5명으로 늘었다. 이는 곧 농업 생산율이 40% 이상 증가했음을 의미했다. 둘째, 농촌 노동력이 도시로 대거 이동했다. 1750년 영국의 도시 인구는 전국 총 인구의 21%를 차지했으며, 1850년도에는 52%로 증가했다. 도시 인구의 증가가 공업 발전을 촉진하면서 영국은 '세계의 공장'으로 부상했다.

The United Kingdom

2 아름다운 유토피아

영국의 유명한 인문주의 학자이자 사상가인 토머스 모어는 1478년 2월 7일에 태어났다. 유럽 초기 유토피아 사회주의의 창시자로서 《유토피아》라는 불후의 명작을 남겼다.

시기 : 1515~1516년
인물 : 토머스 모어Thomas More

소년 시대

토머스 모어는 영국 런던의 부유한 가정에서 태어났다. 어린 시절 어머니를 잃은 그는 아버지의 손에 키워졌다. 비록 명문 귀족 출신은 아니지만 왕실 고등법원의 법관을 지낸 그의 아버지는 정직과 관용을 몸소 실천으로 보여 주며 토머스 모어의 일생에 깊은 영향을 미쳤다.

당시 잉글랜드에서 영어는 비천한 하층민이 사용하는 언어였다. 유럽의 귀족들은 라틴 어를 고귀한 신분과 학식의 상징으로 여겼다. 라틴 어를 모르는 사람은 상류 사회에 발을 디딜 수도 없을 정도였다. 토머스 모어의 아

한눈에 보는 세계사
1517년 : 루터의 종교 개혁
1519년 : 에스파냐, 아스텍 제국 공격

버지는 교육을 위해 열 살도 채 되지 않은 어린 아들을 세인트 앤서니 학교에 진학시켜 라틴 어를 배우게 했다. 또한 아들의 견문을 넓히기 위해 캔터베리 대주교이자 대법관인 존 모턴John Morton 경의 집에서 숙식하게 했다. 당시 존경받는 정치가로서 박학다식하고 언변술이 뛰어났던 존 모턴과의 생활은 토머스 모어가 법관으로 성장하는 데 훌륭한 토대가 되었다.

런던 세인트폴 대성당

정치계 입문

1492년 토머스 모어는 옥스퍼드 대학에 진학했다. 그는 영국 인문주의 사상의 심장부였던 이곳에서 견식을 넓히고 고전 문학을 공부했다. 그리스어를 배우면서 플라톤과 아리스토텔레스의 철학을 접했고, 특히 플라톤의 사상에 지대한 영향을 받았다. 훗날 평론가들이 토머스 모어의 《유토피아》를 플라톤의 '이상 국가'를 잇는 속편이라고 평한 것만 봐도 그가 플라톤 사상의 영향을 얼마나 많이 받았는지 짐작이 갈 것이다.

자식이 법률가로서 대성하기를 꿈꾸던 그의 아버지는 문학과 사상에 심취한 아들을 못마땅하게 여겼다. 1494년, 토머스 모어는 아버지의 강요로 옥스퍼드 대학을 떠나 법률가 지망생들을 위한 링컨 법학원에 들어가 코

영국 토머스 게인즈버러의 〈아침 산책〉

1785년 작품으로 아름다운 자연 풍경을 배경으로 귀족 부부가 아침 산책을 즐기는 모습을 표현했다.

먼로를 공부했다. 그리고 1501년, 일반 법정 변호사가 되어 정식 변호사 자격을 취득했다. 변호사로 활동하는 동안 토머스 모어는 가난한 시민의 소송 사건을 접하면서 무고한 시민이 불공평한 법률 앞에 고통을 당하고 있다는 사실을 발견했다. 토머스 모어는 자신의 지식을 최대한 동원하여 억울한 빈민들의 권익을 보호하는 데 앞장섰다. 정직하고 공정한 변호사로서 빈민들을 대신해 돈 많은 귀족과 맞서 싸우는 토머스 모어는 런던 시민의 사랑을 한 몸에 받으며 명성을 쌓았다. 1504년, 대중적인 인기를 발판으로 토머스 모어는 스물여섯의 젊은 나이에 의원으로 선출되었다. 그러나 시민의 권익을 위해 앞장서던 토머스 모어는 헨리 8세의 눈 밖에 나면서 박해를 받기 시작했다.

형장의 이슬

1509년, 왕위에 오른 헨리 8세는 토머스 모어를 요직에 기용하였다. 1510년, 토머스 모어는 런던 시민의 환호 속에서 런던 사법장관에 임명되었다. 1518년에는 추밀원 의원이 되었으며, 1521년에는 작위를 받았다. 그리고 1523년에는 하원의장에 올랐으며, 1529년에는 대법관에 임명되면서 영국 정계에서 가장 중요한 인물이 되었다. 사실 전제 군주인 헨리 8세가 왕권을 제한하는 인문주의 사상을 반길 리 없었다. 그런데도 인문주의 사상을 신봉하는 토머스 모어를 정부의 요직에 앉힌 것은 대중의 사랑과 존경을 한 몸에 받는 그의 명성을 이용하기 위해서였다. 토머스 모어도 그러한 헨리 8세의 속내를 간파하고 있었다. 그래서 자신의 사위에게 우스갯소리로 "만일 내 목을 주고 프랑스 성 한 채를 얻을 수 있다면 국왕 폐하는 주저 없이 나를 단두대로 보낼 것이다."라고 했을 정도였다.

그러나 자신의 농담이 그처럼 빨리 현실로 변하리라고는 토머스 모어도 예측하지 못했을 것이다. 1532년, 보수적인 종교관을 갖고 있던 토머스 모어는 헨리 8세의 이혼 문제가 발생하자 자신의 모든 직책을 사임했다. 이 때문에 헨리 8세의 분노를 사고 말았다. 1533년, 헨리 8세는 모든 귀족에게 잉글랜드의 국왕을 잉글랜드 교회의 상징적인 수장으로 선언한 '왕위지상령'에 서약할 것을 강요했다. 또한 앤 불린Anne Boleyn과의 결혼은 유효하며, 앤 불린이 낳은 엘리자베스를 합법적인 왕위 계승자로 인정하는 의회의 계승법을 인정할 것을 요구했다. 그러나 독실하고 보수적인 가톨릭 교도였던 토머스 모어는 헨리 8세의 이혼을 찬성할 수 없었다. 이러한 요구를 거부하고 대법관직을 사임한 토머스 모어는 결국 런던 탑에 갇히는 신세가 되고 말았다. 1535년 7월 1일 법정 특별위원회는 토머스 모어에 대한 재판을 진행했고, 1535년 7월 7일에는 사형을 선고했다. 당시 판결문은 다음과 같이 기술했다. "전 대법관 토머스 모어는 의회에서 통과한 최고 권력 법안에 맞서 국왕 폐하가 영국 종교의 수장이라는 왕위지상령에 대한 서약을 세 차례나 거절했으며, 의회는 교회의 최고 수장을 선포할 권한이 없다고 떠들고 다녔으니 반역죄에 처하노라!"

토머스 모어는 사형 집행 통고를 받고서도 전혀 위축되지 않았다. 그는 단두대에 목을 들이밀면서 사형 집행인에게 "내 목이 매우 짧으니 조심해서 자르게."라고 농담을 할 만큼 죽음 앞에서도 여유로웠다. 토머스 모어가 죽은 지 300여 년이 지난 1886년에 가톨릭교회에서는 정치의 수호성인으로 그를 성자의 반열에 세웠다.

아름다운 유토피아

토머스 모어는 종교 개혁에 찬성하지 않았지만 매우 급진적인 사회주의 사상가였다. 사람들은 그의 불후의 명작 《유토피아》에서 이상적 사회주의 모습을 처음으로 엿볼 수 있었다.

《유토피아》의 원제목은 《사회생활의 최선의 상태에 대한, 그리고 유토피아라고 불리는 새로운 섬에 대한 유익하고 즐거운 저작》이다. 이 책은 토머스 모어가 여가를 이용해 1515년부터 1516년 사이에 라틴 어로 저술한 작품이다. '유토피아'는 라틴 어로 '이 세상 어디에도 없다.'라는 뜻이다. 이야기는 필자가 학자이며 모험가인 라파엘 히스로디를 만나는 데서부터 시작된다. 히스로디는 항해 도중에 방문한 나라 중에서 가장 흥미를 끌었던 유

런던교

런던 중심부 템스 강에 놓인 화강암 다리로 런던을 상징하는 명물이다.

토피아라는 나라를 소개하면서 영국의 실정을 간접적으로 비판했다.

모어가 그리는 유토피아는 바다 저편에 파도로 둘러싸인 작은 섬이다. 자치 도시 54곳으로 구성된 유토피아에서는 토지나 집, 생산 도구들이 모두 공동 소유이다. 일체의 생활비는 각자 필요한 만큼 나눠 갖기 때문에 사유 재산이 없다. 도시의 가구 수와 똑같은 개수의 농장에서 사람들은 2년 교대로 농업에 종사한다. 유토피아에는 국왕이 없을 뿐만 아니라 여자, 성직자, 귀족, 지주 등 남녀노소와 신분 고하를 막론하고 모두 노동을 한다. 노동을 면제받는 사람은 공무원과 선택받은 지식 계급뿐이다. 노동 시간은 6시간이며, 노동을 끝낸 여가에는 교양을 쌓는다. 유토피아에서는 도박이나 사냥 따위는 배척하며 선행을 통해 참다운 쾌락을 얻는다. 유토피아에서는 법률이 단순할수록 공정하다고 여기기 때문에 법률도 매우 간소하다.

토머스 모어는《유토피아》에서 사유 재산을 부정하고 공유 재산을 제안했으며, 계획적인 생산과 소비, 인구 배분의 합리화, 사회적 노동의 계획화, 노동 조건의 개선이 실현되는 이상 사회를 염원했다. 이상적 사회주의를 그린《유토피아》는 훗날 유럽의 사회주의 사상에 지대한 영향을 미쳤다.

The United Kingdom

3 국왕의 결혼과 종교 개혁

16세기 초 거대한 종교 개혁의 물결이 유럽 전역을 휩쓸면서 여러 국가가 로마 교황의 속박에서 벗어나 종교의 자유를 누렸다. 이때 영국에서는 국왕의 결혼 문제로 말미암아 종교 개혁이 촉발되리라고는 그 누구도 예상치 못했다.

시기 : 1532년
인물 : 헨리Henry 8세

국왕의 결혼

장미 전쟁은 헨리 튜더에게 행운을 가져다주었다. 그는 헨리 7세로 즉위하면서 튜더 왕조를 창시했다. 영국 왕족의 방계 혈통에 불과했던 그가 단숨에 왕위를 차지한 것은 하늘의 가호가 없었다면 불가능했을 것이다. 사실 헨리 7세의 어린 시절은 매우 불우했다. 그는 아버지 리치먼드Richmond 백작이 요크가의 병사들에게 끌려가 어두컴컴한 감옥에서 비참한 최후를 맞이한 지 3개월 후에 태어났다. 그가 열네 살이 되던 해에 어머니는 그를 버리고 재혼했다. 헨리는 숙부 재스퍼 튜더의 보살핌 아래 오랜 기간 망명

한눈에 보는 세계사
1536년 : 칼뱅의 종교 개혁

생활을 했다. 내일을 알 수 없는 힘든 망명 생활 속에서 헨리 튜더는 신중함과 강인함, 과감한 결단력, 책임감 등 왕의 자질을 쌓았고, 마침내 튜더 왕조의 창시자가 되었다.

헨리 7세가 죽은 뒤 그의 둘째 아들 헨리 8세가 왕위를 계승하면서 튜더 왕조의 두 번째 국왕이 되었다. 헨리 8세는 어릴 때부터 훌륭한 교육을 받아서 라틴 어와 프랑스 어, 이탈리아 어에 능통했다. 또한 승마술이 뛰어나고 전투 기술도 수준급이어서 잉글랜드 역사상 매우 보기 드물게 학문과 무예에 두루 뛰어난 왕의 자질을 갖춘 인재였다.

일찍이 헨리 7세는 재위 당시 유럽 대륙과의 관계를 원만히 유지하기 위해 왕실 간 정략결혼에 열중했다. 두 딸을 각각 스코틀랜드와 프랑스의 왕자에게 시집 보냈고, 큰아들 아서Arthur는 스페인 공주 캐서린Catherine과 결혼시켰다. 그러나 허약 체질이었던 아서는 결혼한 지 얼마 안 되어 죽고 말았다. 열여섯 살의 나이에 과부가 된 캐서린은 당연히 스페인으로 돌아가야 했지만, 헨리 7세는 그녀를 돌려보내지 않았다. 당시 가톨릭 교리에 따르면 부부의 결합은 하늘이 맺어 준 것이므로 이혼 후 재혼을 허락하지 않았다. 하지만 상처를 하고 홀로 남은 과부나 홀아비는 교황의 허락을 받아 재혼할 수 있었다. 그리하여 헨리 7세는 주변의 눈총에도 아랑곳하지 않고 교황의 허가를 받아 캐서린과 둘째 아들 헨리와의 재혼을 추진시켰다. 이유는 간단했다. 캐서린의 등 뒤에는 당시 유럽의 강대국 스페인이 버티고 있었기 때문이었다. 막대한 지참금과 스페인의 힘을 얻으려던 헨리 7세는 아들 헨리에

헨리 8세의 두 번째 아내 앤 불린

게 압력을 가했다. 시동생과의 결혼은 당시에도 불법이었기에 교황청에서 캐서린과 아서의 결혼이 무효라는 승인을 받는 데는 적잖은 시간이 소요됐다.

마침내 헨리 8세는 불과 열두 살의 어린 나이에 아버지의 강요로 자신보다 다섯 살이 많은 캐서린과 결혼했다. 캐서린은 키는 매우 작았지만 눈부시게 밝은 금발과 커다란 푸른 눈, 투명한 피부와 우아한 기품을 갖춘 여인으로, 만나는 사람마다 호감을 느끼게 하는 매력이 있었다. 또한 라틴 문학, 역사, 법학 등에 조예가 깊고 신앙심이 독실한 여인이었다. 비록 나이 차는 있었지만 두 사람은 행복한 결혼 생활을 꾸려 나갔다. 그러나 시간이 지나면서 두 사람 사이에 큰 문제가 생겼다. 캐서린이 딸 메리를 낳은 뒤 여러 해가 지나도록 헨리 8세가 고대하던 아들을 낳지 못한 것이다. 당시 공주가 국왕이 된 선례가 없었던 만큼 후계자 문제는 매우 심각했다. 점차 실망이 커진 헨리 8세는 캐서린을 냉대하기 시작했다.

이때 나타난 여인이 바로 앤 불린이었다. 앤 불린은 결코 뛰어난 미인은 아니었지만 당시 귀족 여성들에게서는 보기 드물게 영리하고 활기찬 성격의 여인이었다. 헨리 8세는 단번에 그녀의 매력에 사로잡히고 말았다. 그러나 자기주장이 강했던 앤 불린은 국왕의 정부가 될 것을 거부했다. 그녀는 헨리 8세에게 자신과 정식으로 결혼하지 않는 이상은 절대로 만나지 않을 것이라며 왕비와의 이혼을 요구했다. 이에 헨리 8세는 앤 불린과 새로운 행복을 누리며 더불어 후계자 문제도 해결하기 위해 마침내 이혼을 결심했다. 물론 스페인의 힘을 빌리지 않아도 될 만큼 영국의 국력이 강해진 것도 그 결심을 굳히는 데 한몫을 했다.

교황청과의 대립

1526년 헨리 8세는 캐서린이 더 이상 아이를 낳지 못한다는 이유로 교황청에 정식으로 이혼을 요구했다. 두 사람의 결혼은 당초 교황의 허락을 받아 이루어진 것이기 때문에 이혼도 마땅히 교황의 허가를 받아야 했기 때문이다. 그러나 교황 클레멘스Clemens 7세는 캐서린의 조카인 신성로마 제국 카를 5세의 심기를 거스를 수 없어서 이를 거절했다. 이로써 헨리 8세는 교황과 첨예한 대립각을 세우게 되었다.

헨리 8세는 여론의 지지를 얻기 위해 유럽 대륙으로 사람을 파견해 자신의 이혼의 합법성에 관한 학자들의 견해를 구했다. 당시 유럽의 학자들은 인문주의 사상을 주창하고 있었기에 모두 이구동성으로 합법성을 인정했다. 이에 자신감을 얻은 헨리 8세는 앤 불린과의 결혼을 합법화하기 위해 의회를 통해 '상소제한법'을 반포했다. 상소제한법은 국왕의 허락 없이 성직자들이 로마 교황청에 봉헌금을 내거나 영국 국민이 로마 교황청에 직접

영국 윌리엄 호가스의 〈당대 결혼 풍속〉 II

윌리엄 호가스의 〈당대 결혼 풍속〉 시리즈는 총 6점으로 이루어져 있으며 상류 사회의 몰락을 풍자하고 있다. 시리즈의 두 번째인 위의 그림은 밤새 사창가를 떠돌다 오후 늦게 돌아온 남편과 잠옷 차림으로 하품하는 부인, 기한이 만료되어 돌아온 어음을 들고 있는 집사의 모습이 그려져 있다.

탄원하는 행위를 일절 금지했으며, 결혼이나 유언의 효력을 판별하는 문제도 로마 교황청에 탄원하는 것을 금지했다. 이 법률에 따라 헨리 8세는 캐서린의 결혼을 무효로 하고 앤 불린과의 결혼에 합법성을 부여해 달라는 청원을 교황이 아닌 캔터베리 대주교 토머스 크랜머Thomas Cranmer에게 낼 수 있었다. 1533년 5월 헨리 8세의 신임을 받고 있던 크랜머 대주교는 성직자 회의를 소집해 헨리와 캐서린의 결혼은 무효이며 앤과의 결혼은 적법하다고 판정했다. 그리고 헨리 8세와 앤 불린의 결혼은 합법적이라고 정식으로 선포했다. 1533년 6월 1일에 앤은 공식적으로 잉글랜드의 왕비가 되었다. 이로써 헨리 8세의 이혼 사건은 국왕의 승리로 마침표를 찍었다. 이혼당한 캐서린은 궁전에서 쫓겨나 고통과 슬픔 속에서 지내다 병사했다. 국왕의 사랑을 빼앗은 앤 불린은 딸 엘리자베스를 낳았지만 헨리 8세가 그토록 기다리던 아들은 낳지 못했다. 그로 말미암아 두 사람의 관계는 점차 금이 가기 시작했고, 제인 시모어Jane Seymour가 헨리의 새로운 애인으로 나타났다. 헨리가 이혼을 요구하자 이를 거부한 앤은 1536년 5월 2일에 간통죄라는 누명을 뒤집어쓴 채 사형당했다.

권력쟁탈

헨리 8세의 행위는 로마 교황청을 격노시켰다. 중세 시대 유럽은 교회의 엄격한 통제 아래 있었으며 교황의 권위는 국경의 제한을 받지 않았다. 당시 교황청은 영국 땅의 3분의 1을 소유하고 교도들에게 일정한 세금을 걷었다. 헨리 8세는 이렇듯 절대적인 권력을 휘두르는 교황의 뜻을 거역했을 뿐만 아니라 그의 통제에서 벗어나려고 도전장을 낸 것이다. 격노한 교황은 헨리 8세와 대주교 토머스 크랜머를 파문하고 헨리와 앤 불린의 결혼 승인을 취소했다. 그러나 이러한 상황을 예상하고 있던 헨리 8세는 오히려 반격을 가했다. 1534년에 의회에서 '성직자 임명법'을 통과시켜 주교 임명권

헨리 8세의 초상

헨리 8세 재위 당시 잉글랜드는 스코틀랜드를 격파하고, 〈통합법〉에 따라 웨일스 지방을 통합하여 브리튼 섬의 대통합을 위한 첫발을 내디뎠다.

을 국왕에게 귀속시키고, 이어서 잉글랜드 국왕을 교회의 유일한 수장으로 인정하는 '국왕지상법(수장령)'과 이를 거부할 경우 반역죄로 기소해 최고 사형까지 언도할 수 있는 '반역령'을 동시에 통과시켰다. 더불어 로마 교황과의 단절을 선언했다. 이는 잉글랜드 교회와 로마 교황청의 공식적인 결별을 의미했다. 마침내 의회와 귀족들의 지지 아래 헨리 8세는 영국 국교회를 건립하고 종교 개혁을 이루었다. 성공회라고도 불리는 잉글랜드 국교회는 유럽 3대 신교 가운데 하나로 중요한 국가 기관으로 자리 잡았다. 잉글랜드 국교회는 로마 교황청으로부터 완전히 독립했지만 가톨릭의 중요한 교리나 의식은 그대로 간직했다.

이어서 헨리 8세는 수도원의 토지를 몰수하여 교회 세력을 약화시켰다. 1536년 2월에 의회는 군소 수도원 해산 법안을 의결하여 수도원에 대한 단계적인 폐쇄 조치를 시행했다. 연간 수입액이 200파운드 미만인 작은 수도회부터 차례로 폐쇄하기 시작했으며, 그 토지는 모두 왕실 소유로 바꿔 놓았다. 또한 교회에 대한 세수 조사를 실시하여 세금 수입을 증대시켰다. 1539년에 의회가 대수도원 해산 법안을 의결하면서 마지막 남은 수도원까지 폐쇄되자 영국의 수도원 제도는 완전히 자취를 감추었다. 1539년 말까지 영국 내 수도원 550개가 해산되었고 연 수입 13만 2,000파운드의 토지가 왕실에 귀속되었다.

종교 개혁의 최대 수혜자는 헨리 8세였다. 그는 캐서린과의 이혼이라는 목적을 달성했을 뿐만 아니라 수도원 제도를 폐지하여 수도원의 토지를 몰수했다. 덕분에 대규모 토지를 왕실 소유로 만들면서 재정 위기를 해소할 수 있었다. 동시에 종교 개혁을 찬성한 귀족들에게 일부 토지를 포상하여 지지 세력을 확보했다. 그 밖에도 종교 개혁을 철저히 하기 위해 전국의 각 교구에 영어로 번역된 성경을 비치하도록 했고, 선교 활동도 라틴 어 대신 영어로 할 것을 명령했다. 헨리 8세는 국왕으로서 재정, 사법, 정치, 문화 전반을 통괄할 뿐만 아니라 잉글랜드 국교회의 수장으로 종교계를 쥐락펴락하며 영국 역사상 가장 강력한 전제 군주로 거듭났다.

국왕의 이혼에서 비롯된 영국의 종교 개혁은 로마 교황청의 간섭에서 벗어나 새로운 사회 윤리 관념을 형성하는 데 커다란 영향을 미쳤으며 과학과 예술 발전에 토대가 되었다.

헨리 8세와 여섯 명의 여인

헨리 8세는 평생 여섯 번 결혼했다. 앞서 언급했던 캐서린, 앤 불린 외에도 4명이 더 있었다. 앤 불린을 사형에 처하고 11일째 되던 날에 헨리 8세는 앤의 시녀였던 제인 시모어와 결혼했다. 그러나 제인 시모어는 1년 반 뒤 헨리 8세가 염원하던 아들 에드워드를 낳자마자 죽고 말았다. 1540년에 헨리 8세는 신교 국가인 독일 클리브즈 공국과의 관계를 돈독히 하여 성공회의 입지를 굳히기 위해 클리브즈의 앤Anne of Cleves과 결혼했다. 초상화만 보고 결혼을 결심했던 헨리 8세는 막상 앤의 실제 얼굴을 보고 크게 실망한 나머지 결혼 7개월 만에 결혼을 무효로 했다. 헨리 8세의 다섯 번째 왕비는 클리브즈 앤의 시녀였던 캐서린 하워드Catherine Howard였다. 캐서린 하워드와의 결혼 생활도 1년여밖에 유지되지 못했다. 캐서린은 궁에 들어오기 전에 결혼을 약속한 사람이 있었다는 밀고가 들어오면서 결국 간통죄로 사형당했다. 헨리 8세의 마지막 왕비는 젊은 미망인 캐서린 파Catherine Parr였다. 그녀는 이해심 많고 인내심 강한 여인으로 노쇠한 헨리 8세를 정성껏 보살폈다. 또한 냉대받던 메리와 엘리자베스를 따듯하게 보듬어 주며 헨리 8세와 화해시켰다.

The United Kingdom

4 피의 메리

그녀는 부친의 냉대 속에서 존귀한 공주 신분에서 하루아침에 이복 여동생의 시녀로 전락했다. 또한 계모의 질투로 독살당할 위기에 처하기도 했다. 위태롭고 참담했던 어린 시절의 경험은 신교도에 대한 피의 탄압으로 돌아왔다. 그녀는 바로 헨리 8세의 큰딸이자 영국 역사상 '피의 메리'라고 불리는 메리 튜더이다.

시기 : 1516~1558년
인물 : 메리 튜더Mary Tudor

비참한 운명

메리 튜더는 헨리 8세와 첫 번째 왕비 캐서린 사이에서 태어난 딸이다. 국왕의 첫 아이였지만 그녀의 탄생은 부모에게 그다지 기쁨을 안겨 주지 못했다. 아들을 애타게 기다리던 헨리 8세에게 공주는 안중에도 없었던 것이다. 그래서 메리의 유년 시절은 침실의 침대나 옆에서 시중해 주는 시녀가 유일한 동무였다. 차갑고 냉담한 아버지는 얼굴조차 보기 어려웠다.

캐서린 왕비가 아들을 낳지 못하자 헨리 8세는 급기야 이혼을 결정했다. 그러나 캐서린이 국왕의 합법적인 아내임을 고집하며 이혼을 거부하자 헨

한눈에 보는 세계사

1517년 : 루터의 종교 개혁
1519년 : 에스파냐, 아스텍 제국 공격
1522년 : 마젤란 세계 일주
1536년 : 칼뱅의 종교 개혁

리 8세는 정신적 학대를 가하기 시작했다. 그 가운데 가장 잔인한 방법은 캐서린과 메리가 서로 가까운 곳에 거처하면서도 하루에 한 번씩만 스쳐가듯 얼굴을 볼 수 있게 한 것이다. 어머니의 손길이 가장 필요한 때였던 메리는 만날 때마다 늘 헤어지기 싫어서 캐서린의 치맛자락을 잡고 늘어지다 시녀와 근위병에게 끌려갔다.

헨리 8세가 교황청과 결별하고 앤 불린과 결혼하고 나서 메리의 처지는 더욱 참담해졌다. 그녀의 어머니인 캐서린이 비참한 생활을 하다 숨지자 앤 불린이 메리를 온갖 구박과 학대로 괴롭힌 것이다. 이유는 간단했다. 왕위 계승 서열에서 메리는 자신이 낳은 딸 엘리자베스의 유일한 적수였기 때문이다. 당시 영국에는 캐서린과 메리를 동정하는 사람이 많았다. 앤 불린이 정식 왕비로 대관식을 치르던 날에도 수많은 사람이 메리를 향해 애정 어린 환호를 보냈다. 그러하니 메리에 대한 앤 불린의 적개심과 불안감은 더욱 커질 수밖에 없었다. 전해 오는 이야기에 따르면, 앤 불린은 걸핏하면 농담 반 진담 반식으로 메리의 밥에 독약을 넣을 것을 지시하기도 했으며, 시종과 결혼시킬 계획을 세우기도 했다. 잔혹한 계모와 무관심한 아버지, 그리고 수수방관만 하는 주변 사람들을 보며 메리는 크나큰 정신적 상처를 입었다.

헨리 8세의 세 번째 왕비 제인 시모어 초상

메리의 수난은 도무지 끝날 것 같지 않았다. 1534년에 의회는 '계승법'을 제정하여 왕위 계승권이 앤 불린이 낳은 아이에게 넘어가면서 메리는 왕위 계승 서열에서 완전히 배제되었다. 일개 왕국의 공주에서 신분이 불확실한 사생아로 전락한 것이다. 이 법안이 통과되기 전에 헨리 8세는 신하들의 강력한 반대에도 메리에게 엘리자베스의 시녀로 일할 것을 명령했다. 외톨이가 된 메리는 그 후 30여 년 동안 아버지의 눈치를 살피며 외롭고 힘든 시간과 싸워야 했다.

무자비한 보복

훗날 헨리 8세가 간통죄를 빌미로 앤 불린을 사형에 처하면서 메리는 오랜 세월 자신을 뒤덮고 있던 암흑의 그림자에서 마침내 벗어날 수 있었다. 헨리 8세의 세 번째 왕비 제인 시모어는 선량한 여성이었다. 그녀는 메리를 궁정으로 불러들여 국왕과 화해하도록 도와주었다. 메리 역시 비굴할 만큼 겸손이 담긴 편지를 써서 헨리 8세에게 충성을 맹세했다. 그러나 비정한 헨리 8세에게는 딸에 대한 사랑이 없었다. 그는 메리에게 왕위 계승권을 주장하지 않고 사생아의 신분을 인정할 것을 서면 형식으로 맹세하라고 요구했다. 목숨을 부지하기 위해 메리는 굴욕을 참으며 시키는 대로 따를 수밖에 없었다.

1547년에 헨리 8세가 죽고 그의 하나밖에 없는 아들이 왕위에 올랐다. 바로 에드워드 6세였다. 마침내 메리는 권력 투쟁의 소용돌이에서 벗어나 더 이상 아버지의 그림자에 가려 두려움에 떨 필요가 없게 되었다. 에드워드 6세는 헨리 8세의 뒤를 이어 종교 개혁을 단행했다. 가톨릭 전통 축제들을 없애고 적극적으로 신교를 보급했다. 목사의 결혼을 허락하고 교회 안의 성상을 철거했으며 단식도 폐지했다. 신교파 귀족들은 이 틈을 타서 인클로저 운동을 대대적으로 전개하며 저항하는 농민들을 잔혹하게 탄압했다. 신교파 귀족들의 탐욕과 폭력에 농민 계층들이 강한 불만을 품게 되어 잉글랜드는 심각한 사회 분열의 위기에 처했다.

1553년에 에드워드 6세가 즉위한 지 채 7년도 되지 않아 폐결핵으로 숨을 거두었다. 왕위 계승 서열로 따지면 당연히 메리가 왕위에 즉위하는 것이 옳았다. 그러나 신교파 귀족 노섬벌랜드Northumberland 공작은 가톨릭을 신봉하는 메리가 왕위에 오르면 자신들이 불이익을 당할까 봐 두려웠다. 그는 기습적으로 헨리 8세의 조카이자 자신의 며느리인 제인 그레이Jane Grey를 왕위에 앉혔다. 그러나 당시 민심은 메리의 편이었다. 구교파 귀족들의 지지를 받은 메리가 병사를 이끌고 런던에 입성하면서 제인 그레이는 즉위 9일 만에 쫓겨났다. 마침내 아버지 헨리 8세에게 온갖 박대와 모멸을 당하며 비천한 시녀로 전락했던 메리는 권력의 최고 자리에 올라 잉글랜드의 여왕으로 즉위했다.

어린 시절의 비참한 경험과 아버지에 대한 원망은 헨리 8세가 추진했던 종교 개혁으로 불똥이 튀었다. 독실한 가톨릭 신자였던 메리 1세에게 어머니 캐서린과 헨리 8세의 결혼을 무효로 돌린 신교는 그야말로 증오의 대

런던 탑

런던 탑은 전형적인 중세 시대 성곽으로 수백 년 동안 요새, 궁정, 감옥, 사형장 등으로 이용됐다. 1536년 헨리 8세의 두 번째 왕비 앤 불린이 이곳에서 참수되었다. 전해 오는 이야기에 따르면, 참수형이 결정되자 앤 불린은 "내 목이 가늘어서 다행이다."라며 담담하게 죽음을 받아들였다고 한다.

상이었다. 그래서 메리는 왕위에 오르자마자 신교파를 잔혹하게 탄압하기 시작했다. 먼저 노섬벌랜드 공작과 런던 탑에 유폐되었던 제인 그레이, 이들을 지지하던 귀족들을 차례로 참수했다. 또 신교 박해를 위한 법률을 부활시키고, 1555년에는 헨리 8세 치하에 만들어졌던 교황 반대 법률도 철폐했다. 주교회 성직자들의 직위를 복권하고 라틴 어로 된 성사를 부활시켰으며, 수도원을 재건했다. 또한 신교 세력들의 반발을 막기 위해 신교도들에게 무자비한 박해를 가했다. 집계에 따르면 당시 사형에 처한 신교도 수가 270여 명에 달했으며 그 가운데는 헨리 8세와 캐서린의 이혼을 추진했던 캔터베리 대주교 크랜머도 포함되었다. 그 밖에 교구로부터 추방된 교회 목사가 전체의 4분의 1에 달했으며 신교도 수만 명이 국외로 망명했다. 그래서 훗날 역사가들은 메리 여왕을 '피의 메리'라고 불렀다.

메리 여왕의 초상화

그녀는 5년 동안의 재위 기간에 무려 300여 명을 화형에 처했다.

메리 1세는 추밀원과 의회의 만류를 뿌리치고 스페인 국왕 카를 5세의 아들인 펠리페 2세와 결혼했다. 수많은 신하가 가톨릭 국가인 스페인 왕자와의 결혼을 반대하고 심지어 반란까지 일으켰지만 메리 1세는 전혀 개의치 않았다. 그러나 메리 1세보다 10여 세가 어린 펠리페 2세는 영국에서 겨우 3개월만 머무르고 스페인으로 돌아갔다. 설상가상 펠리페 2세와의 결혼으로 잉글랜드는 프랑스와 스페인 간의 전쟁에 휘말리게 되었다. 잉글랜드는 프랑스에 패하면서 대륙의 마지막 거점이었던 칼레 항을 영원히 잃고 말았다. 1558년에 메리 1세는 난소 종양에 걸려 쓸쓸한 죽음을 맞이했다. 메리의 기일은 잔혹한 종교적 박해에서 해방된 축제일로 기념되었다. 그리고 마침내 메리 1세보다 열아홉 살이 어린 엘리자베스 공주가 새로운 여왕으로 즉위하면서 잉글랜드는 새로운 시대를 맞이했다.

'블러디 메리' 칵테일

칵테일은 여러 종류의 양주와 과일, 설탕, 꿀, 우유, 버터, 향료를 혼합하여 만든 혼합주이다. 블러디 메리 칵테일은 보드카와 토마토 주스의 배합으로 붉은색을 띠고 있다. 색깔이 핏빛처럼 새빨갛다고 해서 '블러디 메리'라는 이름이 붙여졌다. 미국 금주법 시대에도 토마토 주스에 진을 섞은 음료가 비밀 주점에서 퍼져 유행했다.

The United Kingdom

5 위대한 여왕 엘리자베스

2003년은 영국 여왕 엘리자베스 서거 400주년이 되는 해였다. 이 한 해 동안 영국과 영연방 국가들은 다양하고 풍성한 행사 활동으로 영국 역사상 가장 위대했던 여왕을 기념했다. 엘리자베스 여왕이 통치하던 45년 동안 영국은 세계 최고의 해군력을 자랑했다. 또한 희곡은 국민이 가장 사랑하는 문화로 자리 잡았다. 만일 그녀가 없었다면 영국과 유럽의 역사는 달라졌을 것이다.

시기 : 1533~1603년
인물 : 엘리자베스Elizabeth 1세

소녀 시대

영국 런던 시 중심에는 '런던 성'이 자리 잡고 있다. 런던 성은 에펠탑과 같이 웅장한 건축물이 아니라 1078년도에 축조된 성곽이다. 성 한가운데 유백색 돌로 만든 흰색 탑이 있어서 흔히 '런던 탑'이라고 불린다. 런던 성은 왕궁, 감옥, 사형장 등 수백 년 동안 다양한 용도로 이용되었다. 엘리자베스 여왕의 어머니인 앤 불린이 헨리 8세의 총애를 잃고서 참수를 당한 곳도 바로 이곳이다.

한눈에 보는 세계사

1536년 : 칼뱅의 종교 개혁
1588년 : 에스파냐 무적함대, 영국에 패하다
1590년 : 도요토미 히데요시 일본 통일
1592년 : 임진왜란 발발
1602년 : 네덜란드, 동인도회사 설립

어머니가 억울하게 비명에 가고 홀로 남은 엘리자베스는 이복 자매였던 메리보다는 행운아였다. 헨리 8세는 엘리자베스를 홀대하지 않고 메리에게 주지 못한 사랑을 모두 엘리자베스에게 쏟아부었다. 엘리자베스가 일상생활을 불편함이 없이 보내도록 세심하게 보살피고, 그녀의 교육에도 특히 신경을 썼다. 엘리자베스는 당시 문예 부흥 시기의 유명한 인문주의 학자였던 로저 애스컴Roger Ascham을 비롯한 훌륭한 가정교사들에게서 엄격한 교육을 받았다. 고전, 역사, 수사학, 윤리, 철학을 배웠으며, 그리스 어와 라틴 어 외에 프랑스 어와 이탈리아 어 등 총 6개 국어를 배웠다. 이때 습득한 유창한 외국어 실력은 훗날 외교 활동에 큰 도움이 되었다. 엘리자베스가 여왕으로 즉위하지 않았다면 아마 옥스퍼드 대학의 교수로 뛰어난 학술 업적을 남겼을 것이다.

웨지우드
(Wedgwood) 도자기

죄수에서 국왕으로

엘리자베스의 행복한 소녀 시대는 너무도 짧았다. 1547년에 헨리 8세가 죽을 당시 엘리자베스는 열세 살 소녀였다. 1553년에 이복 언니 메리 1세가 왕위에 오르면서 엘리자베스의 불행이 시작됐다. 메리 1세는 아버지의 사랑을 빼앗아가고 자신의 어머니를 고통 속에 죽게 만든 원수의 딸 엘리자베스에게 뼈에 사무치는 원한을 품고 있었다. 그래서 엘리자베스는 굴욕과 탄압의 긴장된 분위기 속에서 위태로운 시간을 보내야 했다. 메리 1세와의 관계를 원만히 유지하기 위해 거짓으로 가톨릭 계율에 순종하는 척하며 자비를 구하기도 했다. 그러나 그녀의 의지와는 무관하게 정부를 뒤엎으려는 신교파 반란의 음모가 끊이지 않아 엘리자베스는 항상 메리 1세와 구교파의 의심을 받아야 했다. 1554년 1월에 토머스 와이엇Thomas Wyat

경이 반란을 일으키자 엘리자베스는 주모자로 지목되어 런던 탑에 갇혔다. 그러나 온갖 심문으로도 엘리자베스의 반역을 입증할 만한 결정적인 증거가 나오지 않자 두 달이 지나서야 런던 탑에서 풀려날 수 있었다. 하지만 그 후 1년 동안 엘리자베스는 옥스퍼드 북부의 작은 마을인 우드스톡에서 연금 생활을 해야 했다.

엘리자베스 여왕의 초상

무려 45년에 걸친 엘리자베스 여왕의 치세 기간에 영국은 눈부신 경제 성장과 학문의 발전을 이룩했으며 국력이 크게 강화되었다. 영국 역사상 가장 뛰어난 군주로 칭송되는 것도 이 때문일 것이다.

1555년 3월에 메리 1세는 주위의 압력에 마지못해 엘리자베스를 궁으로 불러들였다. 그러나 엘리자베스에 대한 원한과 의심이 사라진 것은 아니었다. 엘리자베스 존재 자체가 애초 메리가 비참한 어린 시절을 보내야 했던 주된 원인 중의 하나였기 때문이다. 그래서 엘리자베스는 메리 1세의 통치 기간에 줄곧 박해를 받을 수밖에 없었다. 또한 자신의 결백과 언니에 대한 충성, 그리고 가톨릭 신앙에 대한 맹세를 끊임없이 다짐해야 했다. 1557년 11월 17일에 메리 1세가 죽자 엘리자베스는 마침내 고통 속에서 해방되어 잉글랜드의 왕위에 올랐다. 바로 엘리자베스 1세의 탄생이었다.

내각 정비

왕위에 오른 엘리자베스 1세에게는 험난한 길이 놓여 있었다. 에드워드 6세와 메리 1세의 실정으로 외채가 쌓인 데다 인접 국가들과의 관계도 악화된 상태였기 때문이다. 하지만 무엇보다 심각한 것은 애당초 헨리 8세가 씨를 뿌려 놓은 종교 갈등 문제였다. 에드워드 6세와 메리 1

오늘날에도 런던 탑에 가면 튜더 왕조의 전통 복장을 착용하고 검은색 곰털 가죽 모자를 쓴 근위병을 볼 수 있다.

세의 각기 다른 종교 정책 때문에 신교와 가톨릭 간의 극심한 갈등이 국가 분열을 초래할 만큼 심각한 상태였다. 1559년에 엘리자베스 여왕은 의회에서 영국 교회 지존법을 통과시켜 신교가 영국의 국교이고 여왕은 최고 수장이라는 사실을 다시금 재확인했다. 대신 가톨릭 교도의 불만을 잠재우기 위해 중용 노선을 취했다. 메리 여왕이 가톨릭을 복권하려고 제정한 법률을 모두 폐기하면서도 가톨릭 신앙을 허용했던 것이다. 그리하여 가톨릭 교도는 비록 교회는 다니지 못했지만 신앙생활을 유지할 수 있었다. 설사 이를 어기더라도 약간의 벌금만 부과할 뿐 단두대로 보내거나 화형에 처하지 않았다. 이러한 중용 정책 덕분에 엘리자베스 여왕이 왕으로 있는 동안 신교파와 가톨릭파의 대립이 줄어들어 국민 화합을 이룰 수 있었다. 이는 정치가다운 배포와 지혜가 있었기에 가능했다. 당시 독일에서는 신교와 가톨릭 간의 종교 분쟁으로 무수히 많은 사람이 목숨을 잃었다. 또한 끝없는 전란으로 국토가 피폐하고 경제가 크게 쇠퇴했다. 이것만 봐도 엘리자베스 1세가 영국 역사의 발전에 얼마나 지대한 영향을 미쳤는지 충분히 가늠할 수 있다.

왕권과 의회 간의 관계를 조율하는 데서도 엘리자베스 1세는 국왕의 권위를 유지하면서 의회를 존중했다. 의회와 의견 대립이 생길 때는 융통성을 발휘하여 타협을 통해 문제를 해결했다. 1601년에 엘리자베스 1세가 국고 수입을 늘리기 위해 신흥 사업에 대해 멋대로 독점권을 설치하여 자신에게 아첨하는 귀족이나 상인에게 독점권을 팔았다. 이에 의회에서 강력하게 반대하고 나서는 통에 반反독점 논쟁에 빠졌을 때다. 이때도 엘리자베스 1세는 의회를 봉쇄하기보다는 의회의 주장을 수긍하고 자신의 잘못을 반성하면서 충돌을 피했다.

메리 스튜어트의 초상

결혼

엘리자베스 1세는 미혼으로 왕위를 계승했다. 그래서 그녀의 결혼 문제는 전 국민의 관심이 집중되는 중대사였다. 물론 한 인간으로서 사랑하는 사람을 선택하여 행복한 결혼 생활을 누릴 자유가 있지만 국가의 최고 통치자로서 신하와 국민에게 안정감을 주는 상대와 결혼해야 할 의무가 있었다. 이는 국가의 중대한 정치적 문제이자 차기 왕위 계승권과도 관련된 문제였다. 영국 국민은 거리 집회를 열어 여왕의 결혼을 재촉했고, 의회에서는 여왕에게 하루빨리 결혼하여 후계자를 낳아 주기를 요청했다.

아버지 헨리 8세의 복잡한 결혼 생활을 직접 보고 겪은 엘리자베스 1세는 결혼 문제에 매우 신중했다. 그녀는 자신이 신교파든 가톨릭파든 어느 한쪽과 결혼해도 전국적인 혼란과 피 튀기는 세력 다툼을 피할 수 없다는 사실을 잘 알고 있었다. 엘리자베스 1세도 행복한 사랑을 갈구했지만, 그 때문에 국가의 혼란과 왕권 약화라는 크나큰 대가를 치를 수는 없었다.

엘리자베스 1세의 결혼 문제는 국내에만 국한된 것이 아니었다. 덴마크, 스웨덴, 스페인뿐만 아니라 적대 관계에 있던 프랑스까지도 사신을 보내 적극적으로 구혼을 했다. 엘리자베스 1세는 자국의 이익을 위해 앞 다투어 정략결혼을 제안하는 수많은 구혼자를 앞에 두고 오랫동안 고민에 빠졌다. 오죽했으면 프랑스 대사가 "전지전능하신 창조주는 6일 만에 세계를 창조했는데 여왕께서는 어찌 80일이 지나도 결혼을 결정하지 못하십니까?"라고 불평을 털어놓았겠는가? 그러나 엘리자베스 1세는 누구와도 결혼할 생각이 없었다. 결혼에서 얻을 수 있는 이익보다는 위험이 더 컸기 때문이다. 어느 한 국가와 정략결혼을 맺을 경우 다른 국가와 사이가 멀어져서 외교적 균형이 깨져 영국에 불이익을 가져올 것이 불을 보듯 뻔했다. 그래서 엘리자베스는 '처녀 여왕'이라는 매력을 한껏 이용하기로 했다. 구혼자들을 서로 경쟁시켜 교묘히 실속을 차리면서 수년 동안 결혼 협상을 계속했던 것이다. 훗날 의회의 대표단이 여왕에게 결혼할 것을 간곡히 권유하자 엘리자베스 1세는 "짐은 국가와 결혼했다."라고 대답했다. 엘리자베스 1세는 국가를 위해 자신의 인생 전부를 바친 셈이었다.

메리 스튜어트의 처형

1561년에 스코틀랜드에도 여왕이 즉위했다. 헨리 7세의 외증손녀였던 메리

스튜어트Mary Stuart였다. 메리 스튜어트는 엘리자베스의 조카이자 왕위 서열 2위의 인물이었다. 그녀는 독실한 가톨릭 교도였지만 품행이 단정하지 못했다. 영국인들에게도 환영받지 못했고, 스코틀랜드에서도 가톨릭 신앙을 불쾌하게 여겼던 신교파 귀족들에 의해 1567년에 강제로 폐위되었다. 갈 곳이 없었던 메리 스튜어트는 유폐됐던 감금 장소를 간신히 탈출해 잉글랜드로 망명했다. 하지만 잉글랜드로의 망명은 뜻밖에도 섶을 지고 불에 뛰어는 비극적 결과를 가져왔다.

당시 잉글랜드에서는 가톨릭파가 여전히 큰 영향력을 발휘하고 있었다. 가톨릭교에서는 앤 불린을 정식 왕비로 여기지 않았다. 그래서 그 딸인 엘리자베스 역시 사생아로 왕위 계승 자격이 없다고 간주했다. 그들에게 메리 스튜어트는 신교파를 내쫓고 가톨릭을 복권해 줄 새로운 왕위 계승자이자 희망이었던 것이다. 이로 말미암아 메리 스튜어트는 자의든 타의든 엘리자베스 1세를 폐위시키려는 음모의 한가운데 서 있을 수밖에 없었다. 메리 스튜어트는 가톨릭파와 은밀히 손을 잡고 엘리자베스 1세를 몰아내고 왕위에 오르려는 음모를 꾸미지만 번번이 탄로 났다. 그래서 잉글랜드 내에서는 그녀를 죽이라는 주장이 강력히 제기되었다. 그러나 엘리자베스는 차마 메리 스튜어트를 죽일 수가 없었다. 사실 메리 스튜어트가 스코틀랜드에서 폐위당할 때 강력히 반대한 사람이 엘리자베스였다. 그토록 미워하면서도 메리 스튜어트의 폐위만큼은 거부했던 엘리자베스가 그녀의 처형을 허락할 리가 만무했다. 이는 아마도 동병상련의 경험 때문이었을 것이다. 엘리자베스 자신도 한때 반란의 주모자로 의심받고 연금생활을 당했던 적이 있지 않았던가? 게다가 같은 왕족을 죽이는 잔혹한 일은 피하고 싶었을 것이다. 그러나 상황은 점차 메리 스튜어트에게 불리한 방향으로 돌아갔다. 1580년에 교황 그레고리우스Gregorius 13세가 포고령을 발표하여 비열한 이단자를 제거하는 것은 결코 죄가 아니라고 선언하면서 엘리자베스 1세의 암살 기도가 더욱 기승을 부리기 시작했다. 1587년 2월 7일에 가톨릭 교도들의 음모가 도를 넘어서면서 엘리자베스 1세는 의회의 강력한 요구에 결국 사형 집행장에 서명했다. 그리고 다음날, 메리 스튜어트는 단두대에서 참수되면서 파란만장한 삶을 마쳤다.

16세기 엘리자베스 여왕이 주관한 상원 의회 개원식. 아래쪽에는 하원 의원이 서 있다.

황혼의 시간

엘리자베스 1세의 통치 아래 영국은 강력한 부를 축적했다. 엘리자베스 1세가 처음 왕위에 오를 당시만 해도 영국은 빚이 눈덩이처럼 쌓인 채무 국가였다. 그러나 집권 말기에 이르러서는 재정 수입이 두 배가 넘으면서 모든 빚을 청산하고도 국고에 돈이 넘쳐났다. 1588년에 영국 함대는 당시 해상을 장악하고 있던 스페인의 무적함대와 대규모 해전을 벌였다. 영국 함대는 무적함대를 격파하고 세계 제일의 해군 강국의 기반을 마련했다. 엘리자베스 1세가 평생 소원하던 세계 강국의 꿈이 드디어 이루어진 것이다.

어느덧 노년으로 접어들면서 여왕은 우울증과 질병에 시달리며 점차 쇠약해져 갔다. 왕위를 계승할 후계자가 없다는 사실에 하루하루를 두려움과 불안에 시달리며 보냈다. 1603년 3월에 병으로 쓰러진 엘리자베스는 언어 능력을 상실하고 말았다. 병석에 누운 엘리자베스 여왕은 손짓으로 의회 의장에게 유언을 남겼다. 메리 스튜어트의 아들이자 스코틀랜드 왕이었던 제임스를 후계자로 지명한 뒤 23일에 조용히 숨을 거두었다. 엘리자베스 1세는 영국 제국의 기틀을 마련하고 영국 르네상스를 꽃피운 위대한 통치자로 후세 길이 빛났다.

6 해적 시대

The United Kingdom

흔히 '해적' 하면 우리는 무시무시한 해골 깃발과 칼을 휘두르는 애꾸눈의 도적을 상상한다. 그러나 16세기 영국 사회에서 해적은 존경하는 영웅이자 위대한 용사였으며 부러워 마지않는 부자였다. 뛰어난 해적들은 여왕의 총애를 받는 신하가 되거나 막대한 부를 축적할 수 있었으니 그야말로 해적 천하의 시기였던 것이다.

시기 : 16세기~17세기
인물 : 존 호킨스John Hawkins, 프랜시스 드레이크Francis Drake

해적으로 군사력 확충

2007년 6월에 월트 디즈니사에서 제작한 〈캐리비안의 해적〉 3편이 전 세계적으로 상영되었다. 이 영화는 채 반년도 지나지 않아 9억 달러에 달하는 티켓 매출을 거두었다. 영화에서 조니 뎁이 분장한 해적 선장 잭 스패로우의 길게 땋은 머리와 우스꽝스러운 모습은 전 세계적으로 해적 열풍을 일으켰다. 해적은 서양인들에게 낭만적인 정서적 이미지가 있다. 예컨대 월드컵 대회에서 영국이나 덴마크, 노르웨이 등 국가들의 경기가 벌어지는

한눈에 보는 세계사

1602년 : 네덜란드, 동인도회사 설립
1618년 : 독일, 30년 전쟁 발발
1627년 : 조선, 정묘호란 발발
1636년 : 조선, 병자호란 발발
1701년 : 에스파냐 왕위 계승 전쟁

스페인이 신대륙에서 가져온 금은보화를 실은 상선

날에는 어김없이 해적 분장을 한 축구팬들이 등장한다. 영국의 낭만파 시인 바이런Byron의 서사시 〈해적〉에는 다음과 같은 구절이 있다.

"우리는 자유롭고 구속받지 않는 영혼의 주인이어라. 이 세상은 우리의 제국이며 권력은 끝이 없어라. 우리의 깃발과 왕홀 앞에 무릎 꿇지 않는 이가 없으니 하루하루가 즐거움과 기쁨이라……."

여기에서 볼 수 있듯이 영웅으로 추앙받는 해적의 이미지는 엘리자베스 여왕 시대에서 비롯되었다.

엘리자베스 1세는 강력한 왕권으로 국내의 정국을 안정시킨 후 재정을 확대하기 위해 해외 진출을 준비했다. 당시 신대륙으로 향하는 바닷길은 스페인이 장악하고 있었다. 스페인은 신항로를 개척하고 신대륙에서 쏟아지는 황금으로 유럽에서 가장 힘세고 돈 많은 강대국으로 군림하고 있었다. 당시 전 세계 은의 3분의 1을 스페인이 보유했으니 어느 정도였는지 충분히 가늠할 수 있을 것이다. 스페인 국왕은 강력한 군주제를 기반으로 막강한 권력을 휘두르며 식민지에서 거둬들이는 재물로 왕실 국고를 채웠다. 어느 나라와 전쟁을 하고, 군자금은 얼마나 많이 동원하는지 등의 국가 중대사는 오로지 국왕 혼자서 결정했다. 반면에 영국의 상황은 그게 달랐다. 신대륙이라는 '보물 창고'도 없을 뿐만 아니라 국왕은 매사에 의회의 견제를 받아야 했으며 세금도 마음대로 징수하지 못했다. 식민지를 개척하려면 강력한 해군이 필요했지만 해군을 확충할 돈마저 없었다. 엘리자베스 1세는 자국이 스페인과 식민지 쟁탈을 벌일 만한 해상 전투력이 없다는 사실을 잘 알고 있었다. 그래서 우회 전술을 선택했다. 바로 해적들을 이용해 신대륙에서 금은보화를 싣고 돌아오는 스페인 선단을 공격하는 방법이었다. 엘리자베스 1세는 해적들에게 해적 행위를 허가하는 이른바 '사략 허가증Privateer's License'을 발부했다. 적국의 상선을 공격하여 해적질할 권한을 부여한 것이다. 사략 허가증이 있는 해적들은 스페인군에게 잡혀도 전쟁포로로 대우받았다.

해적들의 활약

당시 영국에서 가장 유명한 해적은 존 호킨스와 그의 사촌 형제인 프랜시스 드레이크였다. 해적들 사이에서 명성을 떨치던 두 사람은 훗날 해군 총사령관으로 임명되었다. 존 호킨스는 최초의 흑인 노예무역상으로 역사적 오명을 남겼지만 막강한 스페인 무적함대에 최초로 도전장을 던진 인물이기도 했다. 1562년 존 호킨스는 해적 깃발을 날리며 서아프리카에 닻을 내렸다. 그는 강력한 무기를 앞세워 흑인 300여 명을 사로잡아 스페인의 식민지였던 카리브 해로 끌고 가 노예로 팔았다. 그리고 노예를 팔아 번 돈으로 특산품을 사다 영국으로 가져왔다. 첫 번째 노예무역으로 그는 영국에서 열 손가락 안에 드는 부자가 되었다. 야심만만한 존 호킨스는 1564년에 또다시 지난번과 똑같은 항로로 노예무역에 나섰다. 그리고 두 번째 노예무역으로 그는 단숨에 영국 최고의 갑부가 되었다. 엘리자베스 1세도 그의 장사 수완에 감탄하며 호킨스 선단의 주식을 살 정도였다.

1567년에 존 호킨스는 또다시 세 번째 항해에 나섰다. 이번에는 엘리자베스 1세가 내준 700톤급 군함 '지저스 오브 루벡'과 작은 선박 3척을 포함한 대규모 선단을 이끌고 출항했다. 훗날 스페인 인들이 '바다의 악마'로 여기던 대해적 드레이크도 처음으로 선단에 참여했다. 이때만 해도 드레이크는 대해적의 면모를 과시하지 않았다. 단지 작은 군함을 지휘하는 임무를 맡았을 뿐이었다. 항해는 순조로운 편이었다. 그들은 서아프리카 해안에서 흑인 노예들을 포획한 뒤 스페인이 점령하고 있던 서인도 제도로 향했다. 그러나 해상에서 폭풍우를 만난 존 호킨스의 선단은 멕시코 산후안 항에 정박할 수밖에 없었다. 그날 밤, 호킨스 선단은 뜻밖에도 스페인 군함의 기습 공격을 받았다. 스페인군은 영국 군함 지저스 오브 루벡과 이익금을 몽땅 약탈해 갔다. 막대한 손해를 입은 존 호킨스와 드레이크는 간신히 배 두 척만 이끌고 도망쳤다. 그 후 2년에 걸친 표류 생활 끝에 1569년이 돼서야 두 사람은 남루한 몰골로 겨우 영국으로 돌아왔다.

이 사건으로 영국 귀족들과 정치가들은 분노를 터뜨리며 스페인과의 전쟁을 부르짖었다. 그러나 영국은 처음부터 스페인을 대적할 만한 상대가 아니었다. 전쟁 자금도 넉넉하지 않았고, 해군력도 약했으며, 보유한 군함 숫자도 턱없이 작았다. 엘리자베스 1세는 끝내 전쟁을 허락하지 않았다. 대신 폭풍우로 영국 항구에 긴급대피 했던 스페인 선박에 실려 있는 금괴를 강제로 빼앗았다. 이를 계기로 영국과 스페인 사이에는 서로 뺏고 빼앗기는 싸움이 계속되었다. 엘리자베스 1세는 사략 허가증을 연달아 발행하며 스페인의 해상 교통로를 게릴라 전법으로 공격했다. 스페인 선박에 대한 공식적인 약탈 행위를 인정하고 그 이익금의 일부를 왕실에 헌납하도록 명령했다. 존 호킨스와 드레이크도 스페인 인의 피로 복수를 맹세했다. 두 사람은 대담한 기습으로 스페인 선단을 끊임없이 괴롭혔다.

해적 지존

엘리자베스 여왕은 존 호킨스를 해군 사령관에 임명하고 강력한 해군 건설 작업에 돌입했다. 드레이크는 경험이 풍부한 뱃사람을 모집했다. 1572년에 드레이크는 호킨스가 내준 군함 두 척과 선원 73명을 이끌고 카리브 해안을 급습했다. 스페인 선단을 약탈하기 위해서였다. 당시 스페인은 신대륙에서 약탈한 금은보화를 배에 싣고 태평양과 대서양을 건너 스페인 본토로 실어 날랐다. 드레이크는 항구와 인근 해상에서 여러 날 동안 이들 선단을 감시하며 호시탐탐 공격할 시기를 기다렸다. 그러나 스페인군이 물샐틈없이 방비하고 있어서 공격하기가 쉽지 않았다. 이에 드레이크는 과감하게 육지로 상륙하여 스페인군을 기습 공격하여 5만 파운드에 달하는 금은보화를 빼앗았다.

1577년 겨울에 드레이크는 엘리자베스 1세에게서 스페인 국왕의 영토에서 약탈해도 된다는 승낙을 받았다. 그는 골든 하인드 등 군함 5척을 이끌고 신대륙으로 향했다. 그러나 해적들의 기습 공격에 골머리를 앓던 스페인은 신대륙의 대서양 연안 지역을 물샐 틈 없이 방비하고 있었다. 이 때문에 드레이크는 스페인군의 금은보화를 약탈하기는커녕 오히려 스페인 군함의 무차별 공격을 받았다. 이 전투로 군함

드레이크 초상화

스페인과의 해전에서 승리를 거둔 뒤 드레이크는 기사 작위를 하사받아 역사 이래로 작위를 받은 첫 번째 해적이 되었다.

4척이 침몰하자 드레이크는 겨우 하나 남은 골든 하인드를 이끌고 도망쳤다. 이때 모든 항로가 막혀 도망갈 길이 없자 드레이크는 과감한 모험을 시도했다. 당시 아무도 통과할 수 없다고 여겼던 마젤란 해협으로 들어선 것이다. 그는 결국 마젤란 해협을 건너 태평양과 맞닿아 있는 신대륙의 서해안에 상륙했다. 드레이크가 이러한 모험을 감행할 것이라고는 상상도 하지 못했기에 신대륙 서해안 쪽을 방비하지 않고 있던 스페인군은 허를 찔리고 말았다. 드레이크는 태평양 연안을 활보하며 스페인 선박을 공격하여 엄청난 재물을 빼앗았다. 특히나 스페인의 보물선이었던 카카푸에고호를 공격하여 막대한 양의 보석과 은을 약탈했다. 이때 그가 획득한 재물은 150만 파운드에 달했는데, 이는 당시 영국 왕실의 3년치 수입과 맞먹는 재물이었다. 그야말로 역사상 전무후무한 지존급의 해적질이라고 할 수 있을 것이다.

1580년 9월 26일에 드레이크는 금은보화를 가득 실은 배를 끌고 영국의 군항 플리머스로 무사히 귀환했다. 당시 항구에는 해적 영웅의 귀환을 환영하는 인파가 인산인해를 이루었다. 엘리자베스 1세는 친히 골든 하이든호로 올라가 드레이크에게 기사 작위를 내리고 더불어 플리머스 시 시장으로 임명했다. 드레이크는 그가 탈취한 재물의 3분의 1을 여왕에게 바쳤다. 이때 엘리자베스 1세는 드레이크가 가져온 에메랄드를 자신의 왕관에 박아 넣었다. 이는 드레이크의 해적질이 단순히 개인 차원의 해적 활동이 아니라 국가의 전폭적인 지원 아래 스페인의 제해권을 빼앗기 위해 벌인 상업 전쟁이었다는 증거이기도 하다. 드레이크의 눈부신 활약 덕분에 영국 함대는 세계 최강의 스페인 무적함대를 격파했다.

7 무적함대의 궤멸

The United Kingdom

16세기 중엽에 유럽 최강의 국가는 연방 제후국으로 나뉘어 있던 독일도 아니고 엘리자베스 1세가 통치하던 영국도 아니었다. 바로 유럽은 물론 아시아, 아프리카, 신대륙으로 식민지를 넓혀가던 스페인이었다. 당시 세계적으로 채굴되는 귀금속의 83%를 스페인이 차지했으며, 대서양과 태평양은 분주히 오가는 스페인 상선으로 뒤덮였다. 스페인은 자국의 해상 운송로를 보호하기 위해 세계 최강의 해군을 건설했다. 바로 무적함대였다.

시기 : 1588년
인물 : 펠리페Felipe 2세, 엘리자베스Elizabeth 1세, 프랜시스 드레이크Francis Drake

전쟁의 도화선

1588년 7월, 100여 척의 대형 군함으로 이루어진 무적함대가 리스본 항구를 미끄러지듯 빠져나갔다. 무적함대의 목적지는 영국이었다. 이는 인접 국가를 찾아가는 우호적인 방문이 아니었다. 영국을 격파하여 그동안 스페인 상선을 끊임없이 약탈하며 괴롭히던 영국 해적을 교수형시키는 것이 이번 출항의 임무였다.

오래전부터 시작된 영국과 스페인의 갈등은 이미 일촉즉발의 상황까지 치달아 있었다. 16세기 초엽부터 영국 정부의 노골적인 지지 아래 해적들

한눈에 보는 세계사
1590년 : 도요토미 히데요시 일본 통일 1592년 : 임진왜란 발발

이 스페인 상선을 무차별적으로 약탈하기 시작했다. 거의 사흘에 한 번씩 해적들에게 자국 상선이 공격당했다는 소식이 스페인의 마드리드에 날아올 정도였다. 당시 스페인은 이탈리아와 프랑스, 터키를 연달아 격파하고 세계 최강의 강국으로 명성을 날렸다. 그런데 영국 해적들이 스페인 상선을 약탈하면서 세계적으로 맹위를 떨치는 스페인 황제의 자존심을 구겨 놓은 것이다. 이에 격분한 스페인 국왕 펠리페Felipe 2세는 영국에 본때를 보여 주기로 했다. 펠리페 2세는 스페인 대사에게 비밀 지령을 내렸다. 영국의 구교파와 손을 잡고 엘리자베스 1세를 살해한 뒤 메리 스튜어트를 왕위에 세울 계획을 세웠던 것이다. 그러나 이러한 정보는 금세 탄로 나고 말았다.

항해도가 새겨진 스페인 은잔

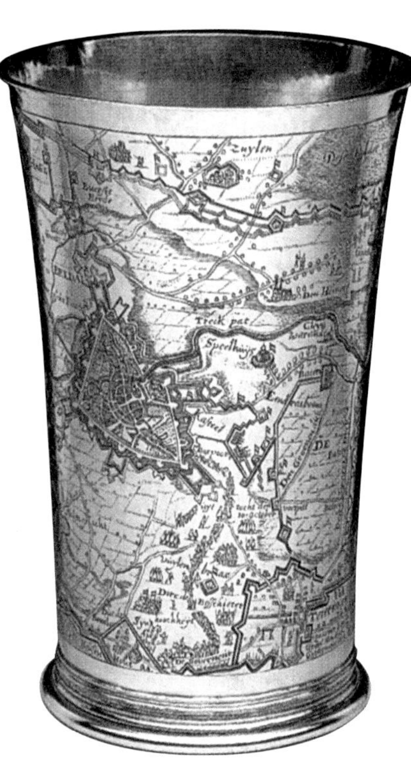

그로부터 3개월 뒤에 엘리자베스 1세는 44살의 메리 스튜어트를 사형에 처했다. 메리의 죽음은 엘리자베스가 왕위에서 쫓겨나기를 바라던 유럽 가톨릭교회와 펠리페 2세의 계획을 수포로 만들었다. 교황은 즉시 칙서를 내려 가톨릭 교도들에게 엘리자베스 1세와의 전쟁을 종용했다. 교황의 결정에 따라 펠리페 2세는 영국을 공격하기 위해 무적함대를 파견했다. 영국과 스페인의 전면전이 시작된 것이다.

전쟁 준비

1588년에 펠리페 2세는 영국을 격파하기 위해 여름 내내 무적함대를 정비하고 전술을 강화하는 데 심혈을 기울였다. 군자금을 아낌없이 쏟아 부어 건설한 무적함대는 군함 150척으로 구성된 대규모 함대였다. 그

가운데 60척은 대형 선박으로 대포만 해도 무려 2,000여 문에 달했다. 전체 함대의 인원은 총 3만여 명으로, 그 가운데 선원이 8,700여 명이고 노를 젓는 노예가 2,000여 명이었으며 정예 병사가 2만 3,000명이었다. 이렇듯 어마어마한 위용을 자랑하는 무적함대도 치명적인 결함이 있었다.

우선 무적함대의 선대에는 해상 전투를 전문적으로 수행할 군함이 7척에 불과했다. 나머지는 화물 운송에 사용되던 대형 상선에 임시로 대포를 적재한 무장 상선이었다. 다음으로는 임시로 개조한 무장 상선은 선체가 지나치게 커서 기동성이 떨어졌다. 움직임이 굼떴기 때문에 막상 전투가 벌어지면 적군에게 함락되는 것은 시간문제였던 것이다. 마지막으로 가장 심각한 문제는 스페인 군함에 적재한 대포의 사정거리가 매우 짧다는 점이었다. 이는 무적함대가 영국 함대와의 전투에서 크나큰 낭패를 당하는 주요 원인이 됐다.

그 밖에도 무적함대의 총사령관 메디나 시도니아Medina Sidonia 공작에게도 적잖은 문제점이 있었다. 메디나 시도니아 공작은 전쟁 경험이 풍부한 장군이었지만 주로 지상군으로 활약한 인물이었다. 육상 전술에는 능했지만 해전에서는 초보자나 다름없었던 것이다. 심지어 뱃멀미로 배에 적응조차 힘들어하는 인물이었다. 그래서 메디나 시도니아 공작은 펠리페 2세에게 사령관을 다른 사람으로 바꿀 것을 수차례 간청했으나 소용이 없었다. 펠리페 2세는 강력한 해군이 있는 이상 지휘관은 자신에게 절대적으로 충성할 수 있는 인물이면 그만이었다. 지휘관이 해상 전투 경험이 없더라도 영국군을 거뜬히 격파할 것으로 굳게 믿었던 것이다.

반면에 영국군의 전투 준비 상황은 어땠을까? 당시 무적함대가 영국 해협으로 쳐들어오고 있다는 소식이 전해졌을 때 드레이크는 마침 영국인의 전통 놀이인 론 볼링 게임을 즐기고 있었다. 드레이크는 아주 느긋했다. 그는 "스페인 함대가 이곳까지 오려면 아직 멀었으니 이 게임을 다 끝내고 나

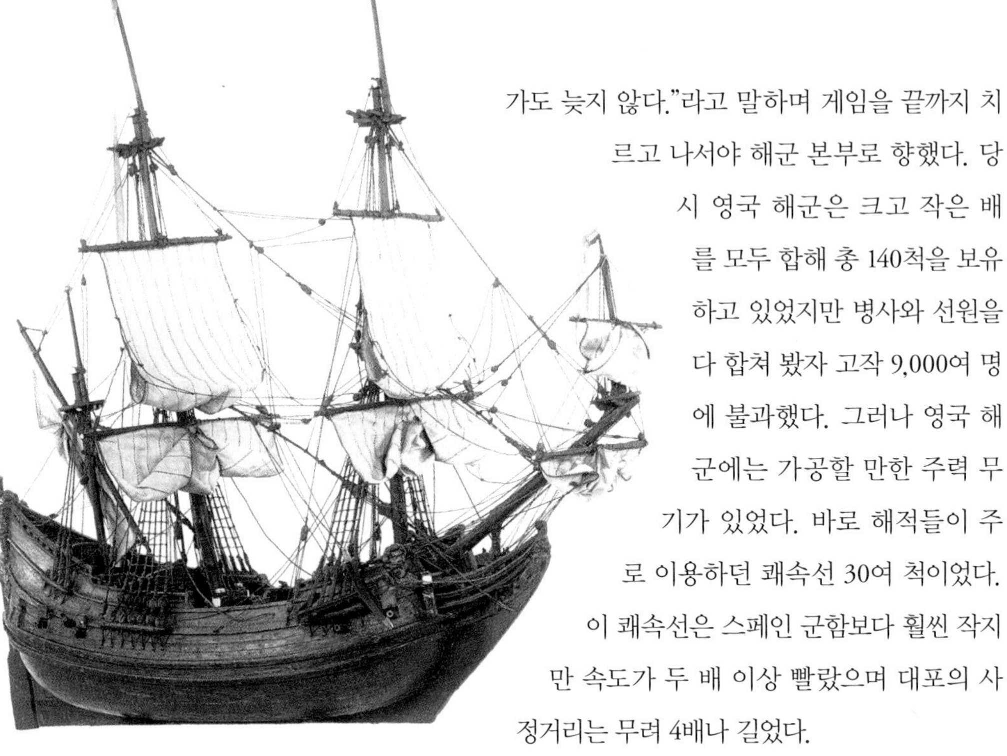

가도 늦지 않다."라고 말하며 게임을 끝까지 치르고 나서야 해군 본부로 향했다. 당시 영국 해군은 크고 작은 배를 모두 합해 총 140척을 보유하고 있었지만 병사와 선원을 다 합쳐 봤자 고작 9,000여 명에 불과했다. 그러나 영국 해군에는 가공할 만한 주력 무기가 있었다. 바로 해적들이 주로 이용하던 쾌속선 30여 척이었다. 이 쾌속선은 스페인 군함보다 훨씬 작지만 속도가 두 배 이상 빨랐으며 대포의 사정거리는 무려 4배나 길었다.

영국과 스페인 간의 해전 중 영국 전함은 선체가 가볍고 민첩한 쾌속선이었다. 배를 움직이는 최소의 인원만 탑승했기 때문에 기동성이 뛰어났다.

스페인 군함의 공격 소식이 왕궁에 전달되었을 때 55세의 엘리자베스 1세는 매우 침착했다. 국력을 강화하고 해외 식민지를 개척하려면 해상권을 장악한 스페인과 결전을 벌이는 것이 불가피하다는 사실을 잘 알고 있었기 때문이다. 엘리자베스 1세는 즉각 전투 준비를 명령했다. 존 호킨스와 드레이크 등 사령관 네 명이 각각 군함 100여 척으로 이루어진 4개 함대를 지휘하도록 했다. 엘리자베스 1세 자신도 갑옷을 입고 허리춤에 긴 칼을 찬 채 백마를 타고 나섰다. 직접 귀족들과 근위대를 이끌고 런던을 순시하며 병사들의 사기를 북돋았다.

해상 전투

1588년 7월 28일에 무적함대는 영국과 맞닿아 있는 프랑스 해안의 칼레항에 도착했다. 스페인 무적함대는 사전에 계획한 대로 플랑드르에서 파르마 Parma 공작이 지휘하는 정예부대를 호위해서 영국 남동 지방에 상륙할 예정이었다. 당시 스페인 육군은 세계 최강의 군대로 명성을 날리고 있었다. 이들이 영국 본토에 상륙한다면 승리는 따 놓은 당상이었다.

그러나 무적함대가 칼레 항에 정박하면서 파르마군의 연락을 기다리는 동안 영국 주력 함대의 기습 공격이 시작되었다. 처음 영국 함대를 발견했을 때만 해도 메디나 시도니아 공작은 코웃음을 쳤다. 영군 함대는 작은 선박 100여 척으로 구성되었고 대형 군함은 겨우 20여 척에 불과했기 때문이다. 메디나 시도니아 공작은 볼품없는 영국 함대를 비웃으며 이렇게 말

병사를 가득 실은 스페인의 무적함대가 영국 군함의 공격에 후퇴하고 있다.

했다.

"영국 군함의 숫자가 생각보다 많군. 하지만 전부 쓸모없는 작은 배로군. 병사들에게 명령을 전하라. 파르마 공작의 정예부대를 기다릴 필요 없이 아예 여기서 영국 함대를 전멸시키도록 하라!"

메디나 시도니아 공작은 영국 본토 상륙 작전을 미룬 채 해상에서의 전면전을 지시했다. 무적함대는 신속하게 1열 종대로 전열을 가다듬고 영국 군함을 향해 바짝 다가갔다. 메디나 시도니아 공작의 전술은 매우 간단했다. 영국 군함에 바짝 다가가서 쇠사슬로 두 배를 연결한 뒤 영국 군함으로 뛰어들어 백병전을 벌이는 것이었다. 수적으로 우세했기에 영국군을 격파하는 것은 식은 죽 먹기였다.

그러나 뜻밖에도 영국 군함은 속도가 너무 빨라 가까이 다가가기조차 힘들었다. 그뿐만이 아니었다. 당시 무적함대의 대포는 대부분 배의 머리와 꼬리 부분에 설치되어 있었기에 적군의 군함과 마주 보고 있을 때만 대포 공격이 가능했다. 반면에 영국 군함은 갑판뿐만 아니라 선체 각 층에 대포가 설치되어 발포가 쉬웠으며 화력도 스페인 군함 5, 6척에 맞먹었다. 게다가 스페인 군함은 덩치가 큰 데다 엄청난 숫자의 육군을 싣고 있어서 동작이 매우 느렸다. 영국 선원들은 거북이처럼 느린 스페인 군함을 상대로 자신들의 사격 솜씨를 아낌없이 발휘할 수 있었다. 격렬한 전투가 온종일 이어지는 동안 스페인 무적함대는 크게 격파되고 수많은 군함이 침몰했다.

전투는 며칠 동안 계속되었다. 시간이 지날수록 영국군의 공격은 점차 거세졌고 스페인 군함의 숫자는 하루가 다르게 줄어들었다. 메디나 시도니아 공작은 파르마 공작의 지원군이 도착하기를 애타게 기다렸다. 그러나 누가 알았으랴? 영국군이 이미 플랑드르 연안을 봉쇄하여 지원군의 길을 끊어 놓았기 때문에 무적함대를 도와줄 지원군은 어디에도 없었다. 설상가상으로 전투 8일째가 되던 날에는 강한 편서풍이 불기 시작했다. 드레이크는 이때를 놓치지 않았다. 그는 화약을 잔뜩 실은 배로 스페인 군함을 들이박는 전술을 사용하기로 했다. 즉시 낡은 상선 8척을 골라서 화약을 잔뜩 실은 뒤 스페인 함대로 접근시켰다. 그러고는 상선을 향해 일제히 불화살을 쏘았다. 화약을 실은 배는 바람의 힘을 타고 스페인 함대를 향해 돌진했다. 여러 날 동안 전투를 벌이느라 기진맥진해진 스페인군들은 모두 꿈속을 헤매던 중이었다. 배에 불이 붙은 것을 깨달았을 때는 이미 함대 절반 이상이 활활 타오르는 불길에 휩싸인 뒤였다.

당시 스페인 군함들은 쇠사슬로 연결되어 있었다. 병사들은 불이 붙은 군함에서 벗어나려고 쇠사슬을 끊으려고 애썼지만 소용이 없었다. 눈 깜짝할 사이에 수많은 군함이 불에 타서 침몰했고 바닷물 속에 빠진 병사들은 비명을 질러댔다. 다음 날 날이 밝자 영국 함대는 공격 명령과 함께 맹렬한 포격을 쏟아 부었다. 용감무쌍하기로 유명했던 스페인군은 영국 군함에 접근조차 못한 채 날아오는 포탄에 목숨을 잃었다. 하루 동안의 전투로 무적함대는 5척의 대형 군함이 격침되었고, 병사 수천 명이 목숨을 잃었다.

무적함대의 침몰

영국 함대의 총공격에 간신히 목숨을 건진 메디나 시도니아 공작은 남은 함대를 재편성하여 남쪽으로 퇴각하기 시작했다. 그러나 영국 남쪽 해안 지역까지 영국 함대가 뒤쫓으며 계속해서 공격하자 무적함대는 항로를 바꾸었다. 브리튼 섬을 빙 돌아 스코틀랜드 쪽으로 항해해서 대서양으로 나간 다음, 아일랜드를 지나 스페인으로 퇴각할 계획이었다. 그러나 퇴각하는 도중에 스페인군은 전무후무한 대폭풍을 만나고 말았다. 폭풍우에 병사를 가득 태우고 있던 군함 24척 이상이 아일랜드 북부 해안에서 난파되어 병사 5,000여 명이 포로로 잡히고 말았다. 메디나 시도니아 공작은 겨우 배 43척만 이끌고 두 달에 걸친 괴로운 항해 끝에 간신히 스페인으로 귀환했다. 처음 출전할 당시 2만여 명에 달했던 병사들 가운데 겨우 1만여 명만이 살아서 돌아온 것이다. 당시 펠리페 2세는 패전하고 돌아온 메디나 시도니아 공작을 수많은 귀족이 보는 앞에서 크게 질책했다.

스페인 국왕 펠리페 2세

"영국을 정벌하라고 했더니 폭풍우랑 싸우고 돌아왔소?"

영국 함대가 큰 승리를 거두고 돌아오자 영국 전체가 열광의 도가니에 빠졌다. 국민은 귀청을 울리는 환호성과 꽃다발로 영웅들을 맞이했다. 신교파들 역시 미친 듯이 기뻐하며 감사의 기도를 올렸다. 가톨릭 국가인 스페인에 영국이 패했다면 신교파들은 가톨릭파의 제물이 됐을 것이 뻔했기 때문이다. 엘리자베스 1세는 직접 성대한 환영 축제를 열었다. 세인트폴 대성당 앞에서 수만 명이 개선 행진을 했으며 군함에 적재했던 대포는 박물관에 소장되었다.

영국과의 해전에서 스페인의 무적함대는 군함 백여 척을 잃었고, 전투로 목숨을 잃거나 실종된 병사가 1만 4,000명에 달했다. 반면에 영국군은 단 한 척의 군함도 잃지 않았으며 전사자도 100여 명에 불과했다. 한마디로 영국군의 KO승이었다. 무적함대가 큰 타격을 입으면서 스페인은 점차 해상 주도권을 잃어 가기 시작했다. 1598년에 펠리페 2세마저 병사했다. 영국이 무적함대와의 결전에서 승리한 후 영국 해적은 더욱 기승을 부렸다. 스페인 근해는 물론, 서인도 제도 해역까지 진출하여 스페인의 해상 교통로를 차단하면서 마침내 해상권을 완전히 장악했다. 덕분에 영국은 1600년에 동인도 회사를 필두로 하여 본격적인 식민지 개척에 나섰다. 영국의 해상권 장악은 제2차 세계대전까지 지속되었다.

항해의 복병 '기후'

영국과 스페인 해전 중에 스페인군은 영국군과 맞서 싸울 뿐만 아니라 변화무쌍한 대서양의 기후와도 싸워야 했다. 훗날 지리학자들은 매년 4월부터 7월까지 유라시아 대륙의 고기압과 대서양의 저기압이 부딪히면서 대서양 연안에 잦은 폭풍우가 발생한다는 사실을 발견했다. 이 폭풍우는 방향을 예측할 수 없었기에 이 시기에 출항했던 스페인의 무적함대는 큰 피해를 입었다. 수십 척의 군함이 침몰하고, 빗물이 새어들어 음식물이 부패했으며, 폭풍우에 시달린 병사들은 전투력을 상실했다. 영국군은 본국의 항구에 주둔하면서 정찰선으로 정탐하다 기습 공격을 가해 스페인군을 격파시켰다.

The United Kingdom

8 지식은 힘이다

"지식은 힘이다." 이는 누구나 아는 명언으로 오늘날까지도 과학 발전을 격려할 때 자주 인용되고 있다. 이러한 명언을 남긴 사람은 영국의 유명한 철학자 프랜시스 베이컨이다. 베이컨은 문예 부흥 시기에 철학과 과학 분야의 거장이었다. 마르크스는 베이컨을 '영국의 유물주의와 현대 실험 과학의 진정한 시조'라고 일컬었다.

시기 : 1561~1626년
인물 : 프랜시스 베이컨Francis Bacon

책벌레 베이컨

1561년 1월 22일에 베이컨은 영국 런던의 명문 귀족 가문에서 태어났다. 그의 아버지는 국왕의 인장을 보관하고 관리하는 궁정 고위직인 옥새 상서와 대법관직을 겸직하고 있었다. 그의 어머니 역시 귀족 출신으로 라틴 어와 그리스 어에 능하며 글 솜씨가 뛰어난 재원이었다. 훌륭한 가정환경과 천성적으로 타고난 총명함으로 베이컨은 유년 시절부터 놀라운 학습 능력을 발휘했다. 베이컨은 몸이 허약하고 잔병치레가 많아 또래 아이들처럼

한눈에 보는 세계사

1590년 : 도요토미 히데요시 일본 통일
1592년 : 임진왜란 발발
1602년 : 네덜란드, 동인도회사 설립
1618년 : 독일, 30년 전쟁 발발
1627년 : 조선, 정묘호란 발발

뛰어놀지 못했다. 대신에 아버지의 법률 서적이든 어머니가 즐겨보는 문학 작품이든 닥치는 대로 책을 읽기 시작하면서 독서 습관이 생겼다. 덕분에 그에게는 '책벌레 베이컨'이라는 별명이 생겼다.

1573년에 베이컨은 열두 살의 나이에 케임브리지 대학에 입학했다. 기독교 교의를 증명하는 신학 위주의 강의는 사춘기에 접어든 베이컨에게는 고리타분하고 머리가 지끈지끈한 수업이었다. 베이컨은 케임브리지 대학에서 3년 동안 공부한 뒤 그레이인 법학원에 입학했다.

베이컨 초상화

베이컨은 1620년 《신기관》을 발표했다.

정계의 뜬구름

법학원 공부 도중 베이컨은 프랑스 주재 영국 대사의 수행원으로 임명되어 파리로 건너갔다. 예술의 도시에 매료된 베이컨은 그 후 여러 해 동안 프랑스 각지와 이탈리아, 스페인 등을 여행하며 외국 문화를 습득했다. 그러나 이렇듯 자유롭고 행복한 시간은 그리 오래가지 않았다. 영국에서 그의 아버지가 죽었다는 급보가 날아온 것이다. 아버지가 갑자기 세상을 떠나면서 경제적으로 어려운 상황에 처한 베이컨은 열아홉의 나이에 스스로 생계를 책임져야 했다. 베이컨은 귀국해서 법학원에 복귀한 뒤 1582년에 법정 변호사 자격을 취득했다. 1584년에는 콘월 주 의원직을 승계하면서 의회 활동을 시작했다. 1603년에 엘리자베스 1세가 죽고 스코틀랜드 국왕이던 제임스 1세가 왕위에 즉위했다. 베이컨은 한때 잉글랜드와 스코틀랜드의 합병을 적극적으로 주장했던 적이 있었다. 이를 흡족하게 여긴 제임스 1세는 베이컨에게 작위를 하사하고 국왕의 법률 고문으로 임명했다. 그 후에는 수석 검찰관, 추밀원 고문, 옥새 상서직에 차례로 임명하면서 베이컨은 출세가도를 달리기 시작했다. 베이컨의 영광과 출세는 여기에서 멈추지 않았다. 1618년에는 젊은 시절부터 열망해 마지않던 대법관이 되었고 남작 작위를 하사받아 귀족원에 진출했다. 그리고 1621년에는 자작이 되면서 아버지의 명성을 넘어서며 막대한 권세를 누렸다.

학술 성과

베이컨은 정치와 거리가 먼 사람이었다. 그는 철학을 연구하거나 과학 실험에 몰두하는 것을 좋아했다. 1620년에 베이컨은 저서 《신기관》을 발표하면서 처음으로 "지식은 힘이다."라는 구호를 외쳤다. 이 책에서 그는 자연을 이용하고 통제하고 싶다면 과학 지식을 쌓아야 한다고 주장했다. 그리고 오직 실험을 통해서만 진정한 지식을 얻을 수 있다고 여긴 그는 과학 실험의 중요성을 설파했다.

그러나 관직에서 승승장구하며 여유롭던 생활은 갑작스럽게 뒤바뀌었다. 낭비가 심한 편이었던 그는 고위 관직에 오르면서 공공연히 금품을 받아 챙겼는데, 1621년에 뇌물 수수를 포함한 20여 건의 부패 혐의로 의회의 탄핵을 받고 기소당한 것이다. 특히 법관으로서 소송 당사자들에게 뇌물을 받았다는 점 때문에 죄질이 나쁜 것으로 지목되었다. 당시 영국 정치 상황을 보면 왕실과 의회의 대립이 점점 심각해지고 있었다. 이때 왕실의 특권을 앞장서서 옹호했던 베이컨은 당연히 의회의 공격 목표가 되었다. 베이컨은 결국 공직을 박탈당하고 4만 파운드의 벌금형을 받고 런던 탑에 갇히는 신세가 되었다. 다행히 국왕의 배려로 특별 사면되었지만 이제 그의 정치 생명은 끝나고 말았다. 그 후 베이컨은 집에서 두문불출하며 연구와 저술 활동에만 전념했다. 그는 《사물의 본성에 관하여》, 《철학의 비판》,

위의 그림은 16, 17세기 영국의 가정에서 사용했던 병풍이다. 병풍에는 영국 신사들이 즐기던 오락 활동이 그려져 있다.

《인류의 지식에 관하여》, 《미궁의 단서》, 《자연계의 대사건》 등을 연달아 출간하며 왕성한 필력을 뽐냈다.

베이컨은 철학계에 크나큰 공헌을 했지만 문학계에서도 남다른 성과를 달성했다. 1624년에는 우아하고 함축적인 문체로 인생과 사회에 대한 날카로운 견해를 담은 《수상록》을 출간했다. 《수상록》 중의 〈민첩함에 관하여〉에서 일부 내용을 발췌하면 다음과 같다.

"일할 때 가장 위험한 것 가운데 하나는 과도하게 속도를 추구하는 것이다. 예컨대 소화가 지나치게 빨리 되면 인체에 병이 생길 수 있다. 따라서 일할 때에는 시간의 많고 적음을 민첩함의 기준으로 삼아서는 안 된다. 마땅히 사업의 진척도를 기준으로 삼아야 한다……."

이 밖에도 베이컨은 사람들의 입에서 입으로 회자되는 수많은 명언을 남겼다. 가령 "벗이 없는 세상은 황무지에 지나지 않다.", "마음을 건강하게 해 주는 가장 좋은 예방약은 친구의 성실한 충고이다." 등이 있다.

1626년 3월에 예순다섯의 베이컨은 여느 때처럼 진료를 받으러 런던에 갔다가 마차를 타고 집으로 돌아오는 길이었다. 당시 베이컨은 냉동과 가열 방식을 이용한 식품 보존 문제를 연구하고 있었다. 마침 길가에 수북이 쌓인 눈을 바라보던 베이컨은 기발한 생각이 떠올라 어느 오두막 앞에 마차를 정지시켰다. 그는 곧장 닭 한 마리를 구해서 죽인 다음 닭의 몸통 안에 눈을 채워 넣고 식품의 부패를 막는 냉동 효과를 실험했다. 그러나 이 때문에 차가운 바람을 오랫동안 쐰 베이컨은 극심한 오한에 시달리며 그대로 병석에 드러눕고 말았다. 1626년 4월 9일, 위대한 철학자 베이컨은 병세가 악화되어 결국 세상을 떠났다.

9 영국이 낳은 대문호 셰익스피어

The United Kingdom

영국 스트랫퍼드 어폰 에이번Stratford-upon-Avon의 교회당 옆에는 작고 평범한 묘비가 세워져 있다. 묘비에는 "벗들이여, 제발 부탁건대 여기 묻힌 것을 파지 말아 다오. 이것을 그대로 두는 자는 축복받고 내 무덤에 손대는 자는 저주받을 지어다."라는 묘비명이 새겨져 있다. 영국 역사상 가장 위대한 문학가이자 극작가인 윌리엄 셰익스피어의 묘비명이다.

시기 : 1564~1616년
인물 : 셰익스피어William Shakespeare

희곡을 위한 삶

1564년에 셰익스피어는 잉글랜드 중부 지방 워릭셔Warwickshire 주 소읍 스트랫퍼드 어폰 에이번의 중산층 가정에서 태어났다. 그의 아버지 존 셰익스피어는 비교적 부유한 상인으로 피혁 가공업을 운영하고 있었다. 또한 읍장까지 지낸 유지였던 탓에 셰익스피어는 풍족한 소년 시절을 보냈다. 그는 당시 특수층 자제만 다닐 수 있었던 문법학교에서 라틴 어와 고전 문학을 배웠다.

스트랫퍼드는 주민이 2,000여 명에 불과했지만 술집과 여관도 있었고,

한눈에 보는 세계사

1590년 : 도요토미 히데요시 일본 통일
1592년 : 임진왜란 발발
1602년 : 네덜란드, 동인도회사 설립
1618년 : 독일, 30년 전쟁 발발

이곳 강당에서 셰익스피어의 작품 《십이야(十二夜)》가 공연되었다.

때때로 소극단이 작은 공연을 펼치는 극장도 있었다. 매번 공연이 있는 날이면 어린 셰익스피어는 하던 일을 내팽개치고 극장으로 달려갔다. 작은 무대 위에서 서너 명의 배우들이 수백 년 전의 이야기를 소재로 한 생동감 넘치는 공연을 펼치는 모습을 지켜보면서 셰익스피어는 희곡의 매력에 깊이 빠져들었다. 그의 가슴 속에서는 위대한 극작가의 꿈이 자라기 시작했다. 이다음에 커서 그가 쓴 희곡을 온 마을 사람들이 관람하며 미친 듯이 좋아하는 모습을 꿈꾸었다. 그러나 현실은 냉혹했다. 가세가 점차 기울면서 셰익스피어는 대학 진학을 포기하고 가업을 이어받아야 했다. 그리고 아버지의 강요에 못 이겨 열여덟의 나이에 연상의 여인인 앤 해서웨이와 결혼했다. 셰익스피어는 자신보다 여덟 살이 많은 아내에게 불만이 많았다. 훗날 셰익스피어가 20여 년 동안 런던에 살면서도 아내를 불러들이지 않은 사실에서 이 결혼에 큰 불만을 느꼈다는 것을 짐작할 수 있다.

1585년에 셰익스피어는 꿈에 부푼 가슴을 안고 극단을 따라 런던으로 향했다. 그러나 런던에서의 생활은 그다지 순조롭지 못했다. 극단에 들어가기는커녕 변변한 일자리 하나 구하지 못했다. 수중에 있는 돈이 거의 바닥날 무렵 다행히 친구의 도움으로 런던의 극장에서 허드레 일꾼으로 일하게 되었다. 극장 관객의 마차를 관리하는 일로 월급도 적었고, 미래 발전 가능성도 없는 허드렛일이었다. 그러나 셰익스피어는 극단을 가까이서 접할 수 있다는 사실만으로도 기뻐하며 최선을 다해 일했다. 성실하고 열정적인 셰익스피어는 고객들의 사랑을 듬뿍 받았다. 그에게 마차를 맡기는 사람이 늘어나자 셰익스피어는 어린 소년들을 불러 잡일을 맡겼다. 그래서 사람들은 소년들을 '셰익스피어의 아이들'이라고 불렀다.

아마추어 배우에서 극작가로

셰익스피어는 일하는 틈틈이 문학과 역사, 철학을 공부하며 지식을 쌓았다. 또 고대 그리스 희극을 연구하기 위해 그리스 어와 라틴 어도 배웠다. 차츰 시간이 지나면서 그에게도 기회가 찾아왔다. 자잘한 단역이라도 직접 무대 위에 올라서 공연하게 된 것이다. 그의 공연은 관객들에게 호응을 얻어 곧 고정 배역을 맡게 되었다.

당시 런던에는 전문 극장이 생겼지만 극장의 설비는 매우 볼품없고 낙후한 편이었다. 귀족들을 위한 호화로운 전용석이 마련되어 있기는커녕 일반 좌석조차 허름하고 불편하기 짝이 없었다. 심지어 조명 시설조차 없었기에 공연은 대부분 낮에만 이루어졌다. 직접 무대 위에서 공연할 기회가 생기면서 셰익스피어는 창의력 있고 재미있는 극본이 절실하다는 사실을 깨달았다. 이에 직접 극본을 쓰기 시작해서 1591년에 마침내 역사극《헨리 6세》를 완성했다. 그의 극본은 선풍적인 인기를 끌었다. 순식간에 여러 극단이 앞 다투어《헨리 6세》를 공연했다. 첫 작품이 크게 성공하자 자신감을 얻은 셰익스피어는 또다시 극본 집필에 몰두했다. 그리하여 1595년에 완성한 작품이 바로 그 유명한 《로미오와 줄리엣》이었다. 《로미오와 줄리엣》이 상연된 곳은 런던 시민이 벌떼처럼 몰려들어 발 디딜 틈이 없었다. 또 공연을 관람하는 여성 관객들은 눈물을 닦을 손수건이 필수품이 될 정도였다.

《로미오와 줄리엣》의 줄거리는 다음과 같다. 15세기 중엽, 이탈리아 베로나의 두 명문가인 몬터규가와 캐풀렛가는 일찍부터 서로 반목하고 질시하는 원수지간이었다. 어느 날, 캐풀렛가의 무도회에 참석한 몬터규가의 아들 로미오는 뜻밖에 원수 가문의 딸인 줄리엣에게 한눈에 반했다. 한순간에 사랑에 빠진 두 사람은 서로 사랑을 고백하며 결혼을 약속했다. 그 후 로미오는 로렌스 신부를 찾아가 줄리엣과의 결혼이 성사되도록 주선해 달라고 청했다. 이에 두 사람이 결혼하면 양가가 화해하리라고 기대한 신부는 비밀리에 치른 두 사람의 결혼식에 주례를 섰다. 결혼식이 끝나고 돌아오던 길에 로미오는 광장에서 친구 머큐시오가 줄리엣의 사촌인 티볼트의 칼에 찔려 죽는 것을 발견했다. 이에 격분한 로미오는 티볼트를 죽였고, 캐풀렛 부인의 고소로 결국 만토바로 추방당하게 되었다. 떠나기 전날 밤, 로미오와 줄리엣은 함께 밤을 보내며 서로의 사랑을 확인했다. 그런데 로미오가 추방되고 나서 줄리엣의 혼담이 본격적으로 진행되기 시작했다. 아버지의 명령으로 패리스 백작과 결혼하게 된 줄리엣은 로렌스 신부가 준비약을 먹고 가사假死 상태에 빠져 납골당에 안치되었다. 한편, 줄리엣이 죽었다는 기별을 받은 로미오는 놀라서 황급히 납골당으로 달려왔다. 절망에 빠진 로미오는 줄리엣이 잠든 관 앞에서 독약을 마시고 죽고 말았다. 그리고 얼마 후 가사 상태에서 깨어난 줄리엣은 옆에 숨이 끊어진 상태의 로미오를 발견했다. 상황을 파악한 그녀는 슬퍼하며 단검으로 자신의 가슴을 찔러 자살했다. 이후, 로미오와 줄리엣의 시체를 앞에 둔 양가는 비로소 서로 싸우지 않고 평화스럽게 지낼 것을 서약했다. 그리고 베로나 거리에 로미오와 줄리엣의 동상을 세워 이를 사랑의 상징으로 영원히 기억하기로 했다.

이 작품은 젊은 남녀를 비극으로 몰아넣은 봉건 제도를 질책하고 자유연애를 널리 전하는 내용을 담고 있다. 셰익스피어 희곡 가운데 가장 유명한 비극 작품으로, 청년 극작가인 셰익스피어의 명성을 한순간에 떨치게 한 대표작이기도 하다.

4대 비극

《로미오와 줄리엣》의 성공으로 명성을 떨치게 된 셰익스피어는 영국의 대표 극작가로 자리매김했다. 그의

영국 스트랫퍼드 어폰 에이번에 있는 셰익스피어의 생가

셰익스피어의 명작 《햄릿》의 공연 사진

이름은 흥행 보증수표가 되었다. 다음 해, 셰익스피어는 희극 작품 《베니스의 상인》을 완성했다. 이 작품에서 셰익스피어는 이탈리아 베니스의 유대인 고리대금업자 샤일록의 탐욕스럽고 비열한 모습을 생생하게 묘사했다. 당시 영국 고리대금업자의 모습을 그대로 옮겨 놓았던 샤일록은 이후 서양에서 구두쇠의 대명사가 되었다.

두 작품이 연거푸 대성공을 거두면서 셰익스피어는 희곡계의 대부가 되었고 엄청난 부를 거머쥐었다. 1599년에 셰익스피어는 친구와 합자하여 런던 템스 강 남쪽에 글로브 극장을 새로 지었다. 그리고 2년 뒤에는 바로 이곳에서 셰익스피어의 최고 대표작 《햄릿》을 공연했다. 이 작품의 내용은 다음과 같다.

13세기 덴마크 왕국 수도의 엘시노아 성에서는 햄릿 왕자가 부왕의 갑작스러운 죽음으로 슬픔에 잠겨 있다. 게다가 숙부 클로디어스가 바로 어머니인 거트루드와 재혼하고 왕위를 차지했다. 이에 햄릿 왕자는 어머니의 재혼을 수치스럽게 여기며 혹시 숙부가 부왕을 죽인 것은 아닌지 의심하게 되었다.

그러던 어느 날, 선왕의 망령이 햄릿에게 나타나 자신은 동생에게 독살되었다고 말했다. 그때부터 햄릿은 숙부에게 복수하기 위해 거짓으로 미친 체했다. 햄릿은 한편으로는 망령의 존재를 의심하면서도 왕의 본심을 떠보기 위해 극단을 시켜서 국왕을 살해하는 내용을 담은 연극을 공연하게 했다. 한창 연극을 보던 숙부 클로디어스가 독살 장면에서 얼굴빛이 변한 채 자리를 떠나자 햄릿은 망령의 말을 확신했다. 그런데 숙부에게 복수하려던 햄릿은 실수로 연인 오필리아의 아버지인 플로니어스를 살해하고 말았다.

이 충격으로 오필리아는 실성해서 물에 빠져 죽고, 플로니어스의 아들 레어티스가 아버지와 누이의 원수를 갚겠다고 왕에게 청했다. 클로디어스는 그런 레어티스를 충동질해서 독을 바른 검으로 햄릿과 대결하게 했다. 그러나 이 대결에서 햄릿이 레어티스를 찔러 이겼다. 결투의 상대자로서 햄릿의 기개에 감탄한 레어티스는 클로디어스의 음모를 고백하고 숨을 거두었다. 그 후 햄릿은 왕의 가슴을 찔러 부왕의 복수를 하지만, 자신 역시 독을 바른 검에 상처를 입어 죽음을 맞았다.

《햄릿》 이후 셰익스피어는 불과 4년 동안 《오셀로》, 《리어 왕》, 《맥베스》를 연달아 발표했다. 이 세 작품은 《햄릿》과 함께 셰익스피어의 4대 비극으로 불리며 셰익스피어 인생에서 최고의 작품들로 꼽힌다.

생명의 끝

1616년 봄에 고향에 내려와 있던 셰익스피어에게 친구가 찾아왔다. 두 사람은 술을 마시며 밤새 회포를 풀었다. 그러나 술이 과했는지 셰익스피어는 그대로 병석에 드러눕고 말았다. 의사의 정성어린 치료를 받았지만 그의 병은 점차 악화돼 결국 4월 23일 셰익스피어는 52세의 나이로 숨을 거두었다. 셰익스피어는 대부분 재산을 큰딸에게 물려주었고, 나머지 일부는 둘째 딸과 극단 친구들에게 남겼다. 그러나 자신의 아내에게는 한 푼의 재산도 남기지 않아 많은 추측을 남겼다.

셰익스피어는 평생 극작가로 활동하면서 희곡 작품 37여 개와 시 작품

154수를 남겼다. 마르크스는 셰익스피어를 "인류의 가장 위대한 천재 가운데 하나이다."라며 극찬했다. 셰익스피어가 죽은 지 200여 년이 지난 뒤에도 영국이 "식민지 인도와도 바꿀 수 없다."라고 할 만큼 그는 영국민의 절대적인 사랑을 받았다. 서양 문예평론가들은 셰익스피어를 이탈리아의 단테, 독일의 괴테와 더불어 문예 부흥을 일으킨 주역으로 평가하고 있다.

엘리자베스 1세 시대의 극장

엘리자베스 1세의 적극적인 후원 아래 희곡은 빠르게 발전하기 시작했다. 본래 극장은 런던 성 외곽에만 세우도록 규제되어 있었지만 엘리자베스 여왕 시대에는 런던 시내 곳곳에 극장이 세워졌다. 당시 영국의 극장은 '공공 극장'과 '개인 극장'으로 나뉘어 있었다. 공공 극장은 관객 2,000명을 수용할 수 있는 규모로 일반 시민이 주로 이용했다. 반면에 개인 극장은 오늘날 클럽과도 같았다. 규모는 작지만 내부 장식이 고급스럽고 호화로워 귀족이나 왕실 일원에게만 개방되었다. 일반적으로 극장의 내부 구조는 중앙 무대가 설치되어 있고 주변에는 3층 규모의 관람석이 만들어졌다. 무대 뒤에는 배우들이 이용하는 출입문 두 개가 설치되었으며, 무대 아래에는 무대를 움직이는 기계가 설치되었다.

10 내전 발생

The United Kingdom

16세기 말에 영국에는 가톨릭교를 바탕으로 칼뱅과 루터의 개혁 신앙이 혼합되어 있는 영국 국교회 신앙을 철저히 개혁하려는 청교도 운동이 일기 시작했다. 청교도들은 가톨릭 예배 의식과 사제들의 복장, 사제의 면죄 행위 등을 폐지하고 종교의식을 간략하게 개혁할 것을 요구했다. 그러나 국왕과 의회가 정면 대립하면서 17세기 중엽에 이르러서 영국 전체가 청교도 혁명의 거센 물결에 휩쓸리게 되었다.

시기 : 1642년
인물 : 찰스Charles 1세

새로운 왕조

1603년에 엘리자베스 1세가 죽고 스코틀랜드의 국왕 제임스James 1세가 왕위에 오르면서 스튜어트 왕조가 시작됐다. 잉글랜드와 스코틀랜드는 정식으로 합병됐으나 스코틀랜드의 의회와 군대는 독자적으로 유지됐다. 제임스 1세는 권력 욕구가 강한 전형적인 전제 군주였다. 그는 의회를 무시한 채 권력을 휘두르며 사치스러운 생활을 했다. 국왕의 낭비와 사치스러운 생활로 엘리자베스 1세 때만 해도 금은보화로 넘쳐나던 왕실 국고가 금세 바닥을 드러냈다. 자연스레 의회와 국민의 원성은 높아만 갔다.

한눈에 보는 세계사
1636년 : 조선, 병자호란 발발

1625년에 제임스 1세가 병사하자 그의 아들 찰스 1세가 스물다섯의 나이로 즉위했다. 찰스 1세는 말더듬이에다 우유부단하기 짝이 없었으며 그의 아버지 못지않게 사치스럽고 권력에 집착하는 인물이었다. 찰스 1세는 제임스 1세의 방식을 고스란히 따라 했다. 왕실의 상품 독점권과 우선구매권, 매관매직 등의 정책을 남발했으며, 의회의 동의도 구하지 않은 채 제멋대로 세금을 징수했다. 선대 국왕들이 충실히 준수하던 대헌장마저 휴짓조각처럼 내팽개치고 말았다. 의회 귀족들은 제임스 1세보다 한층 심한 전제 정치를 펼치는 찰스 1세를 더는 참을 수 없었다. 결국 의회가 국왕의 정책에 반기를 들고 일어서면서 의회와의 갈등이 격렬해지자 찰스 1세는 맞불 작전으로 의회를 아예 해산시켜 버렸다. 찰스 1세는 중세기부터 시작된 의회정치를 완전히 폐기하고 1629년부터 11년 동안 한 번도 의회를 소집하지 않은 채 전제 정치를 펼쳐 나갔다.

내우외환

의회를 해산한 찰스 1세는 사사건건 자신의 일을 반대하던 의회가 사라지자 마음이 홀가분하기만 했다. 그러나 이는 사회 변화를 전혀 인식하지 못한 어리석은 행위였다. 당시 영국에는 점차 청교도 숫자가 불어나는 상태였다. 청교도는 본질적으로 잉글랜드 국교도로서 잉글랜드 국교에 남아 있는 가톨릭의 전통을 완전히 없애고 종교의식을 간략하게 하려는 청교도 운동을 벌이고 있었다. 왕의 권력은 신이 내린 것이라며 왕권신수설을 신봉하던 찰스 1세로서는 국교회에 간섭하고 세력을 키우는 청교도를 용납할 수 없었다. 그는 즉시 청교도를 체포하라는 명령을 내렸다.

찰스 1세가 총애하는 윌리엄 로드William Laud가 캔터베리 대주교로 임명하면서 분쟁의 소지는 더 커졌다. 윌리엄 로드는 잉글랜드 국교회의 틀을 지키되 가톨릭교회의 전통회복을 주장하는 인물이었다. 게다가 로드는 매우 완고하고 전투적인 인물이었다. 그는 청교도 수장을 잡아다 귀나 코를 자르는 악형을 서슴없이 가했다. 하지만 결과는 청교도 과격파들의 목소리만 키워준 데 지나지 않았다. 설상가상으로 1639년에 윌리엄 로드는 국교회의 힘을 늘리기 위해 급진적인 청교도인 장로교가 세력을 떨치는 스코틀랜드에 압력을 가하기 시작했다. 그러자 여기에 반발한 스코틀랜드가 반란을 일으켜 잉글랜드 북부 지역을 침공했다. 상비군조차 제대로 갖춰져 있지 않은 데다 외국 용병을 고용할 돈마저 없었던 찰스 1세는 패전을 거듭하다 마지못해 스코틀랜드와 평화 조약을 맺었다.

네덜란드 화가 안토니 반다이크가 그린 〈사냥 나온 찰스 1세〉 그림. 한 손에 지팡이를 짚고 허리춤에 손을 올린 채 서 있는 표정이 매우 거만하다.

내전 발생

스코틀랜드와의 전쟁에서 패한 사실은 한 나라의 국왕인 찰스 1세의 자존심을 짓밟고 말았다. 분을 삭일 수가 없었던 그는 전쟁을 일으키고 싶었지만 왕실의 국고는 텅 빈 지 오래였다. 결국 전쟁 준비에 필요한 군자금을 거두기 위해 오랫동안 닫아 두었던 의회의 문을 열 수밖에 없었다. 1640년에 마침내 11년 만에 의회가 소집되었다. 그러나 의회는 국왕의 군자금 요구를 무시한 채 그동안 참아왔던 불만을 터뜨리며 스코틀랜드와의 휴전을 요구했다. 이에 분노가 치밀어 오른 찰스 1세는 불과 3주 만에 의회를 해산시켰다. 이때 소집된 의회는 소집일이 겨우 3주일에 불과하여 매우 짧았던 까닭으로 훗날 '단기 의회'로 불리게 되었다.

그러나 스코틀랜드군은 연일 승승장구하며 잉글랜드 북부 지역을 점령한 뒤 런던까지 쳐들어올 기세였다. 발등에 불이 떨어진 찰스 1세는 11월 3일에 다시 의회를 소집했다. 이때 소집된 의회는 1653년 4월까지 유지되어 훗날 '장기 의회'라고 불렸다. 의회가 소집되자 의원들은 기다렸다는 듯 국왕을 무차별적으로 공격했다. 국왕이 전제 왕권을 휘두르는 데 뒷받침이 되었던 고등재판소와 성실청을 폐지하고, 왕의 측근인 윌리엄 로드와 스트래퍼드 백작을 탄핵하여 처형시켰다. 또한 국왕이 의회 문을 닫지 못하도록 의회가 해산되면 적어도 3년 내에 의회를 소집하도록 규정하는 '3년 기한법'과 현재 열리는 의회는 자체의 동의 없이 해산하거나 정회할 수 없다는 내용의 의회법 등을 통과시켜 왕권을 견제하고 의회의 권한을 크게 확대했다.

이러한 과정에서 국왕과 의회는 점차 양립할 수 없는 극도의 갈등상태로 치달았다. 국왕과 의회의 대립은 아일랜드에서 반란이 일어나면서 더욱 격화되었다. 의회는 왕을 믿을 수 없다며 지방의 민병대를 의회의 통제 아래 두도록 하는 법안을 결의할 것을 주장했다. 한 마디로 군사 통수권마저 요구하고 나선 것이다. 그동안 쌓여 온 왕과 의회 사이의 갈등이 폭발하면서 찰스 1세는 결의문 통과를 주도한 다섯 의원을 체포하고자 몸소 의사당에 난입했으나 의회는 왕의 요구를 면전에서 무시하고 법안을 결의했다. 이제는 돌이킬 수 없는 강을 건너고 만 것이다. 왕의 군대가 의회로 들이닥치자 의회 편이었던 런던 시민이 민병대를 조직해 왕의 군대에 맞섰다. 1642년 찰스 1세는 자신을 따르는 왕당파를 이끌고 노팅엄Nottingham으로 갔다. 이로 말미암아 영국은 왕당파와 의회파로 갈라져 본격적으로 내전이 시작됐다. 왕당파는 주로 잉글랜드 북부와 웨일스에서 세력을 떨쳤고, 의회파는 잉글랜드 남부 지역에 기반을 두었다.

11 독재자 올리버 크롬웰

The United Kingdom

1644년 7월 22일에 잉글랜드 북부 마스턴 무어 평원에서 왕당파 군대와 의회군과의 대전투가 벌어졌다. 대포 소리가 요란한 뿌연 포연 속에서 갑자기 나타난 기병대가 왕당파 군대의 허를 찌르며 공격해 들어 왔다. 기병대는 단 하룻밤 사이에 왕당파 병사 4,000여 명을 몰살시켰다. 두툼한 갑옷과 날카로운 검으로 무장한 철기대를 지휘한 사람은 훗날 호국경으로 추대된 올리버 크롬웰이었다.

시기 : 1599~1658년
인물 : 올리버 크롬웰Oliver Cromwell

신모범군

1642년에 찰스 1세가 이끄는 왕당파 군대와 의회군과의 내전이 발발할 당시 쌍방의 병력 상태는 어땠을까? 찰스 1세의 지지자들은 주로 잉글랜드 서북부 지역의 귀족들과 대지주였다. 이 지역은 전통적인 농업 지역으로 상대적으로 상공업이 낙후되어 세금을 거두어 군자금으로 쓰기에는 역부족이었다. 반면에 의회파는 경제가 발달한 잉글랜드 동남부 지역을 차지하고 있었다. 공장과 상점이 부지기수인 데다 인력이 집중되어 있어서 군자

한눈에 보는 세계사

1590년 : 도요토미 히데요시 일본 통일
1592년 : 임진왜란 발발
1602년 : 네덜란드, 동인도회사 설립
1618년 : 독일, 30년 전쟁 발발
1627년 : 조선, 정묘호란 발발
1636년 : 조선, 병자호란 발발

금을 거두는 데 매우 유리한 곳이었다. 다시 말해, 왕당파와 의회파는 첫 시작부터 적수가 될 수 없었다.

그러나 처음 전투가 시작됐을 때 의회군은 연거푸 패전을 거듭하며 왕당파 군대에 몰살당했다. 이유는 간단했다. 왕당파 군대는 대부분 정식 군인인 반면에 의회군은 시멘트공이나 양모 상인 등으로 급작스레 꾸려진 임시 군대였기 때문이다. 유창한 말솜씨로 손님을 상대하는 것은 식은 죽 먹기였지만 총칼을 들고 전쟁터에서 싸우기는 역부족이었던 것이다. 그뿐만 아니라 국왕이라는 존재는 수백 년 동안 내려온 권위의 상징이었다. 그러한 국왕에 맞서 싸워야 하는 의회군은 심리적으로 크게 위축될 수밖에 없었다. 심지어 의회군을 이끌던 맨체스터 백작은 종종 부하들에게 이렇게 말했다.

"우리가 국왕을 99번 이겨도 그는 여전히 국왕이다. 하지만 우리는 국왕에게 단 한 번만 져도 모두 단두대에서 목이 잘릴 것이다."

지휘관마저 이런 생각을 갖고 있을 정도였으니 의회군의 사기가 땅에 떨어진 것은 당연한 일이었다.

올리버 크롬웰은 영국 내전 중에 군대의 수장으로서 의회파가 왕당파를 격파하는 데 결정적인 역할을 한 인물이다.

이러한 국면을 전환하기 위해 의회파는 강력한 군대를 새로 조직하기로 했다. 이러한 배경 아래 역사 무대에 등장한 인물이 바로 올리버 크롬웰이었다. 올리버 크롬웰은 1599년 4월 25일에 잉글랜드 동부 케임브리지셔Cambridgeshire의 헌팅던Huntingdon에서 신흥 중산층인 젠트리Gentry 계층의 집안에서 태어났다. 크롬웰은 헌팅던에서 문법 학교에 다니다가 케임브리지 대학에서 역사와 법률을 공부했다. 이 시기에 그는 청교도주의에 크게 영향을 받아 독실한 청교도가 되었다. 1628년에 크롬웰은 헌팅던에서 하원 의원으로 선출되었으나 찰스 1세가 의회를 해산하고 11년 동안 소집하지 않아 의정 활동을 할 수 없었다. 1640년에 찰스 1세가 스코틀랜드와의 전쟁 비용을 충당하기 위해 다시 의회를 소집하자 크롬웰은 단기 의회와 장기 의회에서 케임브리지를 대표하는 의원으로 활동했다. 그는 급진적인 사상과 뛰어난 말솜씨로 의회에서 가장 주목받는 인물이 되었다. 1642년에 의회파와 왕당파 사이에 내전이 일어나자 크롬웰은 고향 헌팅던으로 내려갔다. 그는 농민과 수공업자 출신의 청년들을 뽑아 기병대를 조직했다. 그의 기병대는 규율이 엄격하고 용맹스러웠으며 갑옷으로 무장했기 때문에 사람들은 '신모범군' 혹은 '철기대'라고 불렀다.

네이즈비 전투를 치르는 과정에서 크롬웰(오른쪽)은 최전방에서 직접 작전을 지휘했다.

내전 종결

올리버 크롬웰의 지휘 아래 전열을 가다듬고 크게 사기가 진작된 의회군이 연달아 전승을 거두면서 전세가 역전되기 시작했다. 1645년 6월 14일에 왕당파 군대와 의회군은 잉글랜드 중부의 네이즈비Naseby 평원에서 최후의 결전을 치렀다. 찰스 1세는 왕당파 기병대에게 의회군의 측면 공격을 지시했다. 그러나 왕당파군이 측면 공격을 가하기도 전에 이미 크롬웰의 철기군이 오른쪽 측면에서 기습공격을 가했다. 크롬웰의 기습 공격으로 찰스 1세가 주둔하고 있던 본부 진영까지 무너졌다. 찰스 1세는 근위대의 엄호 아래 시종으로 변장하고 겨우 스코틀랜드로 도망갈 수 있었다. 네이즈비 전투에서 크게 패한 왕당파는 병사 5,000여 명이 포로로 사로잡히고 대부분 군수품을 빼앗겼다. 1647년 2월에 의회파는 스코틀랜드에 몸값 40만 파운드를 준 뒤 찰스 1세를 넘겨받았다. 이로써 5년 동안 이어진 내전은 잠시 일단락 지어졌다.

국왕의 죽음

왕당파를 무찌르고 국정을 장악하고 나자 이번에는 의회파 사이에 분쟁이 일어나기 시작했다. 당시 의회는 장로파와 독립파로 나뉘어 있었다. 자본 계급과 상류층의 신귀족으로 이루어진 장로파는 정치적으로도 보수적 성향이 강해서 국왕과의 타협을 원했다. 반면에 중소 귀족의 이익을 대표하는 독립파는 군주제를 폐지하고 공화국을 건설할 것을 강력히 주장했다. 의회파의 파벌 싸움이 격화되는 틈을 타 찰스 1세가 감옥에서 탈주하면서 제2차 내전이 일어났다. 1648년에 찰스 1세는 잉글랜드 서남부 지역에서 왕당파를 끌어모아 군대를 일으켰다. 그러나 크롬웰이 이끄는 원정군에 진압되어 다시 감옥에 갇히는 신세가 되었다.

당시 장로파는 찰스 1세에 대한 미련을 버리지 못한 채 그가 복위하기를 원했다. 그러자 올리버 크롬웰을 주축으로 하는 군대가 불만을 품기 시작했다. 전쟁터를 누비며 수많은 병사가 피를 흘린 대가로 간신히 국왕을 잡았는데 의회에서 다시 국왕을 복위시킬 움직임을 보였기 때문이다. 설상가상 의회에서 군인들에게 밀린 월급도 주지 않은 채 군대를 해산하려고 하자 그동안 참고 있던 분노가 폭발하고 말았다. 1648년 12월 6일에 신모범군의 토머스 프라이드T. Pride 대령이 군대를 이끌고 의회를 습격하여 장로파 의원 140여 명을 추방했다. 바로 영국 역사상 유명한 '프라이드의 숙청'

이 일어난 것이다. 의회 습격으로 장로파 의원들이 대거 축출되고 의회에는 60여 명의 독립파 의원만 남게 되었다. 그래서 역사적으로 이 시기의 의회를 '찌꺼기rump'라는 경멸의 뜻을 보태 '잔부 의회Rump Parliament'로 부르게 되었다.

잔부 의회는 맨 먼저 찰스 1세를 재판할 최고재판소를 조직했다. 1649년 1월 27일에 최고재판소는 찰스 1세에게 국민을 상대로 전쟁을 일으킨 국가의 적으로서 폭정, 반역, 살인, 사회에 해악을 끼친 죄목으로 사형을 선고

1649년 1월 30일에 찰스 1세가 화이트홀에서 단두대로 압송되고 있다.

했다. 1월 30일 초췌한 몰골의 찰스 1세가 단두대 앞으로 끌려 나왔다. 그는 단두대 주위의 사람들을 절망스런 눈길로 살펴보고는 주교 앞에서 최후의 기도를 올렸다. 그는 죽는 순간까지도 자신이 순교자임을 주장하며 당당하게 죽음을 맞이했다. 마침내 그의 목에 도끼가 휘둘러지고 집행관이 찰스 1세의 목을 집어 올려 군중에게 보였다. 이는 재판을 통해 국민이 군주를 처형한 최초의 사건이었다.

한편, 찰스 1세의 죽음은 유럽 절대 군주들의 분노를 불러일으켰다. 그들은 너나 할 것 없이 입을 모아 국왕을 참수한 올리버 크롬웰을 저주했다. 그해 5월 19일에 전 유럽의 질책 속에서 잔부 의회는 영국 공화국의 탄생을 선포했다. 이로써 영국은 절대 왕정 시대를 끝내고 새로운 시민 국가 시대로 들어섰다.

호국경

공화국이 설립된 후 올리버 크롬웰은 잉글랜드의 정권을 장악했다. 그는 자신의 지위를 공고히 하기 위해 아일랜드와 스코틀랜드를 공격했다.

아일랜드는 브리튼 섬 서쪽에 있는 작은 섬으로, 일찍이 12세기 플랜태저넷 왕가의 헨리 2세가 군사를 일으켜 잉글랜드 땅으로 복속시켰다. 그러나 잉글랜드 국왕의 폭정에 시달리던 아일랜드 인은 점차 불만이 고조되었다. 1640년에 영국 내전이 발발하자 이 기회를 틈타 아일랜드 인이 봉기하여 독립을 선언했다. 제1차 내전이 끝났을 당시 아일랜드로 도망쳤던 많은 왕당파는 아일랜드 인과 손을 잡고 왕정복고를 계획했다. 아일랜드로 집결한 왕당파는 꾸준히 세력을 확장하여 1648년에 이르러서는 무려 1만 2,000명에 달했다. 왕당파 세력이 커지는 것을 더는 보고만 있을 수 없던 올리버 크롬웰은 1649년에 대규모 함대를 이끌고 아일랜드 원정에 나섰다. 크롬웰은 무기를 소지한 아일랜드 인을 발견하면 무조건 죽이라고 명령을 내렸을 뿐만 아니라 아일랜드 주민들을 닥치는 대로 잡아 서인도 제도에 노예로 팔아넘겼다. 이러한 무자비한 진압 끝에 올리버 크롬웰은 1652년에 마침내 아일랜드를 복속시켰다. 3년여에 걸친 전쟁으로 아일랜드 주민 3분의 1이 목숨을 잃었고, 1만 헥타르의 땅이 황무지로 변했다. 올리버 크롬웰은 황폐하게 변한 아일랜드를 바라보고 의기양양해하며 "이는 하늘이 야만인에게 던진 경고이다!"라고 코웃음을 쳤다. 아일랜드 원정 전쟁을 승리로 이끌면서 군대는 정치적 세력을 키우고 엄청난 부를 거머쥐었다. 이는 올리버 크롬웰이 독재 정치를 펼칠 수 있는 든든한 기반이 되었다.

그림 속에서 왼쪽은 네이즈비 전투에서 왕당파군의 깃발이며, 오른쪽은 크롬웰이 이끄는 의회군의 깃발이다.

1650년에 원정을 끝내고 런던으로 돌아온 올리버 크롬웰은 곧장 스코틀랜드로 진격했다. 당시 스코틀랜드에서는 찰스 2세가 새로운 왕으로 인정된 상태였다. 1652년 9월 3일에 잉글랜드군은 우스터Worcester에서 스코틀랜드군을 격파했다. 찰스 2세는 변장을 하고 농가에서 40여 일 동안 숨어 지내다 가까스로 배를 타고 프랑스로 도망쳤다. 이로써 10년 동안 계속된 내전은 끝을 맺고 스코틀랜드는 크롬웰에게 완전히 정복되었다. 크롬웰은 몽크General George Monck 장군이 이끄는 부대를 스코틀랜드 에든버러에 주둔시키고 자신은 잉글랜드로 귀환했다. 1654년 잉글랜드는 스코틀랜드와 아일랜드를 통합하고 브리튼 섬의 통일을 선포했다.

1658년 9월 3일에 한 세대를 풍미했던 크롬웰은 말라리아에 걸려 런던에서 숨을 거두었다.

군대를 이끌고 잉글랜드로 돌아온 크롬웰은 정치적 안정과 사회 개혁을 추진하고자 했다. 그러나 잔부 의회와 군대의 갈등은 점차 커져만 갔다. 군대 내에는 의원들이 부패했기 때문에 새로 의회를 소집해야 한다는 여론이 팽배했다. 크롬웰은 양측을 중재하려고 시도했으나 결국 의회를 해산시키기로 했다. 1653년 4월 19일에 크롬웰은 런던에서 군사 회의를 열어 의회의 자체 해산을 요구했다. 그러자 다음날 의회는 크롬웰에 맞서기 위해 새로운 선거법을 의결했다. 이 소식을 전해들은 크롬웰은 휘하의 총기병을 소집해 곧장 의회로 쳐들어갔다.

"의원 여러분! 그동안 여러분이 저지른 죄악이 너무도 많습니다. 영국 시민은 좀 더 나은 지도자를 선출하여 정권을 맡기고자 합니다!"

그 말에 의원들은 분노를 터뜨리며 올리버 크롬웰을 질책했다.

"감히 군인 나부랭이가 성스러운 의회를 모독하다니!"

크롬웰은 쩌렁쩌렁한 목소리로 고함을 쳤다.

"쓸데없는 소리는 집어치우시오. 나는 당신들의 의회를 인정하지 않소. 나는 당신들의 죄상을 널리 알리고 의원 자격을 박탈할 것이오!"

크롬웰은 이어서 의원 하나하나를 가리키며 말했다.

"당신은 내로라하는 술주정뱅이고, 당신은 뇌물수수죄! 그리고 당신,

그 옆의 당신 모두 여기서 나가시오!"

크롬웰이 손짓하자 수많은 병사가 의사당 안으로 밀치고 들어와 의원들을 모조리 쫓아냈다. 크롬웰은 의장의 자리에 앉아 의사봉을 들어 올리며 웃음을 터뜨렸다.

"이까짓 의사봉이 뭐라고!"

국가권력의 상징인 의사봉이 올리버 크롬웰에게는 단순한 장난감에 불과했던 것이다.

1653년 12월 16일 올리버 크롬웰은 잉글랜드와 스코틀랜드, 아일랜드 세 나라를 통치하는 호국경Protectorate에 정식으로 취임했다. 성대한 취임식장에 올리버 크롬웰은 군복과 군화를 벗어 던지고 검은색 가운을 두른 채 나타났다. 이제 더는 군인의 신분이 아니라는 것을 대외적으로 과시하기 위해서였다. 권력의 상징인 옥새와 보검이 올리버 크롬웰의 손에 쥐어지면서 마침내 군사독재 정권이 시작되었다. 이때부터 올리버 크롬웰은 영국의 내정과 외교, 군사, 입법을 장악한 최고 통치자가 된 것이다.

호국경의 죽음

호국경이 된 올리버 크롬웰은 금욕적인 독재 정치를 펼쳤다. 그는 전국을 11개 군사 구역으로 나누고 군정장관을 배치하여 관할하도록 했다. 군정장관은 크롬웰이 직접 관리했기 때문에 크롬웰의 말 한마디가 곧 법이었다. 크롬웰은 또한 엄격한 청교도식 법령을 만들어 온 국민이 청교도 계율을 지키도록 했다. 가령 술이나 도박을 금지하고, 안식일에는 영업 활동은 물론이거니와 외출까지 금지했으며 이를 어기면 혹독한 형벌을 가했다.

강압적인 통치 방식은 내정뿐만 아니라 외교에서도 마찬가지였다. 1651년에 크롬웰은 항해 조례를 제정하여 외국 상인이 영국 식민지와 무역을 하지 못하게 금했다. 또 상품을 싣고 영국으로 드나드는 선박은 영국 선박

17세기 중엽 다양한 업종의 영국 상인들

과 원산지 선박에만 국한시켜 이를 어기면 상품을 모조리 몰수했다. 항해 조례는 영국 상인들의 호주머니를 두둑이 해 주는 대신 해상 중계 무역을 중점적으로 하던 네덜란드에 크나큰 타격을 입혔다. 항해 조례로 말미암아 갈등이 폭발한 영국과 네덜란드는 한 차례 대규모 해전을 벌였다. 그러나 약소 국가였던 네덜란드는 해전에서 패해 영국의 항해 조례를 승인할 수밖에 없었다. 이어서 영국은 신식 대포를 갖춘 군함을 앞세워 돈벌이를 찾아 나섰다. 우선 통상 무역을 강화하기 위해 스페인령 서인도 제도에 원정대를 파견했다. 1655년 5월에는 카리브 해의 노예무역 중심지였던 자메이카를 정복했다. 다음에는 프랑스와 합세해 스페인령 플랑드르에도 원정대를 파견하여 유럽의 중요 무역항이었던 됭케르크Dunkerque를 손에 넣었다. 덕분에 영국의 통상 무역이 크게 발전하면서 신대륙과 유럽, 아시아의 금은 보화가 영국으로 쏟아져 들어왔다.

말년의 크롬웰에게서는 과거의 위풍당당함을 찾아볼 수 없었다. 극심한 신경쇠약증으로 항상 자신이 암살당할지도 모른다는 두려움에 시달렸다. 1658년 말라리아에 걸려 병이 위중했던 크롬웰은 병석에 드러누운 와중에도 전전긍긍하며 불안에 떨었다. 영국의 최고 통치자 자리까지 올라서는 과정에서 그의 총칼에 쓰러졌던 수많은 주검이 눈앞에 어른거렸던 것이다. 죄책감에 시달리던 크롬웰은 죽어서도 하느님의 용서를 받지 못할까 봐 두려웠다. 죽음을 눈앞에 둔 그에게 목사는 “하느님께서는 모든 이의 죄를 사하고 용서해 주십니다.”라고 속삭였다. 그제야 올리버 크롬웰은 떨리는 목소리로 “나는 드디어 구원받았다!”라며 안도의 숨을 내쉬었다. 9월 3일 올리버 크롬웰은 아들 리처드를 후계자로 지목하고 마지막 숨을 거두었다. 그의 유해는 11월 10일 웨스트민스터 사원에 비밀리에 안장되었으며 장례는 13일에 국장으로 치러졌다.

올리버 크롬웰을 공정하게 평가하기란 매우 어려운 일이다. 영국의 역사가들은 올리버 크롬웰이 비록 독재자였지만 내란 후 스코틀랜드와 아일랜드를 통일하여 정치적 안정을 회복하고 입헌주의 정부 체제를 발전시켰으며, 영국의 해외 확장에 큰 공헌을 한 애국적 지도자로 평가했다.

The United Kingdom

12 명예혁명

이는 총 한 방, 피 한 방울 흘리지 않고 전제 왕권을 철저하게 몰락시키고 입헌 군주 제도를 확립시킨 '혁명' 아닌 혁명이었다. 또한 이후 수세기 동안 아무런 내전 없이 정치적 안정을 이루며 영국을 방대한 제국으로 발돋움하게 해 준 혁명이었다. 이는 바로 영국 역사상 그 유명한 '명예혁명'이다.

시기 : 1688년
인물 : 제임스James 2세, 오렌지 공 윌리엄William of Orange

찰스 2세의 복귀

올리버 크롬웰이 죽은 뒤 그의 아들 리처드 크롬웰이 호국경이 되었다. 그러나 전쟁을 겪지 않고 평화로운 시기에 성장한 리처드는 아버지와 달리 성격이 나약했다. 그의 능력으로는 용맹스럽고 사나운 군대를 장악할 수 없었다. 결국 그는 군부의 꼭두각시 노릇을 하다가 1659년에 이르러 재직 8개월 만에 호국경직을 사직했다. 영국은 권력 공백 상태에 빠졌다.

정권을 장악하던 군부가 막강한 지도자 없이 우왕좌왕하자 정치는 혼란스러워졌다. 당시 영국의 앞날에는 두 갈래 길이 놓여 있었다. 또다시 한

한눈에 보는 세계사
1636년 : 병자호란 발발
1701년 : 에스파냐 왕위 계승 전쟁

바탕 내전을 치르고 새로운 지도자가 나타나기를 기다릴 것인지 아니면 스튜어트 왕조를 다시 일으켜 전제 군주 체제로 회귀할 것인지 둘 중의 하나였다. 런던은 혼란에 빠져 있었고 지방 곳곳에서는 농민들이 봉기를 일으켰다. 자본 계급과 지방 지주들은 불안에 빠질 수밖에 없었다. 그들에게 가장 필요한 것은 하루빨리 혼란을 잠재우고 자신들의 재산과 권력을 보호해 줄 수 있는 강력한 정권이었다. 의회나 군대가 그들의 안전을 보장해 줄 수 없다면 새로운 방법을 찾아야 했다. 그리하여 자본 계급과 귀족들은 왕정복고를 꿈꾸며 스튜어트 왕조를 복권할 계획을 세우기 시작했다.

1660년 2월에 스코틀랜드에 주둔하던 몽크Monck 장군이 장기 의회를 복

1660년 창작된 유화로 영국 왕실에서 찰스 2세의 복귀를 환영하는 성대한 환영 파티를 여는 장면을 묘사했다. 그림 속에서 찰스 2세가 그의 누나와 춤을 추고 있다.

제임스 2세는 영국 역사상 가톨릭을 신봉하던 마지막 왕이었다.

원시킨다는 이유를 내세워 군대를 이끌고 런던을 점령했다. 사실 몽크 장군은 골수 왕당파였다. 의회파가 세력을 얻자 목숨을 부지하기 위해서 의회파로 위장하고 있었던 것이다. 이제 올리버 크롬웰이 죽고 없자 몽크는 본색을 드러냈다. 왕정복고를 희망하던 몽크 장군은 왕당파 의원이 주축이 된 장기 의회를 소집했다. 장기 의회는 찰스 1세의 아들 찰스의 왕위 계승을 승인하고 왕으로 옹립하기로 했다.

네덜란드에서 머물고 있던 찰스 왕자에게는 천재일우의 기회였다. 그는 난폭한 혁명군에게 핍박받은 불쌍한 왕자의 모습으로 대중 앞에 모습을 드러냈다. 그는 영국으로 돌아가기에 앞서 네덜란드의 브레다Breda에서 영국 국민에 대한 약속을 공개적으로 선포했다. 이것이 바로 '브레다 선언'으로 찰스 1세의 죽음에 직접적으로 관여한 사람을 제외한 모든 혁명 관계자를 사면하며, 내전 기간에 몰수된 왕당파와 교회의 재산과 토지의 소유권을 인정하고, 의회가 결의한 법률에 따라 신앙의 자유를 인정할 것 등의 내용이 담겨 있었다. 브레다 선언은 혁명 기간에 이익을 얻으며 왕정복고를 두려워하던 의회파의 불안감을 없애 주는 데 충분했다. 국민은 앞다투어 찰스 왕자의 귀국을 호소했다. 그로부터 한 달 후, 찰스 왕자가 영국으로 귀국하여 왕위에 올랐다. 바로 찰스 2세였다. 그동안 크롬웰의 독재 정치에 시달린 영국 국민은 새로운 왕이 영국의 전통적인 질서를 회복시켜 주리라고 굳게 믿었다. 그들은 온 나라 교회의 종을 울리고 불꽃 축제를 벌이면서 새로운 왕을 열렬히 환영했다.

시대의 흐름에 역행하다

그러나 행복한 시간은 그리 길지 않았다. 찰스 2세는 즉위한 지 얼마 지나지 않아 자신의 약속을 뒤엎고 혁명을 일으킨 의회파에 보복을 가하기 시작했다. 올리버 크롬웰의 무덤을 파헤쳐 시신을 참수시킨 뒤 목을 웨스트민스터 홀의 꼭대기에 걸어 놓았으며, 당시 찰스 1세의 처형을 판결한 최고 재판에 참여했던 사람들을 전원 사형에 처했다. 찰스 2세가 아버지를 죽음으로 몰아간 의회파를 상대로 피의 복수를 하는 데서 멈췄다면, 대다수 영국인은 그를 용납하고 이해했을 것이다. 정작 영국 국민을 참을 수 없게 한 것은 찰스 2세의 친親프랑스 정책이었다. 망명 생활을 하는 동안 프랑스는 찰스 2세를 국왕에 버금가는 예우를 갖춰 극진히 대우하며 풍족한 생활을 누리도록 아낌없이 지원했다. 그뿐만 아니라 그의 왕위 계승을 적극적으로 지원해 주었다. 이러한 배경에서 찰스 2세가 프랑스에 호의적인 태도를 보이는 것은 지극히 당연했다. 하지만 그 정도가 지나친 것이 문제였다. 찰스 2세는 1662년 프랑스와 조약을 맺고 과거 크롬웰이 스페인에서 빼앗은 됭케르크를 프랑스에 팔아넘겼다. 연간 무역 흑자가 수십만 파운드에 달하는 중요한 무역항이자 유럽 진출의 거점인데, 국가의 전략적 이익은 전혀 생각지 않고 20만 파운드라는 헐값에 팔아 치운 것이다.

찰스 2세가 의회를 무시하며 독재적인 정치를 펼쳐나가자 의회는 비국교도非國敎徒는 공직을 가질 수 없도록 규정하는 '심사율'과 국왕이 불법적으로 국민을 체포할 수 없도록 규정한 '인신 보호율'을 제정하여 왕의 친親가톨릭 전제 정치에 대항했다. 의회는 또다시 영국 정치 권력의 중심이 되었다.

1685년 찰스 2세가 숨을 거두었다. 당시 그에게는 아들이 여러 명 있었지만 모두 사생아였다. 사생아는 왕위 계승권이 없기에 그의 동생이 쉰둘의 나이로 왕위에 올랐다. 바로 제임스 2세였다. 제임스 2세 역시 그의 형과 마찬가지로 혁명가들을 끔찍이 증오했다. 그는 아예 한 술 더 떠서 자신이 가톨릭 교도임을 공개적으로 선언했다. 당시 영국 사회는 대부분 신교도로, 가톨릭이 복권되는 것을 바라는 이는 아무도 없었다. 가톨릭이 복권된다면 16세기 종교혁명으로 일군 성과마저 모조리 물거품이 되어 과거로 돌아갈 것이 불을 보듯 뻔했다.

그러나 제임스 2세는 자신의 종교적 성향이 심각한 정국 불안을 초래할 수 있다는 사실에 전혀 아랑곳하지 않았다. 그는 즉위하자마자 가톨릭 신앙의 자유를 선포하고, 가톨릭 교도들을 정부나 군대 등의 주요 관직에 임용했다. 심지어 궁정에서 공개적으로 가톨릭 미사를 열어 영국 국교회의 반감은 점점 높아만 갔다. 그뿐만이 아니었다. 제임스 2세는 의회의 동의도 구하지 않은 채 세금을 거둬들이고, 프랑스 수입 상품의 관세를 내렸다. 이 때문에 프랑스 상품이 밀물처럼 들어오면서 영국 상인들은 심각한 경제적 타격을 입었다. 종교, 외교, 경제 등 여러 분야에 걸쳐서 국왕과 의회의 갈등은 깊어만 갔다. 이러한 상황에서 제임스 2세의 두 번째 왕비가 아들을 낳자 국왕과 의회의 갈등이 표면화되었다. 사실 의회는 노쇠한 제임스 2세가 죽고 신교를 믿는 그의 딸 메리 공주나 앤 공주가 왕위를 계승하기를 학수고대하고 있었다. 그런데 뜻하지 않게 왕자가 태어난 것이다. 왕자의 탄생은 신교도들의 희망을 앗아갔다. 왕자는 왕위 계승 서열 1위로서 가톨릭 교도들에게 둘러싸인 왕실에서 독실한 가톨릭 교도로 자랄 것이 뻔했다. 의회는 오랜 기간의 내전을 거쳐 어렵사리 이룬 종교 개혁이 수포로 돌아가는 것을 가만히 좌시할 수는 없었다. 이로써 마침내 '명예혁명'이라고 불리는 정변이 시작되었다.

윌리엄의 상륙

1688년에 영국 의회의 대표 의원 7명이 비밀 집회를 열었다. 그들은 네덜란드 총독 오렌지 공 윌리엄William of Orange과 메리에게 영국의 자유와 권리를 위해 군대를 이끌고 영국에 귀환해 달라는 요청 서한을 보냈다. 그들이 윌리엄에게 손을 내민 이유는 간단했다. 윌리엄은 제임스 2세의 큰딸 메리의 남편인 데다 둘 다 신교도였다. 왕위 계승의 정통성으로 보나 종교적 성향으로 보나 가장 적합한 인물이었던 것이다. 이들을 왕으로 옹립하는 데 성공한다면 왕권 강화를 견제하는 동시에 크롬웰과 같은 독재자의 탄생을 막을 수 있었다.

마침 프랑스와 전쟁을 치르는 상태에서 영국의 지지가 절실했던 윌리엄

명예혁명 기간에 제임스 2세를 추종하던 귀족 조지 제퍼슨은 런던 시민에게 끌려가 런던 탑에 갇힌 뒤 죽임을 당했다.

은 두 팔을 펼치고 환영했다. 영국의 국왕에 즉위한다면 프랑스에 대항할 힘이 갑절은 커질 것이기 때문이다. 1688년 11월 1일, 윌리엄과 메리는 배 600여 척에 병사 1만 5,000명을 싣고 잉글랜드 남서부에 상륙하여 런던으로 진격했다. 국내 귀족과 지방 지주들도 잇달아 윌리엄과 메리 부부의 진영에 가담하였다. 제임스 2세는 이들을 물리치기 위해 4만 대군을 파견했지만 모두 왕을 배반하고 윌리엄 진영에 투항했다. 심지어 영국 처칠 총리의 선조이자 당시 영국 총사령관이었던 존 처칠마저 윌리엄 진영에 가담했다. 군인들이 투항하자 왕족들도 앞 다투어 윌리엄에게 백기를 들었다. 제임스 2세의 둘째 딸 앤 공주조차 윌리엄 진영에 가담하여 제임스 2세는 막다른 골목으로 몰렸다.

12월 18일에 윌리엄은 아무런 저항조차 받지 않고 순조롭게 런던으로 입성했다. 윌리엄이 정국을 장악하게 되자 제임스 2세는 그의 아버지 찰스 1세처럼 처형당할까 두려워졌다. 이에 국외로 망명하기로 마음먹은 그는 왕비와 왕자를 먼저 프랑스로 도피시킨 뒤 탈출을 기도했다. 제임스 2세는 탈출 도중에 사병들에게 붙잡혀 다시 런던으로 압송되었다. 윌리엄 부부와 의회가 원하는 것은 권력이지 왕의 목숨이 아니었다. 윌리엄은 네덜란드 근위대에게 제임스 2세를 항구 도시인 로체스터까지 호송하도록 명령하여 그의 도피를 묵인해 주었다. 사실 제임스 2세는 로체스터까지 가는 동안 딸과 사위가 근위병을 시켜 자신을 암살할까 봐 두려움에 떨었다. 그러나 근위병들의 감시가 생각보다 소홀하고 왕을 함부로 대하지 않는 것을 보고서야 딸과 사위의 속마음을 깨달을 수 있었다. 결국 제임스 2세는 왕비와 강보에 싸인 어린 왕자를 데리고 프랑스로 망명하는 데 성공했다. 그러나 프랑스로 망명한 제임스 2세는 끝내 왕위를 포기하지 않았다. 그는 1689년에 루이 14세의 원조로 프랑스군을 이끌고 아일랜드에 상륙했다. 그러나 재기를 꿈꾸던 제임스 2세는 결국 전투에서 패하고 프랑스로 돌아가

생제르맹에서 병사했다.

1689년 2월에 영국 의회는 제임스 2세의 퇴위를 결의하고 윌리엄 부부를 각각 윌리엄 3세와 메리 2세로 공동으로 왕위에 추대했다. 이로써 명예혁명은 무혈 혁명으로 끝을 맺었다. 이때 의회는 새 왕을 추대하면서 왕관과 함께 '권리선언'을 제출하여 승인을 받았다. 이 선언을 토대로 1689년 12월 16일 의회제정법이 공포되었다. 바로 '권리장전'이었다. 권리 장전은 제임스 2세의 불법 행위를 12개 항목으로 열거하고, 의회의 동의 없이 왕권으로 법을 만들거나 집행할 수 없으며, 의회의 승인 없이 세금을 거두거나 상비군을 징집하여 군대를 유지하는 것을 금지했다. 또 국민의 자유로운 청원권을 보장하고, 의원 선거의 자유와 의회에서의 언론 자유를 보장하며, 지나친 보석금이나 벌금 및 형벌을 금지하는 내용 등을 규정했다. 윌리엄 3세는 왕권을 제한하는 권리장전이 달갑지 않았지만, 의회와 갈등을 일으키면 자칫 왕위까지 위태로울 수 있기에 순순히 승인했다. 권리장전은 법률로 왕권을 제약하고 국왕의 계승까지도 의회가 결정하는 의회 중심의 입헌군주제를 확립시킨 계기가 되었다. 의회가 왕권과의 투쟁에서 최후의 승리를 거두면서 국왕 한 사람이 나라를 다스리던 시대가 끝난 것이다.

The United Kingdom

맥을 잡아주는 세계사

The flow of The World History

제 3 장 | 세계의 공장

The United Kingdom

1 동인도 회사

근대 식민지사에는 네덜란드 동인도 회사, 프랑스 동인도 회사 등 여러 동인도 회사가 출현한다. 그 가운데에서도 약탈과 무자비한 학살로 악명이 높은 곳으로는 영국 동인도 회사를 첫손에 꼽을 수 있다. 영국 동인도 회사는 전쟁과 대학살로 방대한 식민지 제국을 세우고 잔인한 착취로 막대한 금은보화를 쓸어 모아 모조리 영국으로 가져갔다.

시기 : 17세기~19세기
인물 : 클라이브Robert Clive

해외 진출의 발판

1600년은 엘리자베스 1세 통치 말엽으로 영국 전체가 해외 식민지 열풍에 휩싸여 있던 시기였다. 바로 그해에 런던 상인들은 자본금 7만 2,000파운드로 '동인도 무역을 위한 정부 및 런던 상인들의 회사Governor and Company of Merchants of London Trading into the East Indies'를 설립했다. 바로 그 유명한 동인도

한눈에 보는 세계사

1618년 : 독일, 30년 전쟁 발발
1636년 : 조선, 병자호란 발발
1701년 : 에스파냐 왕위 계승 전쟁
1776년 : 미국, 독립 선언
1789년 : 프랑스 혁명, 인권 선언
1807년 : 신성로마 제국 멸망
1853년 : 크림 전쟁
1861년 : 이탈리아 통일
1861년 : 미국, 남북 전쟁
1870년 : 프랑스·프로이센 전쟁
1871년 : 독일 통일
1876년 : 조선, 강화도 조약 체결
1894년 : 청일전쟁
1896년 : 제1회 근대 올림픽 개최

회사이다. 여왕은 세금을 받는 조건으로 동인도 회사에 인도의 무역 독점권을 승인했다. 바로 이 독점권 덕분에 작은 무역상에서 출발한 동인도 회사는 훗날 영국이 인도를 식민지로 만드는 데 주요 수단이 되었다.

당시 인도양은 서양 열강이 앞 다투어 식민지를 개척하는 격전장이었다. 영국의 동인도 회사도 격전장에 뛰어들어 포르투갈의 무장 상선들을 제압하면서 명성을 날리기 시작했다. 당시 인도를 통치하던 무굴 제국의 황제는 예의 바르고 전투 실력도 뛰어난 영국인들을 우호적으로 대했다. 인도의 수라트 항에 공장과 무역 기지를 설립하도록 흔쾌히 허가할 정도였다. 1689년에 동인도 회사는 무굴 제국으로부터 벵골Bengal 만의 콜카타

영국의 식민 통치는 인도인들의 지속적인 반항에 부딪혔다. 1857년에 칸푸르의 주민들이 봉기하여 영국인 200여 명을 몰살했다. 이에 격분한 영국군은 잔인한 보복을 감행했다. 그림은 피로 얼룩진 칸푸르의 참담한 모습이다.

Kolkata 지역에 대한 통치권을 강제로 빼앗았다. 당시 콜카타는 작은 촌락에 불과했지만 주변에 쌀과 황마 등 산물이 풍부하고 운송이 편리한 교통 요충지였다. 영국 동인도 회사는 콜카타의 발전 잠재력을 간파하고 이곳을 무역기지로 삼았다. 인도에서 생산되는 쌀과 공업 원료는 물론이거니와 중국에서 생산되는 차와 비단, 도자기 등도 이곳을 중간 기착지로 삼아 영국 본토로 운송했다. 덕분에 막대한 부를 획득한 동인도 회사의 자본금은 100만 파운드를 넘어섰다. 동인도 회사가 승승장구하는 반면에 인도인들은 굶주림에 허덕였다. 1770년부터 1773년까지 벵골 만에 대기근이 몰아닥치면서 수천만 명이 굶어 죽었다. 이로 말미암아 영국인에 대한 반발감이 거세지고 갈등이 나날이 커지면서 일촉즉발의 상황에 놓였다.

전쟁 폭발

동인도 회사는 인도에서 활발한 무역 활동을 하는 동시에 콜카타를 아예 군사 기지로 만들어 군사력을 크게 확장했다. 영국 사병들은 전통적인 붉은색 군복으로 무장한 채 행진곡을 연주하며 거리를 활보해 인도인들의 민족적 자존심을 짓밟았다.

1756년에 영국 동인도 회사의 밀무역으로 벵골 지역 경제에 커다란 타격을 입게 되자 벵골 태수 시라지 우드 다울라Siraj ud-Daulah는 동인도 회사에 콜카타의 군사 기지를 철수하라고 요구했다. 그러나 오만한 영국인들은 태수의 요구를 단번에 거절했다. 분노가 치민 우드 다울라는 군사를 이끌고 콜카타의 동인도 회사를 습격하여 영국인을 몰살했다. 이에 격분한 영국은 군사를 일으켜 전쟁을 벌일 계획을 세웠다. 당시 영국군은 전력 면에서 매우 불리한 위치에 있었다. 인도군은 10만 병력을 갖춘 데다 자국 본토에서 치르는 전쟁인 만큼 지리적 전술이나 보급품 공급이 매우 원활했다. 또한 프랑스가 무기를 공급해 주면서 전폭적인 지원을 아끼지 않았다. 반면에 동인도 회사의 영국군은 900여 명에 불과했으며 낯선 타향에서 치르는 전쟁으로 지리적 전술에 취약했고 보급품 공급에도 어려움이 많았다. 그러나 영국군의 지휘관 클라이브Robert Clive는 인도의 전반적인 정세에 훤한 '인도통'이었다. 그는 정치적 갈등을 이용하여 벵골 태수 휘하의 고위급 장관을 매수했다.

클라이브는 1757년 1월에 병사를 이끌고 수로와 육로로 콜카타를 포위 공격하여 점령하는 데 성공했다. 콜카타가 영국의 수중으로 떨어지자 이번에는 인도군이 공격해 왔다. 인도군은 약 10만여 명의 대병력을 이끌고 콜카타로 진격했다. 영국군은 수적으로는 열세였지만 정식 군사 훈련을 받고 근대화 무기로 무장한 군대였다. 최소한의 병력 손실로 인도 대군을 거뜬히 물리친 것이다. 벵골 태수는 일단 콜카타를 포기하고 물러났지만 중요한 무역항을 장악한 영국 동인도 회사를 그냥 놔둘 리 없었다.

1757년 6월에 콜카타 북서쪽의 플라시Plassey에서 결전이 벌어졌다. 훗날 동인도 회사는 물론 영국과 인도 양국의 역사에서 매우 중요한 역사적 의미를 띠게 된 플라시 전투였다. 병력에서는 인도군이 압도적으로 우세했으나 영국 측에 매수된 부하 장수가 자진 후퇴하면서 인도군은 참패를 당했다. 벵골 태수도 자신을 배신한 미르 자파르의 아들에게 잡혀 처형됐다. 이후 벵골의 태수가 된 미르 자파르는 영국 동인도 회사의 꼭두각시 노릇을 했다. 덕분에 영국은 벵골의 지배권을 확립하고 인도 전체를 식민지로 만드는 침략의 교두보로 삼았다.

그다음 해에, 동인도 회사는 인도에 주둔하고 있던 프랑스군을 격파하면서 세력을 크게 확장했다. 영국 의회 역시 이에 발맞춰 '동인도 회사 특허법'을 제정하여 동인도 회사에 인도를 관리할 권한을 부여했다. 동인도 회사는 인도의 영토를 본격적으로 짓밟기 시작했다. 1849년에는 마지막으로 남은 독립 지역이었던 인도 서북부의 펀자브Punjab를 점령하여 인도 전역을 영국의 식민지로 만들었다. 동인도 회사는 다국적 회사에서 벗어나 영국 제국 식민 정부의 자격으로 저항하는 인도인들을 잔혹하게 진압했다. 또한 주민들을 착취하여 쌀 대신 양귀비를 심어 아편을 수확하게 했다. 그리고 그 아편을 중국으로 싣고 가 비싼 값에 팔아치우며 막대한 이익을 챙겼다.

1850년대에 들어서면서 동인도 회사는 가파르게 기울기 시작했다. 끊임없이 저항하는 인도인들을 진압하기 위해 군사력을 키우느라 막대한 돈을 군대에 쏟아 부어야 했던 것이다. 이로써 발생한 금전적 지출을 메우기 위해 인도인을 더욱 가혹하게 착취했고, 억압이 심할수록 인도인들의 저항은 더욱 거세지는 악순환이 반복되면서 심각한 재정 위기에 처했다. 결국 1853년에 동인도 회사의 인도 무역 독점권이 취소되었고, 1858년에는 영국 동인도 회사의 지휘권이 영국 정부에 양도되었다. 영국 정부는 주주들에게 1874년까지 배당금을 배분한 이후 동인도 회사를 해산하기로 했다. 1858년 8월에 동인도 회사의 인도 통치권을 박탈하는 '인도 통치법'이 의회에서 통과되었다. 그해 11월 1일 영국 정부의 인도 통치가 시작되면서 동인도 회사는 정리 절차를 밟았다. 〈타임스The Times〉는 동인도 회사를 "인류 역사상 과거에도 없고 미래에도 없을 막중한 임무를 완수한 회사이다."라고 평가했다.

2 과학의 아버지 뉴턴

The United Kingdom

영국인들은 죽어서 웨스트민스터 사원에 묻히는 것을 최고의 영광으로 여긴다. 바로 그 사원에 작고 평범한 묘비가 하나 있다. 그 묘비에는 "자연과 자연 법칙은 밤의 어둠 속에 감춰져 있었다. 신이 말하기를 '뉴턴이여, 태어나라!'라고 하자 모든 것이 광명으로 빛났다."라는 묘비명이 새겨져 있다. 이 묘비의 주인은 바로 영국 역사상 가장 위대한 과학자인 아이작 뉴턴이다.

시기 : 1643~1727년
인물 : 아이작 뉴턴Isaac Newton

조산아에서 교수로

아이작 뉴턴은 1643년 1월 4일 영국 링컨셔Lincolnshire의 작은 마을 울즈소프Woolsthorpe에서 태어났다. 불행히도 뉴턴은 유복자로 태어났다. 그가 태어나기 석 달 전에 아버지가 목숨을 잃었던 것이다. 조산아로 태어난 뉴턴은 어릴 때부터 매우 몸이 허약했다. 그의 어머니는 뉴턴이 3살 때 그를 외가에 맡기고 재혼했다. 이렇듯 불운한 환경에서 유년 시절을 보낸 뉴턴은 말수가 적고 고집스러운 아이로 성장했다.

뉴턴이 다섯 살 되던 해에 외할머니는 그를 공립학교에 입학시켰다. 당

한눈에 보는 세계사

1636년 : 조선, 병자호란 발발
1701년 : 에스파냐 왕위 계승 전쟁
1725년 : 조선, 탕평책 실시

시만 해도 뉴턴은 천재성이 번득이는 신동과는 거리가 먼 평범한 아이였다. 성적은 좋았지만 늘 침울했고 혼자 생각에 잠기는 일이 많았다. 대부분 시간을 주로 책을 읽거나 혹은 어머니와 외삼촌이 준 용돈으로 재료를 사서 모형을 만드는 데 보냈다. 가령 생쥐의 힘으로 동력을 얻어 밀을 빻아 밀가루를 만드는 장난감 방앗간이나 물의 힘으로 작동하는 나무시계를 만들었다. 워낙 손재주가 좋아서 친구들 사이에서는 '작은 목공'으로 통할 정도였다. 그러나 생계가 어려워지자 그의 어머니는 뉴턴에게 학교를 그만두고 농부가 되기를 강요했다. 다행히 뉴턴의 과학적 재능을 일찍이 간파한 외삼촌이 어머니를 만류하며 설득했다. 외삼촌이 아니었다면 위대한 과학자 뉴턴은 탄생하지 않았을 것이며 인류의 자연과학 발전은 한 세기쯤 뒤로 늦춰졌을지도 모른다. 1661년에 18세의 뉴턴은 외삼촌의 설득 덕분에 케임브리지 대학 트리니티 칼리지Trinity College에 입학했다.

뉴턴이 사용했던 반사망원경

17세기 말엽의 케임브리지 대학은 철학 위주의 강의에서 점차 자연과학 연구로 변화하던 중이었다. 뉴턴은 이곳에서 그토록 열망했던 수학과 기하학 등을 배웠다. 또한 그의 운명을 바꿔 줄 스승 배로Isaac Barrow 교수를 만났다. 뉴턴보다 열두 살이 많은 배로 교수는 수학과 광학 분야의 권위자로서 한눈에 뉴턴의 천재성을 간파했다. 배로 교수는 뉴턴의 학업과 진로 문제에 지대한 관심을 기울였다. 덕분에 뉴턴은 학문 연구에 몰두하며 재능을 갈고 닦을 수 있었다. 1665년에 케임브리지 대학을 졸업한 뉴턴은 1667년에 옥스퍼드 대학에서 석사 학위를 수여했다. 1669년에는 스물여섯의 젊은 나이에 케임브리지 대학의 수학 교수가 되었다. 조산아로 허약하기만 했던 시골 소년이 영국 과학계의 샛별로 떠오른 것이다.

눈부신 성과

뉴턴 하면 우리는 너나 할 것 없이 사과를 떠올린다. 뉴턴이 나무에서 떨어지는 사과를 보고 만유인력의 법칙을 발견한 이야기는 다음과 같다.

1666년 흑사병이 영국 전역을 휩쓸면서 케임브리지 대학교는 휴교령을 내렸다. 뉴턴도 학업을 중단하고 고향으로 내려가 지내던 어느 날이었다. 뜰에 앉아 깊은 생각에 잠겼던 뉴턴은 문득 사과나무에서 사과가 떨어지는 모습을 보고 의문에 휩싸였다. 사과가 나무에서 떨어질 때 왜 위나 옆으로 떨어지지 않고 똑바로 아래로 떨어지는지 그 원인이 새삼 궁금해진 것이다. 분명히 물체를 지면으로 잡아당기는 어떤 힘이 있을 거라고 여긴 뉴턴은 이를 토대로 연구한 끝에 만유인력의 법칙을 발견했다. 만유인력과 '뉴턴의 운동 법칙'은 현대 물리학의 토대를 마련해 주었다. 1686년에 뉴턴은 인류 과학사의 한 획을 가르는 중요한 책을 출간했다. 바로 《자연철학의 수학적 원리》였다. 이 책은 뉴턴이 발명한 미적분 이론을 이용하여 질량, 운동량, 관성 등 기본적인 역학개념과 운동 법칙을 종합적으로 논술한 책이었다. 이러한 역학 방면 외에도 뉴턴은 광학, 수학미적분 분야에서도 위대한 공헌을 했다. 특히 그는 태양의 백색광을 스펙트럼으로 분해한 실험을 통해 태양광이 빨주노초파남보 등 여러 가지 색의 혼합이며, 각각의 색은 프리즘을 통과할 때 독자적으로 굴절한다는 사실을 실험으로 증명하여 현대 분광학의 토대를 세웠다.

뉴턴의 물리학 저서 《자연철학의 수학적 원리》

위대한 과학적 성과를 거둔 뒤 뉴턴의 명성은 나날이 높아 갔다. 1689년 뉴턴은 의회에서 대학을 대표하는 의원으로 선출됐고, 1703년에는 왕립학회 회장으로 선출됐으며, 1705년에는 과학자로는 최초로 기사 작위를 받았다. 시간이 흐르면서 뉴턴은 그가 좋아하던 과학에서 점차 멀어지는 대신 영국 상류 사회의 명사로 활동하게 되었다. 1727년 3월 29일 위대한 과학자 아이작 뉴턴이 숨을 거두자 영국인은 국장으로 엄숙히 장례식을 치르며 그의 죽음을 아쉬워했다. 뉴턴의 성대한 장례식을 참관한 프랑스 사상가 볼테르Voltaire는 감격을 억누르지 못하고 다음과 같은 찬사를 내뱉었다.

"웨스트민스터 성당에서 사람들이 참배한 것은 국왕의 묘가 아니었다. 그것은 나라를 빛낸 거장에게 감사를 표하기 위해 국가가 바친 기념비였다."

위대한 과학의 거장 뉴턴을 어떻게 한두 마디의 말로 평가할 수 있겠는가? 대신 뉴턴 스스로 자기 자신을 평가한 말을 덧붙이면 이렇다.

"내가 세상에 어떤 존재로 비치는지는 잘 모른다. 그저 나에게는 나 자신이 해변에서 노는 꼬마 아이 같을 뿐이다. 내가 좀 더 매끈한 조약돌이나 좀 더 예쁜 조개껍데기를 찾아 이리저리 헤매는 동안에도, 위대한 진리의 바다는 내 앞에서 끝없는 미지의 존재로 펼쳐져 있었다."

맥을 잡아 주는 **영국사 중요 키워드**

평생 독신이었던 뉴턴

뉴턴은 과학 연구에서 항상 엄숙하고 신중하며 성실한 태도를 잃지 않았다. 이러한 태도 덕분에 그는 훌륭한 과학 업적을 남길 수 있었다. 그러나 일상생활에서는 자주 덤벙거리고 실수투성이여서 여러 가지 일화를 많이 남겼다. 한 번은 배가 고픈 뉴턴이 책을 읽으면서 냄비에 달걀을 넣고 삶았다. 그런데 나중에 삶은 달걀을 먹으려고 뚜껑을 열자 냄비 안에는 달걀은 온데간데없고 그의 회중시계가 들어 있었다고 한다. 뉴턴은 대학 교수에다 기사 작위까지 있었기에 자신이 마음에 드는 여성과 얼마든지 결혼할 수 있었다. 그러나 그는 평생 독신으로 지내면서 고독한 삶을 살았다.

3 내각제를 향해

The United Kingdom

영국의 역사를 언급하자면 데이비드 로이드 조지David Lloyd George, 윈스턴 처칠Winston Churchill, 마거릿 대처Margaret Thatcher 등 인물을 빼놓을 수 없다. 영국 역사상 명성이 자자했던 총리로 이들의 정책 결정은 역사의 굽이 굽이에서 영국의 흥망성쇠를 결정지었다. 그렇다면 영국의 내각제는 언제부터 시작된 걸까? 최초의 총리는 도대체 누구였을까? 다우닝가Downing Street 10번지는 언제부터 총리 관저로 사용된 걸까?

시기 : 18세기 초엽
인물 : 조지 1세, 로버트 월폴Robert Walpole

최초의 총리

명예혁명 이후 윌리엄 3세와 메리 2세는 영국의 새로운 통치자가 되었다. 두 사람이 권리장전을 승인하면서 의회는 막강한 권력을 얻었다. 국왕의 계승까지 의회가 결정할 수 있게 된 것이다. 더불어 의회는 토리Tory당과 휘그Whig당의 양대 정당으로 나뉘었다.

이는 훗날 처칠과 대처 총리를 배출한 보수당과 데이비드 로이드 조지가 당수를 맡았던 자유당, 즉 노동당의 전신이 되었다. 양대 정당은 의회에서 주도권을 잡기 위해 심각한 파벌 싸움을 벌였다. 의회에서 의

한눈에 보는 세계사
1701년 : 에스파냐 왕위 계승 전쟁　　1725년 : 조선, 탕평책 실시

로버트 월폴은 휘그당원으로 조지 1세와 조지 2세의 통치 기간에 활발한 정치활동을 했다.

원들이 상대방을 헐뜯고 비난하는 행위가 일상이 되었으며, 파벌 싸움에 골몰한 나머지 국정을 등한시하여 정부의 기능을 떨어뜨리는 요인이 되었다.

의회의 파벌 싸움으로 골치를 앓던 윌리엄 3세와 메리 2세는 한 가지 원칙을 만들었다. 다수의 의석수를 차지하는 정당의 의원에게 중책을 맡기자는 원칙이었다. 이는 오늘날의 내각책임제와 매우 흡사하다고 할 수 있다.

1702년에 윌리엄 3세가 승마를 하다가 골절상을 입으면서 갑작스레 숨을 거두었다. 자식이 없었기 때문에 메리 2세의 여동생이자 제임스 2세의 둘째 딸 앤Anne이 왕위를 계승했다. 1714년 앤 여왕마저 후계자 없이 병사하면서 스튜어트 왕조는 막을 내렸다. 왕위 계승법에 따라 독일 하노버Hanover가의 조지George가 영국으로 건너와 왕위를 계승하면서 하노버 왕조가 시작되었다. 바로 조지 1세였다. 조지 1세가 왕위를 계승하게 된 것은 순전히 혈통 때문이었다. 그의 어머니 소피아는 제임스 1세의 딸이자 찰스 1세의 누이로서 그의 몸에는 스튜어트 왕조의 피가 흐르고 있었다.

덕분에 그는 영국민과 의회의 승인을 얻어 수월하게 왕위를 계승할 수 있었다. 조지 1세는 독일 태생으로 영국에 대해서는 아는 게 없었고 심지어 영어조차 하지 못했다. 그는 대부분 시간을 독일에서 칩거하면서 보냈고, 자연스레 국정을 의회에 떠맡기게 되었다. 이는 내각책임제의 발전을 촉진하는 계기가 되었다. 1721년에 국왕의 깊은 신임을 받던 로버트 월폴Robert Walpole이 제1재무장관에 오르면서 영국 역사상 최초의 총리가 탄생했다.(영국 총리는 '제1재무장관'이라는 호칭을 사용한다. 실제 재무장관은 '제2재무장관'이다.)

제도의 완비

월폴은 영국 역사상 최초의 총리이자 가장 오랫동안 집권했던 총리이다.

2007년 6월 27일, 총리직을 사임한 토니 블레어가 다우닝가 10번지를 나서고 있다.

그의 집권 기간은 무려 21년에 달했다. 훗날 마거릿 대처 총리가 11년, 토니 블레어 총리가 10년 동안 각각 총리로 재직했던 것과 비교하면 그의 집권 기간이 얼마나 길었는지 짐작할 수 있을 것이다. 안타깝게도 월폴은 인격 면에서 사람들의 존경을 받을 만한 인물은 아니었다.

관직 임용권을 독식하거나 혹은 자신의 입지를 공고히 하기 위해 조지 1세의 정부情婦를 매수하는 등 부정적인 행위를 많이 저질렀다. 그러나 의회 내각책임제를 확립시키는 데는 크나큰 공헌을 했다. 가령 의회의 동의를 얻기 위해 해군대신과 대법관, 시위대신이 참여하는 내각회의를 자주 소집했으며, 다우닝가 10번가를 총리 관저로 사용했고, 1742년에 스스로 사퇴할 당시에는 총리의 사직이 내각 전체의 사직으로 이어지는 전통을 만들었다.

1872년부터 1874년까지는 국왕이 임명한 내각들이 의회의 지지를 얻지 못해 연달아 해산되는 등 한동안 헌정 위기를 맞이했다. 그러나 1874년에

맥을 잡아 주는 **영국사 중요 키워드**

다우닝가 10번지

1680년에 지어진 다우닝가 10번지는 18세기 이후 역대 영국 총리들의 관저가 됐다. 총리는 매일 이곳에서 내각 구성원들과 참모들과 더불어 회의를 열기 때문에 다우닝가 10번지는 영국 정부의 중요 기관 역할을 맡고 있다. 의회나 외교부도 다우닝가 10번지에서 가까운 곳에 있어서 총리가 국내외 정보를 가장 신속하게 접할 수 있다. 국왕이 거처하는 버킹엄 궁전도 다우닝가 근처에 있어서 총리가 국왕을 접견하고 국가 대사를 보고하기에도 매우 편리하다. 총리 관저에는 다양한 회의실과 연회실이 마련되어 있어서 총리는 세계 각국의 지도자와 중요 인사들을 이곳에서 접견한다. 이렇듯 다우닝가 10번지는 영국 정부의 중추 역할을 도맡으며 정치권력의 핵심으로 군림하고 있다. 건축물 역시 영국 총리의 상징으로 크나큰 역사적 가치가 있다. 그래서 '철의 여인' 마거릿 대처는 다우닝가 10번지를 '국가 유산 중 매우 귀중한 보물'이라고도 말했다.

조지 3세가 임명한 윌리엄 피트William Pitt 즉 '소小피트'가 총리직에 오르면서 새로운 내각이 구성되었다. 소피트는 아버지 '대大피트'를 이어 영국 정치계에서 두터운 인맥을 보유하고 있었다. 본인 역시 최연소 총리로 임명될 만큼 능력이 출중했지만 의회는 그의 임명 동의안에 반대했다.

이에 소피트는 국왕의 지지 아래 의회를 해산하는 단호한 조치를 취한 뒤 재선거를 치렀다. 이때부터 영국 헌법에는 새로운 내각이 의회의 지지를 잃을 경우 자진 해산하고 새로이 선거를 하는 관례법이 생겼다. 소피트 이후 국왕은 총리를 해임하는 권한을 행사하지 않게 되었고 내각의 의회에 대한 의존도도 매우 줄어들었다. 또한 총리는 행정의 수반이자 군대의 최고 통수권자로 내각을 책임지며, 내각을 해산하거나 선거를 실시하는 권한을 갖게 되었다. 이로써 영국의 내각책임제는 한층 더 발전할 수 있었다.

산업 혁명

1640년대부터 시작된 영국 혁명은 세계 역사가 근대 시기로 접어드는 상징이었다. 18세기 말엽 영국을 필두로 미국, 프랑스, 독일 등에서 연달아 산업 혁명(점진적 성격과 지역 격차 등을 이유로 최근에는 '산업화'라는 표현도 쓴다.)이 일어났다. 19세기에 이르러 산업 혁명은 경공업에서 중공업으로 확대되면서 최고조를 이루었다. 산업 혁명은 산업 구조를 수공업 형태에서 대형 기계 생산으로 전환하여 생산 기술에 근본적인 변혁을 가져왔다. 더불어 서유럽 국가는 산업화 사회로 진입했다. 그 가운데서도 산업 혁명이 최초로 시작됐던 영국은 전대미문의 경제 발전을 이루었다. 1785년에서 1850년까지 60여 년 동안 영국의 면직물 생산량이 49배나 증가했으며, 석탄 생산량 역시 1770년부터 1861년까지 90여 년 동안 8배가 증가했고, 철의 생산량은 1740년대에 비해 1,300여 배가 증가했다. 영국의 수출 총액 역시 1820년대의 4,800만 파운드에서 1850년대에는 1억 8,000억 파운드까지 증가했다. 1820년대 공업 생산량이 세계 공업 생산량의 절반을 차지하면서 영국은 명실상부한 '세계 공장'으로 자리매김했다.

제니 방적기

영국은 대략 16세기 말부터 17세기 초엽에 면 방직업이 출현했다. 18세기 초엽까지만 해도 영국의 방적 기술은 매우 낙후되어 있었다. 당시 직접 손으로 물레를 돌리며 실을 한 가닥 한 가닥 짜는 방법은 생산량도 적고 고되기만 했다. 그러던 중 1764년에 방적공 제임스 하그리브스가 실을 뽑는 도구인 방추를 8개 사용하여 한꺼번에 실을 여러 가닥 짤 수 있는 제니 방적기를 발명하면서 방적 기술이 크게 발전하기 시작했다. 제니 방적기의 출현은 방적업이 가내수공업 생산에서 기계 생산으로 바뀌는 중요한 첫 걸음이 되었다. 제니 방적기는 끊임없이 개량되어 방추 숫자가 18, 80개, 130개로 점차 늘어났다. 1771년에 라이트Wright 형제가 수력 방적기를 발명하면서 사람의 일손이 필요 없어졌고, 1779년 뮬mule 방적기가 발명되면서 방적업은 자동 기계화 생산 시대로 진입했다. 방적기의 발전과 함께 면 방적량도 빠르게 증가했다. 1785년에는 증기기관으로 작동하는 동력 뮬 방적기가 발명되면서 작업 효율성이 40배나 향상되었다.

제니 방적기로 일하는 방적공

와트와 증기기관

1764년에 기계 기술자였던 제임스 와트James Watt는 기존의 증기기관을 개선하는 문제를 연구하는 과정에서 증기를 응축기로 응축해서 피스톤을 증

영국에서 최초로 수력을 이용해 옷감을 만드는 공장

기의 압력으로 작동시키는 방식을 개발했다. 이 방식을 적용한 증기기관은 전보다 효율성이 3배 높았다. 1769년에는 피스톤의 한쪽으로만 증기를 보내는 단동식 증기기관을 발명해 특허권을 획득했고, 1782년에는 한 걸음 더 나아가 피스톤의 양쪽에 증기를 보내 피스톤의 상하 운동을 모두 동력에 활용하는 복동식 기관을 개발해 훨씬 효율적인 증기기관을 만들었다. 이러한 증기기관의 발전은 과학 기술사의 한 획을 긋는 위대한 성과로 산업 혁명의 상징이었다. 그래서 사람들은 18세기 말엽부터 19세기 초엽까지의 100년 동안을 '증기 시대'라고 일컬었다. 증기기관의 발명은 에너지에 대한 수요량을 급격히 늘리면서 산업의 진화와 교통 발전을 가져왔다. 1819년에 증기선이 최초로 대서양 횡단에 성공했고 1840년에 영국은 증기선 회사를 설립하고 선박 운항을 시작했다. 이후 수십 년 동안 증기기관은 선박과 기차를 비롯한 모든 기계의 심장부 역할을 맡았다.

스티븐슨과 증기기관차

1830년, 리버풀에서 맨체스터 간에 부설된 철로를 조지 스티븐슨George

Stephenson이 설계하고 제작한 '로켓'호가 시속 31km의 속도로 주파하면서 인류 교통 역사의 새로운 페이지가 시작되었다. 사실 1814년 스티븐슨은 이미 석탄광에서 증기기관차를 만들어 시험 운전에 성공했다. 1825년에는 스티븐슨이 제작한 기관차에 승객과 화물을 싣고 시속 8km의 속도로 25km 구간을 주파했다. 일반 마차의 속도보다 느렸지만 증기기관차의 운행은 새로운 시대의 도래를 예고했다. 1834년에 본격적인 철로 부설 공사가 시작되면서 1850년에 이르러서는 영국 전체에 부설된 철로의 총 길이가 1만 km에 달했다.

개량한 증기 기관의 발명으로 영국은 산업 강국의 위치에 올랐다. 이 그림은 1851년 런던 만국박람회에서 공업화를 선전한 홍보용 그림이다.

The United Kingdom

4 흑인 노예무역

모두 알다시피 흑인의 고향은 아프리카이다. 그런데 오늘날 아메리카 대륙 구석구석에 수많은 흑인이 살고 있는 이유는 무엇일까? 그 이유를 알려면 먼저 16세기 흑인 노예무역 시대로 거슬러 올라가야 한다. 지금으로부터 500여 년 전 아프리카 대륙에서는 도대체 무슨 일이 일어났는지 살펴보도록 하자.

시기 : 1660~19세기 말
인물 : 흑인 노예

새로운 무역 상품

15세기 말엽 콜럼버스Columbus가 신대륙을 발견한 이후 스페인과 포르투갈 사람들은 신비의 땅인 신대륙을 향해 벌 떼처럼 몰려들었다. 그들은 신대륙의 원주민이던 인디언을 학살하고 금은보화를 닥치는 대로 약탈하며 풍요로웠던 대륙을 마구 짓밟았다. 식민지 통치자들은 금광을 개발하

한눈에 보는 세계사

1636년 : 병자호란 발발
1776년 : 미국, 독립 선언
1789년 : 프랑스 혁명, 인권 선언
1796년 : 수원 화성 완공
1807년 : 신성 로마 제국 멸망
1853년 : 크림 전쟁
1861년 : 이탈리아 통일
1861년 : 미국, 남북 전쟁
1863년 : 링컨, 노예 해방 선언
1870년 : 프랑스·프로이센 전쟁
1871년 : 독일 통일
1876년 : 조선, 강화도 조약 체결
1894년 : 청일전쟁
1895년 : 을미사변

북미 식민지의 노예들이 면화 밭에서 일하고 있다.

고 사탕수수와 담배를 재배하기 위해 대농장을 개간하는 과정에서 노동력이 필요해졌다. 그리하여 이번에는 아프리카로 눈길을 돌리게 되었다. 사실 노예무역은 15세기 중엽 포르투갈 인이 처음으로 아프리카 서해안에서 흑인을 잡아들이면서 시작됐다. 처음에는 마을을 습격하여 건장한 흑인 남자들을 골라 생포했다. 그러나 생포 과정에서 유혈 충돌이 일어나 인력 손실이 커지자 방법을 바꾸었다. 흑인 부족의 추장에게 유리나 면제품, 술, 심지어 총과 총알을 주고 매수하여 필요한 수량만큼 노예를 공급받았던 것이다. 이러한 노예무역은 연해안 지역에서 성행하다 점차 내륙 깊숙이 퍼져 나갔다. 1513년에 스페인 국왕이 흑인을 신대륙에 노예로 파는 무역을 승인하면서 흑인 노예는 합법적인 무역 상품이 됐다. 이를 계기로 노예무역 붐이 일어나면서 수많은 노예 상인이 아프리카로 몰려들었다. 옷감 한 다발이면 노예와 맞바꿔서 자메이카나 해안 지역으로 끌고 가 1인당 100파운드에 팔 수 있으니 이보다 더 좋은 장사가 어디 있겠는가?

포르투갈과 스페인이 노예무역으로 큰돈을 벌자 영국인도 가만히 구경만 할 수는 없었다. 1660년에 영국은 노예무역을 전문적으로 하는 왕립 아프리카 회사를 설립하고 네덜란드, 프랑스, 포르투갈과 치열한 경쟁을 벌였다. 영국 정부는 아예 노예무역을 영국인의 기본적인 권리라고 법적으로 합리화시켰다. 영국 노예상인은 아프리카 연해 지역에 노예 기지를 세우고 노예 시장을 열어 생포한 흑인들을 유럽 각지에서 몰려든 노예 상인에게 팔았다. 그들은 노예가 도망치지 못하도록 철사로 어깨를 꿰뚫어 짐승처럼 우리에 가뒀다. 그리고 매매가 성사되면 흑인 노예의 어깨나 가슴에 불에 달군 인두로 회사명이 새겨진 낙인을 찍은 뒤 배에 실어 신대륙으로 운송했다. 배로 운송하는 과정에서는 좀 더 많은 이윤을 남기기 위해 보통 30명이 타는 90톤짜리 무역선에 노예를 무려 390명이나 실었다. 영국 경제학자 에릭 윌리엄스Eric Williams는 "노예들은 책장에 잔뜩 꽂힌 책들처럼 빽빽이 들어서 있었다."라고 표현할 정도였다. 노예들은 숨 막힐 것 같은 좁은 공간에서 물과 음식물조차 제대로 공급받지 못했고 설상가상 돌림병까지 돌았다. 항해 중에 병에 걸려 죽어간 노예가 전체 노예의 30%를 차지했으니 잔혹하고 비참한 실정은 말로 표현할 수 없었다. 노예 상인들은 병으로 죽어간 노예들의 시신을 그대로 바다에 던졌다. 이 때문에 아프리카와 신대륙을 잇는 대서양 항로에는 '피눈물의 길'이 만들어졌다. 매번 노예무역선이 지나갈 때면 시신을 기다리는 상어 떼들이 배 꽁무니를 졸졸 따라다녔기 때문이다. 영국은 이렇듯 잔인하고 악랄한 흑인 노예무역으로 점차 부강해지면서 유럽의 새로운 강자로 자리매김했다.

노예 착취로 얻은 번영

피로 얼룩진 흑인 노예무역은 아이러니하게도 유럽 전체 경제 발전의 원동력이 되었다. 특히 영국의 경제는 비약적인 발전을 이루었다. 항구 도시 브리스틀Bristol과 리버풀Liverpool의 눈부신 발전을 가장 대표적인 예로 들 수 있다. 브리스틀과 리버풀은 정부의 보호 아래 사탕수수와 노예무역을 독점하면서 막대한 이익을 올렸다. 가령 브리스틀은 17세기 초반에는 세금 수입이 1만 파운드에 불과했으나 노예무역이 시작되면서 무려 33만 파운드 이상 급증했다. 여기서 한발 더 나아가 18세기 초엽에 이르러서는 런던과 어깨를 나란히 하는 대도시로 성장했다. 특히 노예무역과 밀접한 관계를 맺고 있던 리버풀은 17세기 중엽만 해도 인구가 4,000여 명에 미치지 못

19세기 노예무역의 한 장면

브라질의 노예 상인이 본국으로 이송할 흑인 노예들을 검사하고 있다.

했으며 1년 동안의 선박세도 12파운드에 불과했다. 그러나 1709년 리버풀의 첫 번째 노예무역선이 아프리카에서 신대륙의 농장까지 노예 200여 명을 운송했다. 이 교역으로 4,000여 파운드를 벌어들인 리버풀은 계속해서 노예무역에 주력하면서 영국뿐만 아니라 유럽 최대의 노예무역 항구로 발전했다. 그 후 70여 년 동안 리버풀의 도시 인구는 7배 증가했으며, 18세기 말에는 선박세가 60여만 파운드에 달했다. 역사학자들의 통계를 보면, 1795년 리버풀의 노예무역은 영국 전체 노예무역의 62.5%를 차지했고, 유럽 노예무역 총액의 40%를 차지했다. 영국인 스스로 "브리스틀과 리버풀에는 흑인 노예의 피가 스며들지 않은 벽돌이 단 한 장도 없다."라고 표현할 만큼 노예무역은 리버풀 경제 발전의 토대가 되었다.

17세기 중엽부터 18세기 말엽까지 약 100여 년 동안 영국의 노예 상인은 약 250여만 명의 흑인 노예를 신대륙으로 팔아 1,000여만 파운드의 이익을 얻었다. 영리한 노예 상인들은 단순히 노예무역에서 그치는 것이 아니라 그들만의 독특한 무역 방식을 창안하여 이윤을 부풀렸다. 이른바 삼각무역으로 럼주와 총포, 화약 등을 싣고 아프리카 서해안으로 가서 흑인 노예와 교환한 뒤 카리브 해의 자메이카나 신대륙에 노예를 팔았다. 노예를 팔아 얻은 대금으로는 현지에서 사탕수수 등을 사다 영국에서 럼주를 만들어 다시 아프리카에 파는 방식이었다. 이러한 무역을 하려면 많은 선박이 필요했다. 덕분에 선박을 만드는 조선업과 선박을 만드는 데 필요한 자금을 대출해 줄 은행업, 그리고 항해의 안전을 보장하는 보험업 등이 연쇄적으로 발전하면서 영국 경제 발전의 원동력이 됐다.

400여 년 동안이나 이어진 노예무역으로 유럽 각국들이 부를 창출하고 번성하는 반면에 아프리카 대륙은 대재앙이 휩쓸고 간 듯 황폐해졌다. 19세기 초엽에 이르러 자본주의가 발전하면서 자본가들은 단순한 노예보다는 숙련된 노동자가 절실해졌다. 그리하여 산업이 가장 발달한 영국에서부터 노예제도 폐지 운동이 일기 시작했다. 아이러니하게도 과거 노예 상인이 이제는 노예 해방을 외치게 된 것이다. 그러나 세계적으로 널리 퍼진 노예무역은 쉽사리 멈추지 않았다. 19세기 말엽에 이르러서야 피로 얼룩진 흑인 노예무역은 마침내 종지부를 찍었다.

The United Kingdom

5 오스트레일리아 대륙 발견

오스트레일리아 하면 가장 먼저 무엇이 떠오를까? 요트의 흰 돛을 연상시키는 시드니의 오페라 하우스나 눈부시게 화려한 대ᄎ산호초를 떠올리는 이도 있을 것이고, 어수룩하게 생긴 코알라나 유쾌하게 뜀박질하는 캥거루를 연상하는 이도 있을 것이다. 그 밖에도 100년의 역사를 가진 오스트레일리아 오픈테니스선수권대회를 떠올리는 이도 많을 것이다. 그렇다면 망망대해 한가운데에서 풍요로움과 황폐함이 공존하는 신비의 땅 오스트레일리아를 최초로 발견한 이는 과연 누구일까?

시기 : 1770년
인물 : 제임스 쿡James Cook

탐험대의 출항

오스트레일리아의 명칭은 '남쪽의 대륙'이라는 뜻의 '테라 오스트랄리스Terra Australis'라는 라틴 어에서 유래한다. 그럼, 이러한 이름이 붙은 이유는 뭘까? 사실 고대 그리스 시대부터 서양 학자들은 지구 남반구에 커다란 대륙이 있다고 믿었다. 그렇지 않고서는 지구가 평형을 유지할 수 없다고 판단했기 때문이다. 그러나 항해 기술이 낙후되어 그들의 가설을 증명할 기회가 없었다. 오랜 세월이 흐르고 항해 시대가 시작되면서 스페인과 네덜란드의 탐험가들이 잇달아 오스트레일리아 땅에 발을 디뎠다. 1605년에

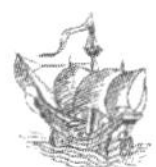

한눈에 보는 세계사
1776년 : 미국, 독립 선언
1789년 : 프랑스 혁명, 인권 선언

스페인 탐험가 트레스Tres가 오스트레일리아 북쪽과 파푸아 뉴기니Papua New Guinea 사이의 해협을 항해했다. 1606년에는 네덜란드의 윌리엄 얀츠존William Jansz John이 카펜테리아Carpenteria 만에 상륙하면서 유럽인 최초로 오스트레일리아 땅에 발을 디뎠다. 그러나 최종적으로 오스트레일리아를 점령한 것은 영국인이었다. 영국의 탐험가 제임스 쿡이 그 주인공이었다.

제임스 쿡은 스코틀랜드의 가난한 가정에서 태어났다. 그의 아버지는 평범한 노동자였지만 제임스 쿡은 청년 시절부터 항해술에 천부적 재능을 드러냈다. 1756년에 그는 영국 왕립 해군에 입대하여 북아메리카 동부의 세인트로렌스 강 탐사에 참여하면서 그의 천재적 재능을 입증했다. 마침 제임스 쿡이 살던 시대는 유럽의 해상 탐험이 최고조를 이루던 시기였기에 그는 자신의 재능을 발휘할 무대를 쉽게 찾을 수 있었다. 당시 남태평양 탐사 작업을 준비하고 있던 영국 왕립 협회는 제임스 쿡을 원정대의 지휘관으로 임명했다.

이 회중시계는 영국의 시계 기술자 존 해리슨이 제작한 시계로 제임스 쿡은 여러 차례 탐험을 떠날 때마다 이 시계를 애용했다.

제임스 쿡은 노련한 선원, 박물학자, 천문학자를 포함한 선원 94명을 인솔하고 탐험에 나섰다. 1768년 8월 25일 제임스 쿡이 이끄는 탐험선 인데버호가 영국에서 출발했다. 그때까지만 해도 사람들은 한때 석탄 운반선이었던 380톤의 탐험선이 역사적인 대발견을 할 것이라고는 전혀 예측하지 못했다. 오로지 제임스 쿡만이 망망대해 저 너머에서 무언가가 자신을 기다리고 있다는 것을 어렴풋이 느낄 뿐이었다.

항해와 발견

11개월에 걸친 힘든 항해 끝에 1769년 7월에 인데버호는 태평양의 타히티 섬에 도착했다. 사전 계획에 따라 과학자들은 이곳에서 금성이 태양면을 통과하는 모습을 관측하는 데 성공했다. 금성의 태양면 통과는 당시로써는 매우 보기 드문 천문 현상이었다. 어려운 천문 관측을 성공적으로 마친 과학자들은 열광의 도가니에 빠졌다. 선원들도 덩달아 축배를 들며 기쁨을 나누었다. 오로지 제임스 쿡 선장만이 외따로 떨어져 저 멀리 펼쳐진 바다를 물끄러미 바라다볼 뿐이었다. 사실 제임스 쿡은 금성을 관측하는 임무 외에도 해군 본부로부터 또 다른 비밀 명령을 하달받았다. 바로 '미지의 남방 대륙'이 존재하는지 조사하라는 명령이었다. 그리하여 7월 13일에 세 차례에 걸친 금성 관측 업무가 끝나자 제임스 쿡은 곧바로 출항을 명령했다. 인데버호는 '미지의 남방 대륙'을 찾아 타히티 섬을 출발하여 남서쪽으로 향했다. 그러나 4개월 동안 항해를 계속하면서 남위 40도까지 내려갔지만 미지의 남방 대륙은 흔적조차 보이지 않았다.

영국의 유명한 박물학자였던 조지프 뱅크스도 쿡 선장과 함께 인데버호에 탔다.

시간이 지나면서 날씨가 점차 추워지고 해상의 풍랑도 거세지기 시작했다. 장기간의 항해로 선원들은 기진맥진한 상태였으며 과일과 채소 섭취가 부족해 괴혈병에 걸려 쓰러지는 선원이 속출했다. 제임스 쿡은 일단 서쪽으로 뱃머리를 돌려 섬에 상륙하여 필요한 과일을 보충하기로 했다. 10월, 인데버호는 지금의 뉴질랜드에 상륙하여 두 달 동안 탐사를 벌였다. 제임스 쿡은 뉴질랜드가 '미지의 남방 대륙'의 연장선이 아님을 깨닫고 다시 남쪽을 향해 항해를 시작했다. 이때 제임스 쿡은 뉴질랜드의 지도를 그려서 훗날 영국으로 가져갔지만 아무도 주의를 기울이지 않았다. 뉴질랜드는 1840년 이후에야 식민지로 관심을 받기 시작했다.

계속되는 항해에도 육지가 나타나지 않자 제임스 쿡은 미지의 남방 대륙이 터무니없는 환상은 아닌지 의구심이 들기 시작했다. 게다가 부하들이 고국으로 돌아가자고 강력하게 요구하는 탓에 결국 회항을 명령할 수밖에 없었다. 그러나 하늘이 도왔을까? 1770년 4월 19일 동이 틀 무렵 인데버호는 마침내 오늘날의 오스트레일리아 멜버른Melbourne 동쪽의 높이 솟아난 육지를 발견했다. 육지가 나타나자 선원들은 풀쩍풀쩍 뛰며 흥분의 도가니에 빠졌다. 4월 29일 인데버호는 잔잔하고 평온한 작은 만으로 들어서서 해안에 상륙했다.

제임스 쿡은 이곳에 보터니Botany 만이라고 이름을 붙였다. 당시 동행했던 박물학자 조지프 뱅크스Joseph Banks가 이곳에서 매우 많은 식물 표본을 발견했기에 '식물'을 뜻하는 '보터니Botany' 만으로 명명한 것이다. 제임스 쿡은 해안에 영국 국기를 꽂고 이 땅이 국왕 조지 3세의 소유임을 선포했다. 이어서 인데버호는 북쪽으로 항해하여 북동 해안을 따라 발달한 대산호초 그레이트 배리어 리프Great Barrier Reef를 발견했다. 그러나 선원들은 아름다운 산호초를 구경할 마음의 여유가 없었다. 배가 산호초에 좌초되었기 때문이다. 인데버호는 수리를 끝내고 8월 6일에야 다시 항해를 시작해서 8월 21일에 오스트레일리아 최북단 요크 곶York에 도착했다. 제임스 쿡은 이곳에서 오스트레일리아 동해안에 대한 영국의 주권을 선포하며 뉴사우스웨일스New South Wale라고 명명했다. 이곳은 오늘날 오스트레일리아에서 인구 밀집도가 가장 높은 주州가 되었다.

쿡 선장은 오스트레일리아 동해안에 상륙한 뒤 국왕 조지 3세의 이름으로 뉴사우스웨일스라고 명명하고 영국 땅임을 선포했다.

모든 임무를 끝마친 인데버호는 귀항 길에 올랐다. 1771년 7월 13일 마침내 3년 만에 영국으로 돌아왔다. 처음 영국을 출항할 당시 100명에 가까웠던 선원들 가운데 70여 명이 항해 도중에 병에 걸려 죽고 20여 명만이 살아서 귀향했다. 적잖은 인명을 희생하는 대가를 치렀지만 제임스 쿡의 오스트레일리아 탐험은 역사적인 대발견이 되었다. 이후 100여 년 동안 수많은 영국인이 오스트레일리아에 이민했으며, 오스트레일리아에서 넘쳐나는 양털과 황금은 영국에 막대한 부를 가져다주었다.

제임스 쿡은 영국으로 귀환한 뒤 중령으로 승진하여 명예롭게 퇴임했다. 그러나 평화로운 은퇴 생활은 제임스 쿡의 탐험 본능을 잠재우지 못했다. 그 뒤에도 제임스 쿡은 탐험대에 자원하여 여러 차례 남극을 탐험했다. 1779년에 제임스 쿡은 하와이 탐험에서 원주민과 충돌이 빚어진 과정에서 안타깝게 목숨을 잃고 말았다. 그의 죽음이 알려지자 영국민 전체가 슬픔에 빠졌다. 당시 국왕 조지 3세는 그의 죽음을 안타까워하며 슬피 울었다고 한다.

The United Kingdom

6 트라팔가르 해전

1805년 11월 6일 새벽, 불빛이 환한 런던의 해군 본부에서는 해군 장관과 국정을 도맡고 있는 총리 소피트가 초조하게 무언가를 기다리고 있었다. 이때 갑자기 문이 열리면서 해군 장관의 비서가 젊은 중위와 함께 잰걸음으로 들어왔다. 얼굴이 땀으로 뒤덮인 중위는 눈에 눈물을 그렁그렁 매단 채 총리와 해군 장관에게 보고했다. "보고합니다, 트라팔가르 해전에서 대승리를 거두었습니다. 하지만 넬슨 제독께서 전사하셨습니다!"

시기 : 1805년 10월 21일
인물 : 허레이쇼 넬슨Horatio Nelson, 빌뇌브Pierre Charles Villeneuve

반불 동맹의 배후

1789년에 프랑스에서 발발한 대혁명은 영국에 엄청난 충격파를 던졌다. 하층 계급의 시민들은 프랑스 대혁명을 열렬히 지지했다. 그러나 귀족과 상류층 자산가들은 국가 전복이라며 불만을 표시했다. 소피트를 수반으로 하는 영국 정부는 앙숙인 프랑스가 혁명으로 휘청거리는 것을 내심 반가워했다. 그러나 프랑스 혁명이 걷잡을 수 없이 커지면서 루이 16세가 단두대에서 처형되자 영국인들의 반응은 급변하여 불안에 빠지기 시작했다. 1793년 1월에 영국은 프랑스 혁명의 파급을 막기 위해 프랑스와의 외교 관

한눈에 보는 세계사
1804년 : 나폴레옹, 프랑스 황제 즉위
1807년 : 신성로마 제국 멸망

계를 단절했다. 이어서 러시아, 프로이센, 오스트리아, 스페인 등과 함께 제1차 반불 동맹을 결성했다. 그러나 사태만 관망하던 반불 동맹은 프랑스에 격파되면서 깨졌다. 1798년 소피트의 주도 아래 제2차 반불 동맹이 결성됐다. 그러나 나폴레옹이 이끄는 프랑스군에 반불 동맹의 주력 부대인 오스트리아군이 대파하고 이어서 러시아와 프로이센이 동맹을 탈퇴하자 또다시 와해되고 말았다.

트라팔가르 해전 당시 넬슨 제독이 타고 있던 빅토리호

1803년에 내각을 재수립한 소피트는 러시아, 스웨덴, 오스트리아 등과 함께 제3차 반불 동맹을 결성했다. 이에 나폴레옹은 패권을 장악하려면 먼저 반불 동맹의 주도국인 영국을 격파해야 한다는 사실을 깨달았다. 그러나 유럽 대륙과 영국 사이에는 영국 해협이 가로놓여 있었다. 제아무리 막강한 육군을 보유한 프랑스일지라도 무턱대고 쳐들어갈 수는 없었다. 나폴레옹은 먼저 강력한 해군을 양성한 뒤 해군의 호위를 받으며 육군을 대량 투입하여 영국을 점령할 계획을 세웠다. 1804년 나폴레옹은 프랑스의 모든 조선소에 군함을 만들 것을 명령했다. 이 한 해 동안 프랑스의 모든 조선소에서는 군함을 축조하느라 망치 소리가 그치질 않았다. 나폴레옹은 또한 빌뇌브Pierre Charles Villeneuve 제독을 총지휘관으로 임명했다. 그러나 전투 경험이 풍부한 빌뇌브 제독은 영국과의 전투에 매우 회의적이었다. 넬슨 제독이 이끄는 영국 해군의 위력을 누구보다도 잘 알고 있었기 때문이었다.

명장의 전승 기록

넬슨의 본명은 허레이쇼 넬슨으로 범선 시대 영국 최고의 해군 사령관이었다. 해전의 귀재였던 넬슨은 1758년 9월 29일 노퍽Norfolk 카운티에서 11명의 자녀 중 여섯 번째로 태어났다. 아홉 살이 되던 해에 그의 어머니가 죽고 홀아버지의 손에서 자랐다. 넬슨은 집안의 경제 부담을 줄이고자 열두 살이 되던 해에 해군 사관생도의 신분으로 해군에 입대했다. 그는 선장이었던 외삼촌의 도움으로 항해 지식을 쌓으면서 두각을 나타냈다. 1779년에 스물한 살의 나이로 해군 함장에 임명되면서 승승장구하기 시작했다.

1797년 7월에 넬슨 제독은 산타크루즈에서 임무를 수행하던 도중 총탄을 맞고 오른팔 전체를 절단했다. 외팔이에 애꾸눈 신세가 된 넬슨 제독은 결국 전장에서 목숨을 잃었다.

프랑스 대혁명이 발발한 이후 넬슨 제독은 지중해로 발령을 받았다. 이때 코르시카Corsica의 칼비Calvi 해전에 참가했다가 근거리 포격으로 돌 파편에 얼굴을 맞아 오른쪽 눈의 시력을 잃었다. 1797년에 영국 함대는 지중해의 세인트 빈센트St. Vincent 곶에서 프랑스의 동맹국이었던 스페인 함대와 마주쳤다. 당시 영국과 스페인 함대의 숫자는 15:27로 영국이 수적으로 열세였다. 그러나 넬슨 제독은 위치 사수 명령을 어기고 대담하게 스페인 함대의 탈출을 저지하며 직접 적군의 배 위로 뛰어올라 육탄전을 벌였다. 덕분에 함대의 사기가 크게 올라 승리를 거둔 넬슨은 기사 서훈을 받았다. 1798년에 넬슨 제독은 이집트 아부키르 만에 정박해 있던 프랑스 함대를 습격했다. 아부키르 만Aboukir Bay 해전에서 프랑스 함대는 겨우 군함 두 척만을 남겨두고 모두 격침당하는 대참패를 당했다. 프랑스의 빌뇌브 제독은 남은 군함 두 척을 이끌고 영국 군함들을 피해 간신히 프랑스로 돌아갔다. 이때부터 프랑스는 넬슨 제독 '공포증'에 걸리고 말았다. 1803년 5월 넬슨은 지중해 함대 총사령관으로 임명되어 빌뇌브가 이끄는 프랑스-스페인 연합 함대와 또다시 전투를 벌이게 되었다.

병력 비교

당시 영국과 프랑스-스페인 연합 함대의 주력함은 거대한 전열함이었다. 물론 제1차 세계대전이나 혹은 제2차 세계대전 중에 등장한 300밀리미터 구경의 대포를 적재한 수만 톤 급의 철갑선은 아니었다. 당시의 전열함은 나무로 만든 목선 위에 구리를 씌운 배로 돛의 힘으로 운항했다. 비록 목선이었지만 갑판이 2층에서 4층까지 설치되어 있고 대포는 64문에서 120문까지 적재할 수 있었다. 그래서 대포를 일제히 발사하면 한 번에 탄약을 1톤 정도 쏠 수 있었다. 18세기 당시로서는 가공할 만한 살상무기인 셈이었다.

전투력에서는 프랑스-스페인 연합 함대가 영국군보다 우세였다. 빌뇌브 휘하에는 군함 33척과 대포 2,600여 문, 그리고 해군 사병 2만여 명이 있었다. 반면에 넬슨 제독이 이끄는 지중해 함대는 군함 27척과 대포 2,100여 문, 그리고 사병 1만 6,000명이 있었다. 그러나 병사들의 자질이나 포격술, 지휘 능력, 사기 면에서는 영국이 절대적으로 우세했다. 먼저 병사들의 자질 면에서 영국은 전통적인 해양 국가로 노련한 선원이 많고, 해군은 체계적이고 엄격한 훈련을 받은 정예 병사들이었다. 반면에 프랑스-스페인 연합 함대는 대규모 해전에서 연달아 패하면서 여러 지휘관이 목숨을 잃은 상태였다. 포격술 면에서는 프랑스-스페인 연합 함대는 5분마다 대포 3발을 발사할 수 있었다. 비교적 뛰어난 포격술이었지만 넬슨 제독 휘하의 병사들 실력에는 미치지 못했다. 영국군은 2분마다 대포 3발을 정확하게 적군의 머리 위로 발사할 수 있었기에 군함 1척당 적선 2척을 상대할 수 있었다. 병사들의 사기 면에서도 영국군은 용맹한 명장 넬슨 제독의 뛰어난 지휘 아래 사기가 하늘을 찌를 듯했다.

트라팔가르 광장에 세워진 넬슨 제독의 조각상

반면에 프랑스-스페인 연합 함대의 사기는 침체해 있었다. 또 지휘 체계가 복잡하여 빌뇌브의 지휘 아래 일사불란한 전술을 펼칠 수 있는 상황이 아니었다. 만일 당시 빌뇌브에게 결정권이 있었다면 아마도 넬슨 제독과의 정면 승부는 벌이지 않았을 것이다. 사실 빌뇌브는 나폴레옹의 독촉으로 마지못해 지중해로 출동했던 것이다. 1805년 10월 9일에 빌뇌브는 나폴레옹의 명령에 따라 프랑스-스페인 연합 함대를 이끌고 스페인 카디스Cadiz 항구를 떠나 지중해로 향했다. 그러나 날씨가 나빠 10월 19일이 돼서야 함대 전체가 큰 바다로 나올 수 있었다. 정찰대를 미리 파견했던 넬슨은 프랑스-스페인 연합 함대가 출항했다는 소식을 듣자마자 출동 명령을 내렸다. 범선 시대 최대 규모의 해전이 시작된 것이다.

결전의 날

10월 21일 새벽에 스페인 연안의 트라팔가르 곶에서 영국 함대와 프랑스-스페인 연합 함대가 맞닥뜨렸다. 빌뇌브는 전투가 불리할 경우 재빨리 카디스 항으로 회항할 수 있도록 함대에 북쪽을 향해 한 줄로 늘어서도록 명령을 내렸다. 그러나 이

2005년 영국 해군은 트라팔가르 해전 200주년을 맞이하여 성대한 경축행사를 개최했다.

러한 결정은 치명적인 패전 요인이 되고 말았다. 그렇잖아도 사기가 떨어져 있던 프랑스-스페인 연합 함대의 병사들은 전투 의지를 완전히 상실하게 되었고, 갑작스레 전열을 바꾸느라 군함들이 우왕좌왕하게 된 것이다. 넬슨 제독은 이때를 놓치지 않았다. 그는 재빨리 자신이 직접 지휘하는 빅토리호를 중심으로 한 제1전대와 콜링우드 부사령관이 이끄는 로열 소버린호를 중심으로 한 제2전대로 함대를 양분하여 2개의 전열을 편성했다. 남북으로 길게 늘어뜨린 프랑스-스페인 연합 함대의 중간 부분을 정면 돌파하여 대열을 끊어 놓은 뒤 적선이 우왕좌왕하는 사이 양쪽에서 집중 포격을 가하는 작전을 펼친 것이다.

오전 11시 45분 트라팔가르 해전의 시작을 알리는 첫 번째 포탄이 터졌

관광객들이 트라팔가르 해전 당시 영국 해군들이 사용했던 대포를 참관하고 있다.

다. 콜링우드가 지휘하는 12척의 제2전대가 일직선으로 늘어서 있는 프랑스-스페인 연합 함대의 남쪽 배후를 공격했다. 넬슨이 이끄는 제1전대는 빌뇌브가 타고 있던 뷔상토르호를 포함해서 프랑스 함대의 앞부분과 중앙을 공격했다. 공격에 나선 넬슨 함대는 혼전을 거듭한 끝에 빌뇌브의 전열을 반 토막으로 끊어 뿔뿔이 흩어지게 하는 데 성공했다. 넬슨 제독이 지휘하던 빅토리호는 프랑스의 전투함 레도타블호와 근접전을 벌였다. 치열한 접전 끝에 승리를 눈앞에 두고 있던 중에 레도타블호의 저격수가 후미 갑판에서 작전 지시를 내리고 있던 넬슨을 저격했다. 가슴에 치명적 상처를 입은 넬슨 제독이 그 자리에서 쓰러지자 하사관들이 부축하고 선창으로 옮겼다. 오후 4시 30분, 영국 함대의 승리 소식을 전해들은 넬슨 제독은 희미한 목소리로 "내 임무를 다할 수 있게 해 준 신에게 감사드린다."라는 말을 마친 후 숨을 거두었다.

트라팔가르 해전에서 프랑스-스페인 연합 함대는 군함 20척을 잃고 병사 4,300여 명이 전사했으며 4,000여 명이 포로로 잡혔다. 반면 영국 함대는 단 한 척의 배도 잃지 않지 않았으며 전사자도 1,500여 명에 불과했다. 그러나 대승리를 거두었지만 영국인들은 명장 넬슨 제독을 영원히 잃는 비통한 슬픔을 감내해야 했다. 11월 4일에 영국 해군의 승전을 알리는 배가 플리머스 항으로 들어왔다. 배에서 내린 연락병은 곧장 말을 타고 런던으로 향했다. 11월 16일 새벽에 승전과 더불어 넬슨 제독의 사망 소식이 런던의 해군 본부로 전해졌다.

트라팔가르 해전에서 참패한 나폴레옹은 자신의 함대로는 강력한 영국 해군을 이길 수 없다고 판단하고 영국 본토를 침략하려던 계획을 포기했다. 반면에 영국은 이후 100년 동안 해상 패권을 장악할 수 있었다. 또한 나폴레옹에게 꼼짝달싹도 못하던 프러시아와 러시아, 오스트리아에 세력을 팽창할 수 있는 새로운 계기를 마련해 주었다. 그래서 영국의 역사가 존 액턴John Emerich Acton은 《케임브리지 근대사》에서 "트라팔가르 해전은 1799년부터 1813년까지 나폴레옹이 치른 전쟁 가운데 그의 몰락에 가장 결정적인 역할을 한 전투였다."라고 평했다.

The United Kingdom

7 워털루 전투의 웰링턴 공작

나폴레옹과의 전쟁을 언급할 때면, 독일인은 비스마르크Bismarck와 블뤼허Bluecher 장군을, 러시아인들은 쿠투조프Kutuzov 장관과 보로디노Borodino 전투를 맨 먼저 떠올릴 것이다. 이에 비해 영국인은 나폴레옹과 얽힌 역사적 사건이 많다. 가령 그들의 가슴에 영원한 자부심으로 각인된 트라팔가르 해전과 애꾸눈 넬슨 제독, 워털루 전투와 웰링턴 공작 등이 그 예다. 이 가운데 나폴레옹의 운명을 결정짓는 열쇠가 된 것은 바로 워털루 전투였다. 나폴레옹은 워털루 전투에서 패한 뒤 결국 세인트헬레나Saint Helena 섬으로 유배당해 죄수로 인생을 마쳤다.

시기 : 1815년 6월 18일
인물 : 나폴레옹 보나파르트Napoleon Bonaparte, 아서 웰즐리 웰링턴Arthur Wellesley Wellington

총알받이로 종군하다

1769년 6월 20일에 영국 런던의 아서가에는 아서 웰즐리Arthur Wellesley Wellington라는 사내아이가 태어났다. 가족들은 끊임없이 울어 대는 이 아이가 훗날 웰링턴 공작이 되리라고는 꿈에도 몰랐다. 같은 해에 지중해의 코르시카 섬에서 나폴레옹 보나파르트라는 사내아이가 태어났다. 역시 누구도 비쩍 마른 이 아이가 훗날 프랑스 제국의 황제가 되리라고는 상상조차 못했다. 훗날 불구대천의 숙적이 될 두 사람이 같은 해에 태어난 것은 어쩌면 하늘이 정한 운명이었는지도 모른다. 웰링턴은 열 살이 되던 해에 이튿

한눈에 보는 세계사
1811년 : 조선, 홍경래의 난
1823년 : 미국, 먼로주의 선언

학교에 입학했다. 그러나 성적이 최하위권을 맴돌자 그의 어머니는 크게 실망한 나머지 웰링턴을 프랑스 육군사관학교에 입학시켰다. 그나마도 총알받이 신세가 안 되면 다행이라며 아들에 대한 희망을 완전히 포기한 채 말이다. 그런데 뜻밖에도 웰링턴은 군대에서 자신의 적성과 재능을 발휘했다. 그는 육군사관학교를 우수한 성적으로 졸업한 뒤, 1787년에는 영국 육군 장교로 임관했다. 그 뒤에는 인도 총독으로 부임한 큰형을 따라 인도로 자원하여 저항 운동을 진압하면서 승승장구했다. 특히 1803년에는 아사예Assaye에서 병력 7,000명과 대포 22문만으로 병력 4만 명과 대포 100문으로 무장한 인도 대군과 싸워 승리를 거두면서 군사상의 천부적 자질을 입증했다.

웰링턴 공작은 19세기 영국 최고의 군사가이자 정치가였으며 유럽에서 가장 영향력이 큰 인물이었다. 빅토리아 여왕은 그를 가리켜 19세기 영국 역사상 가장 위대한 인물이라고 평했다.

1808년에 포르투갈 인이 나폴레옹에 맞서 반란을 일으키자 웰링턴은 그들을 지원하라는 명령을 받았다. 부대를 이끌고 포르투갈에 상륙한 그는 프랑스에 맞서 싸울 제2의 군사기지를 세웠다. 이후 수년 동안 웰링턴은 탈라베라Talavera 전투, 살라망카Salamanca 전투, 빅토리아Vittoria 전투 등에서 나폴레옹 군을 연거푸 격파하면서 이베리아 반도는 내로라하는 프랑스 장군들의 무덤이 됐다. 마침내 1814년 툴루즈Toulouse 전투에서 승리하면서 이베리아 반도에서 프랑스군을 완전히 내쫓았다. 이때 웰링턴은 혁혁한 전공을 세운 것 외에도 프랑스군을 상대할 보병 전술을 개발한 공적이 인정되어 웰링턴 공작으로 봉해졌다. 웰링턴은 포르투갈과 스페인 전투에서 다양

한 전략과 전술을 구사했다. 웰링턴의 주된 전술은 주력 부대를 언덕 능선 너머에 숨겨 두어 적 포병이나 사격으로부터 보호하고, 능선에는 장교들과 포병대만 노출시켜 고지대로 힘겹게 올라오는 적군에게 포격을 퍼붓는 전술이었다. 그러다가 적군이 사정거리 안으로 들어오면 비로소 능선 뒤의 주력 보병들을 전진시켜 영국군 특유의 속사를 퍼부어 몰살시켰다. 그 밖에도 방위선과 공격선을 중심으로 전진과 후퇴를 되풀이하면서 초토화 작전을 펼치는 전술도 매우 성공적이었다. 특히 웰링턴은 적을 먼저 공격하지 않고 적이 아군을 공격하도록 유도하는 전술을 주로 사용했다. 적군의 식량 보급로를 차단하기 위해 이미 초토화된 농촌 지역으로 유인해 무찔렀던 것이다. 아군의 병력 손실을 줄이는 한편 최대한 효과적으로 적군을 무찌를 수 있는 주도면밀한 전술은 훗날 워털루 전투에서 밀물처럼 밀려드는 프랑스군을 대적하는 데 큰 도움이 됐다.

전열 정비와 재전투

1815년 2월 26일에 지중해 엘바 섬에서 유배 생활을 하던 나폴레옹이 심복들과 함께 탈출에 성공했다. 그리고 사흘 뒤, 나폴레옹이 프랑스 남부 프로방스 연안에 상륙하자 수많은 추종자가 미친 듯이 기뻐하며 그의 깃발 아래로 모여들었다. 불과 두 달도 지나지 않아서 나폴레옹은 병사 50만 명으로 구성된 군대를 재편성했다. 마침 빈에서는 반불 동맹을 맺었던 동맹국들이 영토 문제로 탁상공론을 벌이던 중이었다. 나폴레옹이 파리로 입성한다는 소식이 전해지자 각국의 대표들은 나폴레옹을 '인류의 적'으로 선포했다. 영국, 러시아, 프로이센, 오스트리아, 네덜란드 등의 국가들은 제7차 반불 동맹을 조직하고 즉각 총 60만 대군으로 이루어진 5개 군단을 배치했다. 제1군단은 영국-네덜란드 연합군으로 웰링턴이 지휘를 맡았고, 제2군단은 프로이센 군단으로 블뤼허가 지휘를 맡았으며, 제3군단은 오

2006년 6월 18일에 벨기에 배우 900명이 워털루 지역에서 당시 전투 장면을 재현하고 있다.

스트리아군단, 제4군단은 러시아 군단, 제5군단은 오스트리아-이탈리아 군단으로 이루어졌다. 반불 동맹군은 프로이센 육군 원수 그나이제나우Gneisenau가 세운 작전 계획에 따라 세 갈래 길로 나누어 파리로 진격했다. 분산 공격을 하며 포위망을 좁혀 들어가면 나폴레옹이 꼼짝달싹도 하지 못할 것으로 예상했던 것이다.

반불 동맹군의 작전 계획은 곧 나폴레옹의 귀로 들어갔다. 전쟁터에서 잔뼈가 굵은 나폴레옹은 이들의 군단을 각각 선제공격으로 무너뜨리면 정치적 이해가 다른 동맹국들의 관계가 깨질 것으로 판단했다. 그리하여 나폴레옹은 먼저 병력을 집중시켜 웰링턴이 지휘하는 약 9만 5,000명의 영국군과 블뤼허가 지휘하는 12만 프로이센군을 격파하기로 했다. 영국군과 프로이센군을 꺾고 나서 나머지 국가 간의 정치적 갈등이나 변화를 지켜

볼 생각이었다. 6월 12일에 나폴레옹은 병사 12만 5,000명과 대포 344문을 끌고 파리를 떠나 벨기에 국경 지역으로 집결했다. 6월 16일 프랑스 주력 부대 7만 명은 프로이센군을 향해 맹렬한 공격을 퍼부었다. 나머지 프랑스군 5만 명은 네이Ney 원수의 지휘 아래 웰링턴이 이끄는 영국군과 교전을 벌였다. 격렬한 전투는 저녁까지 이어졌고 프랑스군은 전략 요충지인 리니Ligny 지역을 점령하고 프로이센군을 포위했다. 그러나 이때 프랑스군은 결정적인 실수를 저지르고 말았다. 잠시 경계가 허술해진 틈을 타서 블뤼허가 이끄는 프로이센군이 포위망을 뚫고 후퇴했던 것이다. 프로이센군을 철저하게 격파하지 못한 점은 워털루 전투에서의 패인으로 이어졌다.

영원한 워털루 전투

프랑스군이 프로이센군을 공격할 때 웰링턴은 무엇을 하고 있었을까? 수비전술의 귀재였던 웰링턴은 나폴레옹이 반불 동맹군들을 선제공격할 것이라고는 전혀 예상하지 못했다. 6월 13일까지만 해도 그는 브뤼셀에서 귀부인들과 함께 연회에 참석하고 있었다. 6월 15일에 프랑스군이 제2군단인 프로이센군을 공격했다는 소식을 듣고서야 그는 이성을 잃고 허둥대기 시작했다.

"오, 맙소사! 나폴레옹이 우리를 속였구나. 우리보다 하루 먼저 전투를 시작했다!"

17일 오전에 블뤼허가 프랑스군에 패하고 후퇴했다는 소식이 전해지자 웰링턴은 나폴레옹의 다음 목표가 자신이라는 사실을 깨달았다. 그는 즉시 제1군단을 이끌고 네이가 이끄는 프랑스군의 저지선을 뚫고 벨기에 남동쪽 워털루Waterloo로 철수했다. 프랑스군은 그 뒤를 바싹 좇아갔지만, 억수같이 쏟아지는 비 때문에 결국에는 추격전을 포기할 수밖에 없었다.

호우 속에 워털루에 도착한 웰링턴은 워털루 남쪽의 구릉 지대에 방어 진지를 구축했다. 당시 웰링턴 휘하의 부대는 병사가 총 6만여 명이었다. 그 가운데 보병이 4만 9,000명, 기병이 1만 2,000명, 대포가 156문이었다. 진지를 구축하는 중에 프로이센군을 이끄는 블뤼허에게서 영국군과 집결하기 위해 워털루를 향해 오고 있다는 서신이 왔다. 웰링턴은 천군만마를 얻은 듯 다소 마음을 안도할 수 있었다. 얼마 후 프랑스군 7만이 워털루에 도착했다. 그 가운데 보병이 4만 8,000명, 기병이 1만 5,000명, 대포가 246문이었다. 나폴레옹은 먼저 영국군의 우익을 공격한 뒤 주력 부대를 동원하여 정면 돌파하여 영국군을 궤멸할 계획이었다.

6월 17일 오전 11시에 유럽의 운명이 결정되는 결전이 마침내 시작됐다. 프랑스군 1개 사단이 대포 80문으로 포탄을 쏘아 대며 영국군의 우익을 맹렬히 공격했다. 오후 1시가 되자 프랑스군 3개 사단과 기병대가 이번에는 영국군의 진지 중앙을 향해 돌격했다. 병력 면에서 월등했던 프랑스군

워털루 전투 중에 웰링턴 공작이 이끄는 군대는 인원수나 병기 면에서 프랑스군에 크게 뒤처졌다. 그러나 견고한 방어력과 용맹스러운 공격으로 나폴레옹이 지휘하는 정예 병사를 격파했다.

은 눈 깜짝할 사이에 영국군의 전진 기지를 점령했다. 그야말로 프랑스군의 승리가 바로 코앞에 다가온 순간이었다. 이때 웰링턴이 미리 산등성이 뒤쪽에 매복했던 보병 사단이 돌격해 나와 육박전이 시작됐다. 이어서 웰링턴의 정예 기병단이 협공작전을 펼치며 프랑스군을 조여들어 왔다. 순식간에 열세에 밀린 프랑스군은 전진 기지를 버리고 도망쳤으나 병사 3,000여 명이 영국군에 포로로 잡히고 말았다. 영국 기병대는 전세를 몰아 프랑스군의 포병대를 향해 돌격했다. 그러나 지원군과 합류한 프랑스 기병대와 보병대의 역공에 기병 2,000여 명이 목숨을 잃었다. 이 때문에 웰링턴은 병력 10분의 1을 잃고 말았다.

오후 4시가 되자 '용사 중의 용사'라고 일컫는 프랑스 장군 네이가 이끄는 기병 5,000여 명이 영국군의 중앙진지를 향해 돌격했다. 프랑스군은 "황제 폐하 만세!"를 외치며 맹렬한 공격을 퍼부었다. 그러나 영국군은 전혀 위축되지 않고 방어선을 물샐 틈 없이 구축하면서 프랑스군의 공격을 맞받아쳤다. 그 와중에 웰링턴은 신속하게 기병대 5,000여 명을 중앙진지로 배치해 협공 작전을 펼쳤다. 네이가 이끄는 프랑스군은 여섯 차례에 걸쳐 돌격했으나 영국군의 강력한 저항에 매번 후퇴를 거듭하며 교착 상태에 빠졌다. 이 과정에서 양쪽 모두 사상자가 속출하면서 지원 병력의 손길이 절실해졌다. 최전방 부대에서는 후방의 웰링턴 공작에게 수차례 지원 병력을 요청했다. 그러나 웰링턴 공작은 단호하게 고개를 저었다.

"우리는 각자의 방어선에서 희생할 각오를 해야 한다. 우리에겐 더 이상 지원군이 없다!" 바로 이때, 블뤼허가 이끄는 프로이센군 3만 명이 도착했다. 영국군의 지원군이 도착하자 압박감을 느낀 나폴레옹은 최후의 결전을 위해 자신의 근위 사단을 투입했다. 나폴레옹 근위병 4,000여 명이 기병대의 호위 아래 "황제 폐하 만세!"를 외치며 영국군 진지를 향해 진격했다. 그러나 뜻밖에도 매복해 있던 영국 보병 사단이 일제 사격을 퍼부으며

웰링턴 병영의 영국 근위병들

프랑스군의 측면을 기습 공격했다. 비 오듯 쏟아지는 총탄에 프랑스군 300여 명이 순식간에 목숨을 잃었다. 느닷없는 기습 공격으로 진열이 흩어진 프랑스군이 우왕좌왕하며 후퇴하려는 순간에 이번에는 웰링턴이 기병대를 이끌고 정면 돌격을 가했다. 46세의 웰링턴이 손으로 군모를 흔들며 소리쳤다.

"바로 지금이다! 공격하라!"

그러자 수많은 영국군이 함성을 지르며 튀어나와 프랑스군에게 결정적인 반격을 가했다. 그와 동시에 블뤼허가 이끄는 프로이센군은 프랑스군의 우익을 집중적으로 공격해 들어왔다. 결국 프랑스군은 패퇴하고 나폴레옹은 근위대의 호위를 받으며 가까스로 파리로 도망쳤다. 워털루 전투에서 웰링턴의 영국군은 1만 5,000명이 목숨을 잃었고 8,000여 명이 포로로 잡혔으며, 블뤼허의 프로이센군도 7,000여 명이 목숨을 잃었다. 프랑스군 역시 정예 병사 2만 5,000명이 목숨을 잃고 8,000여 명이 포로로 잡혔다. 참담했던 전투였던 만큼 워털루 평원은 온통 널브러진 시체로 뒤덮였다. 웰링턴은 승리를 거두었지만 그의 얼굴에서는 승리의 기쁨을 전혀 찾아볼 수 없었다. 그는 오히려 침통한 목소리로 이렇게 토로했다.

"이처럼 처참한 전투는 내 평생 처음이자 마지막이다."

워털루 전투가 끝나고 한 달 후, 나폴레옹은 대서양의 세인트헬레나 섬으로 유배되어 1821년 그곳에서 숨을 거두었다. 반면에 웰링턴은 영웅이 되어 고국으로 돌아온 뒤 총리와 외교장관, 육군 총사령관을 역임하며 승승장구했다. 영국의 유명한 군사사가軍事史家 풀러Fuller는 《서양군사사》에서 워털루 전투를 이렇게 평가했다.

"트라팔가르 해전이 집을 짓기 위한 주춧돌이었다면 워털루 전투는 마지막 지붕을 덮기 위한 서까래였다."

최고의 명장 웰링턴은 견고한 수비 전략으로 무적 나폴레옹을 쓰러뜨리고 영국이 향후 2세기 동안 세계 패권을 차지하는 데 지대한 공헌을 했다.

맥을 잡아 주는 **영국사 중요 키워드**

지폐 속의 웰링턴 공작

워털루 전투 이후 영국으로 돌아온 웰링턴 공작은 영국 총리와 외무장관 등을 역임했다. 관직에서 승승장구하면서 웰링턴 공작은 점차 거만해졌다. 어느 날, 웰링턴 공작은 국왕과 격렬한 말다툼을 벌인 끝에 자리를 박차고 나가 버렸다. 화가 머리끝까지 치민 국왕이 "웰링턴! 감히 국왕 앞에서 이게 무슨 무례인가?"라고 호통치자 주변의 대신들이 만류하며 "폐하, 나폴레옹도 우습게 보는 웰링턴 공작이 어찌 폐하를 두려워하겠습니까?"라고 말했다. 1970년에 웰링턴 공작의 공적을 기념하기 위해 영국 중앙은행은 웰링턴 공작의 두상이 새겨진 5파운드 지폐를 발행했다. 과거 이러한 영광을 누린 이는 엘리자베스 여왕과 같은 군주나 뉴턴, 셰익스피어와 같은 위대한 과학자와 문학 거장뿐이었다.

8 시단의 두 별

The United Kingdom

18세기 말엽부터 19세기 초까지 유럽을 휩쓴 혁명의 물결은 문학과 예술 등 전 분야에 걸쳐 낭만주의 운동을 불러일으켰다. 독일은 아름다운 선율의 음악에서, 프랑스는 자유분방한 소설에서, 영국은 사람들의 입과 입을 통해 널리 회자되는 시에서 각각 낭만파 경향이 두드러졌다. 특히나 영국에는 지극히 짧은 시간에 바이런, 셸리, 키츠Keats 등 천재 시인들이 잇달아 등장했다. 그 가운데 가장 눈부신 활약을 하며 주옥같은 작품을 남긴 이가 바로 바이런과 셸리이다.

시기 : 1788~1824년
인물 : 바이런Byron, 셸리Shelley

청년 시대

바이런과 셸리의 일생을 자세히 들여다보면 두 시인이 여러 가지 면에서 비슷한 점이 많다는 사실에 모두 깜짝 놀랄 것이다. 1788년 1월 23일에 바이런은 런던의 귀족 가문에서 태어났다. 셸리는 그로부터 4년 뒤 잉글랜드 서섹스 주 호섬Horsham에서 부유한 지주의 아들로 태어났다. 시를 통해 통치 계급을 날카롭게 비판하던 두 사람이 유복하고 명망 있는 가문의 출신

한눈에 보는 세계사

1776년 : 미국, 독립 선언
1789년 : 프랑스 혁명, 인권 선언
1796년 : 조선, 수원 화성 완공
1804년 : 나폴레옹, 프랑스 황제 즉위
1807년 : 신성로마 제국 멸망
1811년 : 조선, 홍경래의 난
1823년 : 미국, 먼로주의 선언

이라는 사실은 상당히 아이러니하다.

바이런의 아버지는 런던의 내로라하는 난봉꾼이었다. 바이런이 태어난 지 얼마 지나지 않아 빚쟁이들을 피해 프랑스로 도망친 탓에 바이런은 홀어머니의 손에서 자라야 했다. 셸리의 아버지는 고지식한 지주였다. 그는 셸리가 대학에서 친구와 함께 무신론에 관한 소책자를 만들었다는 사실을 알고 부자 관계를 단절하고 아들을 집에서 내쫓아버렸다. 이유는 각각 다르지만 바이런과 셸리는 둘 다 따뜻한 아버지의 사랑을 모른 채 자랐다.

바이런은 프랑스 대혁명을 적극적으로 지지하며 영국 정부를 수시로 질책했다. 그 때문에 죽은 후 웨스트민스터 사원에 안장되는 영예를 누리지 못했다.

바이런은 열 살이 되던 해에 큰아버지 바이런 경의 칭호와 재산을 물려받았다. 그는 귀족 학교인 해로 학교에 입학했으나 절름발이라는 이유로 친구들의 놀림과 괴롭힘을 당했다. 장난꾸러기 학우들은 바이런의 신발에 물을 붓거나, 혹은 뒤뚱거리는 걸음걸이를 흉내 내며 바이런을 괴롭혔다. 그럴 때마다 바이런은 성난 사자처럼 친구들에게 달려들어 앙갚음했다. 셸리 역시 열두 살 되던 해에 귀족 학교였던 이튼 학교에 입학했다. 그러나 규율이 엄하고 까다로웠던 학교생활에 적응하지 못하고 반항심만 키웠다. 이러한 성장 환경으로 말미암아 바이런과 셸리는 권위를 싫어하고, 예민하면서도 저돌적인 성격을 갖게 되었다.

창작의 열정

중학교를 졸업한 이후 바이런과 셸리는 각각 명문 대학인 케임브리지 대학과 옥스퍼드 대학에 진학했다. 바이런은 학업은 뒷전인 채 역사와 문학 서적을 탐독하거나 사냥이나 도박에 빠져 방탕한 생활을 보냈으나 학업은 순조롭게 끝마쳤다. 반면에 셸리는 학교 내에서 무신론에 관한 소책자를 만들어 무신론 사상을 퍼뜨리다가 첫 학기에 퇴학당했다.

바이런은 대학을 졸업한 뒤 세습 귀족으로 상원 의원이 되었다. 그러나 바이런은 상원 의원 취임선서를 하는 날, 의장이 일어나 축하의 악수를 청하자 악수를 거부하고 반대파 좌석에 자리 잡고 앉더니 10여 분만에 의원직을 사직하고 의회를 박차고 나왔다고 한다. 그 후 바이런은 무작정 여행을 떠났다. 1811년에 배로 리스본으로 간 뒤 스페인을 횡단하고 지브롤터를 지나 그리스와 터키를 여행하면서 자전적 장편 시 《차일드 해럴드의 여행》을 썼다. 이 시는 출판되자마자 선풍적인 인기를 끌면서 바이런은 일약 문단의 샛별로 떠올랐다. 그의 집 앞에는 총리 부인부터 일반 시민에 이르기까지 바이런의 얼굴을 보기 위해 찾아온 손님들의 마차로 북새통을 이룰 정도였다. 귀족들도 바이런과 친분을 나누는 것을 자랑으로 여길 만큼 인기를 한 몸에 받았다.

셸리의 초상

19세기 영국 낭만파 시인의 대표로서 시 작품을 통해 프랑스 혁명을 칭송하고 구태의연하고 불합리한 현실 사회를 비판했다. 그의 시는 열정으로 충만하면서도 간결하고 명쾌했다.

한편, 셸리는 누이 메리의 도움으로 생계를 유지하다가 누이의 친구와 결혼했다. 두 사람은 아일랜드로 신혼여행을 떠났다. 1812년에 영국 각지를 여행하고 돌아온 셸리는 장편 서사시 《매브 여왕》을 완성했다. 이 시에서 그는 우아한 문체와 철학적 논리로 종교의 위선적인 면과 사회의 불평등을 신랄하게 비평했다. 당시 이 시를 접한 마르크스는 셸리를 '천재적 예언가'라고 격찬했다.

바이런은 문단의 샛별로 명성을 날리면서 향락에 빠져 방탕한 생활을 보냈다. 방탕한 남편을 참을 수 없었던 그의 아내는 결국 딸을 데리고 친정으로 돌아간 뒤 두 번 다시 돌아오지 않았다. 사실 이는 젊은 시절 한때 향락에 빠진 나머지 발생한 가정불화일 따름이었다. 그러나 바이런과 그의 작품을 싫어하던 사람들은 악의적인 소문을 퍼뜨리며 비방하고 다녔다. 설상가상 빚에 쪼들려 재산을 압류당한 바이런은 급기야 아내와 이혼하고 영국을 떠났다. 1816년에 스위스에 도착한 바이런은 이곳에서 평생지기가 된 셸리를 만났다. 당시 셸리 역시 아내가 자살한 데다 자녀 양육권마저 빼앗겨 분노와 고통의 시간을 보내고 있었다. 두 위대한 시인은 제네바 호수를 거닐며 인생과 역사, 철학을 논하고 서로의 문학적 감수성을 자극하면서 인생에서 가장 아름답고 뜻 깊은 시간을 보냈다.

1816년 10월에 이탈리아로 옮겨온 바이런은 비밀 혁명 단체인 카르보나리 당에 들어가 혁명 투쟁에 참여했다. 그는 혁명 활동을 하는 와중에도 활발한 작품 활동을 진행했다. 이때 《타소의 탄식》, 《맨프레드》, 《단테의 예언》, 《돈 주안》 등 장편 시 여러 편을 잇달아 창작했다. 《돈 주안》은 미완성 장편 서사시로 바이런의 작품 가운데 최고로 꼽히는 작품이다. 그는 주인공이 유럽을 여행하면서 겪는 갖가지 모험을 통해 19세기 유럽 사회와 정치 상황을 개괄적으로 묘사했으며, 동시에 귀족 사회와 자본 계급 등 상류 사회의 추악한 모습을 풍자하고 고발했다. 셸리 역시 친구 바이런 못지않게 활발한 작품 활동을 전개했다. 바이런과 비슷한 시기에 《프로메테우스의 해방》, 《종달새에게》, 《서풍에 부치는 노래》 등 불후의 명작을 완성했다. 그 가운데 《서풍에 부치는 노래》의 "겨울이 오면 봄 또한 멀지 않으리." 라는 시 구절은 사람들의 입에서 입으로 회자되는 명언이 되었다.

1822년 7월 8일에 셸리는 이탈리아 여행에서 돌아오던 중 갑작스런 돌풍으로 배가 가라앉아 불행히도 익사하고 말았다. 소식을 듣고 허겁지겁 찾아온 바이런은 정성을 다해 직접 셸리의 장례식을 도맡아 치렀다. 이듬해 1월에 바이런은 셸리의 유골을 로마로 가지고 돌아와 생전에 그가 정해 놓은 묘지에 안장했다. 그로부터 2년 뒤에 그리스의 민족 해방을 위해 투쟁하던 바이런은 열병에 걸려 4월 19일 죽음을 맞이했다. 그리스 인들은 바이런을 위해 성대한 장례식을 치렀다. 바이런과 셸리는 각각 서른여섯과 서른이라는 젊은 나이에 요절했지만 영국 낭만파의 두 거장으로 문학사에 커다란 자취를 남겼다. 바이런은 '시단詩壇의 나폴레옹', 셸리는 '봄날의 종달새'로 추앙받고 있으며, 그들의 작품은 지금까지도 후세 사람들에게 많은 사랑을 받고 있다.

The United Kingdom

9 뉴하모니 공동체의 탄생

스코틀랜드의 글래스고Glasgow 부근에는 뉴래너크New Lanark라는 작은 마을이 있다. 주민이라 봤자 고작 180여 명에 불과하지만 일찍이 유네스코가 지정한 세계문화유산이다. 이유는 간단하다. 19세기 초엽의 공상적 사회주의자 로버트 오언이 뉴하모니 공동체의 모태가 된 산업 공동체를 만든 곳이 바로 이곳이었기 때문이다.

시기 : 1824년
인물 : 로버트 오언Robert Owen

자수성가

산업 혁명 이후 영국의 자본주의 경제는 눈부신 발전을 거듭했다. 자본가들은 더욱 많은 이윤을 얻기 위해 노동자들을 착취했다. 임금이 낮은 어린 아이들과 여직공을 주로 고용했으며 노동 시간을 연장하는 것은 다반사였다. 예컨대 방직 공장에서 일하는 노동자들은 하루에 14시간에서 18시간 동안 일을 했다. 맨체스터나 버밍엄과 같은 대도시에서 일하는 노동자들은 수도 시설조차 없는 빈민굴에서 생활했다. 온종일 일한 대가로 받은 몇 펜스로는 흰 빵이나 우유를 사먹는 것조차 버거웠다. 그래서 노동자 가정

한눈에 보는 세계사
1823년 : 미국, 먼로주의 선언

의 유아 사망률이 무려 60~70%에 달할 정도였다. 자본주의 경제 발전 과정에서 일어나기 마련인 여러 가지 시행착오들이 이 시기 영국에서 속속들이 출현하고 있었던 것이다. 노동자들의 비참한 생활은 사회 여론의 관심을 끌어모았다. 일부 이상주의자들과 공상주의자들은 사회적 모순을 해결할 수 있는 해법을 찾기 시작했다. 그 가운데 가장 대표적 인물이 바로 로버트 오언이었다.

오언의 초상

오언은 교육을 매우 중시했다. 그는 "차세대를 교육시키는 일은 국가의 이익을 좌우할 만큼 매우 중요한 문제다."라고 강조하며 유럽 각국에 교육 제도의 완비를 호소했다.

로버트 오언은 성공 신화의 주역으로 그의 일생은 한 편의 드라마와 같았다. 로버트 오언은 1771년 영국 중부에 있는 웨일스의 한 시골 마을에서 태어났다. 그의 아버지는 철물상을 운영하던 상인이었으며 어머니는 우체국 직원이었다. 로버트 오언은 열 살이 되던 해에 학업을 그만두고 도제로 직조 공장에 들어갔다. 총명하고 사업 수완이 좋았던 오언은 열아홉 살이 되었을 무렵 맨체스터에 있는 대규모 면직 공장의 공장장이 되었다. 1800년에는 뉴래너크 방직 공장 경영주의 딸과 결혼하면서 대공장의 경영을 맡게 되었다.

어린 시절부터 고용살이를 통해 쓰라린 경험을 했던 오언은 노동자의 비참한 생활을 가슴 아파했다. 그는 공장에서 일하는 노동자 2,500여 명의 생활을 개선하기 위해 여러 가지 방법을 모색했다. 우선 노동자의 노동 시간을 14시간에서 10시간으로 줄이고 아홉 살 이하 아동의 노동 착취를 금지했으며, 가혹한 관리 제도를 없앴다. 그다음에는 노동자들을 위해 오늘날의 복지 제도에 버금가는 일련의 복지 혜택을 제공했다. 노동자 상점과 병원, 탁아소, 공동 식당을 세우고, 새로운 기술을 개발한 노동자에게는 장려금을 주었다. 또 공장에서 일하다 다친 노동자에게는 보상금을 지급했다. 이렇듯 다양한 복지 혜택 덕분에 그의 회사는 하루가 다르게 생산성이 향상되면서 회사 이익도 두 배로 껑충 뛰어올랐다.

공동체 설립과 파산

오언은 사업이 크게 성공하고 명성을 얻었지만 현상에 안주하지 않았다. 그는 새로운 공동체 마을을 꿈꾸고 있었던 것이다. 그는 자신의 꿈을 이루기 위해 집과 공장을 팔아 자금을 모으기 시작했다. 1824년에 오언은 자녀 네 명과 그를 따르는 신봉자들을 거느리고 미국으로 이주했다. 그동안 모은 재산을 다 털어서 마련한 자금으로 인디애나 주에 121㎢의 땅을 사들인 뒤 뉴하모니 공동체를 세웠다. 1,500여 명을 수용할 수 있는 주거용 건축물과 공동 식당, 탁아소, 학교, 도서관, 병원을 세웠다. 또한 공동체 사람들이 곡물과 과일을 자급자족할 수 있도록 목장과 농장을 세우고 그밖에 공장도 설립했다.

공동체를 효율적으로 관리하기 위해 12명으로 구성된 위원회를 설립하고, 공동체 구성원들 모두에게 일정한 역할을 분담하고 노동량을 배정했다. 오언부터 시작해서 공동체 안의 모든 사람은 의무적으로 노동하되 그 결과물은 공동으로 분배했다. 가령 열두 살 이하 아동들은 학교에서 공부하고, 방과 후에는 공익 근로 활동에 참여했다. 스무 살에서 서른 살의 청년들은 농장과 공장에서 일했으며, 서른 살에서 마흔 살까지의 장년은 생산 관리를 책임졌고, 마흔 살에서 예순 살까지의 노인은 손님 접대 업무를 도맡았다. 공동체 안에서는 화폐가 필요 없었고 수확한 농산물은 창고에 보관했다가 골고루 분배했다.

이렇듯 공평과 화합을 원칙으로 하는 뉴하모니 공동체는 세상 사람들의 이목을 끌기 시작했다. 수많은 사람이 이곳을 찾아와 깔끔하게 정비된 도로와 주거 시설, 공장과 학교, 그 밖의 다양한 복지 시설을 참관했다. 순식간에 오언은 사회 각계각층의 찬사를 한몸에 받으며 그의 이야기는 여

오언이 미국 인디애나 주에 설립한 뉴하모니 공동체

러 신문에 대서특필되었다. 수많은 사람이 오언을 대자선가이자 이상적 공동체의 창시자로 영웅처럼 떠받들었다.

그렇다면 오언이 전 재산을 바쳐 설립한 뉴하모니 공동체는 과연 얼마나 유지됐을까? 놀랍게도 뉴하모니 공동체는 불과 4년 만에 해체됐다. 사실 오언은 사리사욕을 채우지 않고 원칙에 따라 공정하고 공동체를 꾸려나갔다. 그러나 토지를 매입하고 공장을 설립하느라 재정적 위기에 봉착한 데다 '절대평등주의' 원칙에 따른 공동 분배 원칙은 심각한 부작용을 낳았다. 뉴하모니 공동체에 거주하는 노동자들은 각각 나눠 갖는 수익이 똑같았기 때문에 남들보다 더 열심히 일하면 자기만 손해라는 인식이 널리 퍼졌다. 급기야 너나 할 것 없이 점차 게으름을 피우며 노동을 하지 않게 된 것이다. 노동력이 부족해지자 공장의 기계가 멈추고 농장이 점차 황폐해져 결국 파산에 이르게 되었다. 1829년에 뉴하모니 공동체가 파산하자 무일푼 신세가 된 오언은 다시 영국으로 돌아갔다. 비록 꿈은 무너졌지만, 그는 절대 포기하지 않았다. 오언은 공상적 이상주의자로서 노동 운동에 적극적으로 참여했다. 1858년 오언은 평소처럼 노동자 복지를 위한 강연에 나갔다가 급작스레 쓰러져 숨을 거두었다.

뉴하모니 공동체는 파산했지만 공상적 사회주의자로서 노동자의 환경을 개선하고자 했던 오언의 실험 정신은 역사적으로 매우 중요한 의의가 있다.

10 차티스트 운동

The United Kingdom

1838년 가을, 영국 북부 도시 볼턴Bolton에서는 대규모 횃불 시위가 일어났다. 횃불을 치켜든 4만여 명의 인파는 한결같이 땀에 찌들고 우람한 체격이 한눈에도 노동자임을 엿볼 수 있었다. 노동자들은 귀청이 떨어질 듯한 함성을 지르며 현수막을 흔들어 댔다. 활활 타오르는 횃불 사이로 보이는 현수막에는 다음과 같은 문구가 새겨져 있었다. "처자식을 위해 죽을 때까지 싸우자! 이 한 목숨 바쳐 끝까지 싸우자!", "폭군들아, 두려워하라!"

시기 : 1830~1850년
인물 : 윌리엄 러벳William Levitt, 퍼거스 오코너O'Connor, Feargus Edward

탄압으로부터의 항거

영국은 세계에서 가장 먼저 산업 혁명이 시작된 국가이다. 각종 신기술이 개발되고 다양한 기계가 발명되면서 자본가들은 기계만 돌렸다 하면 돈이 펑펑 쏟아지는 황금기를 누리게 됐다. 더욱 많은 이윤을 남기기 위해 혈안이 된 탐욕스러운 자본가들은 서로 시합이라도 하듯 노동자들을 착취했다. 다른 공장에서 노동시간을 16시간으로 연장하면 이에 질세라 18시간으로 늘렸고, 다른 공장에서 스물 살짜리 여공들에게 임금의 절반을 주고

한눈에 보는 세계사

1823년 : 미국, 먼로주의 선언
1848년 : 마르크스·엥겔스, 〈공산당 선언〉 발표
1853년 : 크림 전쟁
1854년 : 일본, 미국의 압력으로 개항
1858년 : 중국, 2차 아편 전쟁

고용하면 이에 질세라 어린 아이들에게는 임금의 10의 1을 주고 노동력을 착취했다. 노동자들은 하수가 넘쳐흐르고 모기 떼가 기승을 부리는 더러운 빈민굴에서 짐승만도 못한 생활을 했다. 노동자들은 온종일 공장에서 일하고 받는 임금이라고 해 봤자 고작 2, 3펜스에 불과했다. 하지만 고용주는 노동자를 착취한 덕분에 한 달의 순수입이 수십 파운드에 달했고, 여왕의 매달 수입은 164파운드에 달했다. 사태의 심각성을 깨달은 영국 정부도 어린 아동의 고용을 금지하고 노동 시간을 제한하는 등 관련 법규를 제정했다. 그러나 노동자들의 비참한 생활은 근본적으로 개선되지 않았다. 이에 노동자들은 고용주의 부당한 착취에 맞서기 위해 서로 단결하여 노동자 협회를 만들기 시작했다. 마침내 프롤레타리아 계급이 역사의 무대 위에 등장한 것이다.

1836년 6월에 런던 노동자협회가 정식으로 창설됐다. 협회를 이끄는 지도자는 목수 출신의 윌리엄 러벳과 도제 출신의 퍼거스 오코너였다. 퍼거스 오코너는 대단히 뛰어난 연설가이기도 했다. 준수한 용모에 부드러운 화술로 자본가들의 부당한 착취를 고발하는 그의 연설은 항상 수많은 노동자의 공감을 이끌어 냈다. 윌리엄 러벳과 퍼거스 오코너의 지휘 아래 런던 노동자협회는 1837년 '인민헌장People's Charter'을 작성했다. 인민헌장은 만 21세 성인 남자의 보통선거권, 의회의 연례 개최, 선거구의 평등화, 비밀 투표, 하원 의원 유급제, 의원 출마자의 보유재산에 따른 자격 제한 폐지 등 총 6개 조항으로 이루어졌다. 노동자들은 인민헌장이 실현되도록 국민 청원 서명 운동을 벌였는데, 이를 '차티스트 운동'이라고 일컬었다. 볼턴, 맨체스터, 글래스고, 사우샘프턴 등 전국 각지에서 수십만 명의 노동자들이 집회를 열고 불꽃 시위행진을 벌였다.

청원 서명

1839년에 노동자들은 인민헌장을 전국에 배포했다. 같은 해 5월에는 런던에서 차티스트 대회를 개최하여 의회에 제출할 청원서를 마련했다. 1839년 2월에는 런던에서, 그리고 5월에는 버밍엄으로 옮겨 통일대회를 열었다. 그리고 그해 6월에 청원서를 의원에 제출했다. 청원서에는 당시 영국의 사회적 상황을 이렇게 묘사했다.

"노동자들은 굶주림에 시달리며 죽도록 일하지만 임금조차 제대로 받지

1842년 4월 10일에 런던의 켄싱턴에 모인 차티스트 수만 명은 대규모 시위를 벌였다.

못하고 있습니다. 집에는 가재도구 하나 없이 텅 비어 있지만 업주들의 창고에는 물건이 산처럼 쌓여 있습니다……"

청원서의 마지막에는 노동자들의 절박한 요구 사항이 이렇게 적혀 있었다.

"불법행위를 저지른 적이 없는 건강한 정신과 신체를 가진 성년 남자들에게 의회의 의원을 선출할 수 있는 선거권을 주십시오. 또한 앞으로 의회 선거는 무기명 투표 방식으로 치를 수 있도록 규정을 만들고, 의회의 회기를 1년이 넘지 않도록 하며, 보유 재산에 따라 의원 자격을 제한하는 법을 철폐하고, 의원의 임기 동안 그에 합당한 보수를 받을 수 있도록 해 주십시오."

그러나 의회의 귀족과 자본가들은 노동자 120만 명이 서명한 청원서를 거들떠보지도 않았다. 의회는 청원서를 335대 46의 표결로 즉석에서 부결시켰다. 그뿐만 아니라 11월에 뉴포트Newport에서 차티스트들이 무장봉기를 일으키자 정부는 국가 권력 기관을 총동원하여 강제 진압했다. 주동자들은 오스트레일리아로 추방되었으며, 그 밖에 거의 모든 지도자가 체포되어 단기간의 구금을 선고받았다. 정부의 탄압으로 첫 번째 차티스트 운동은 별다른 실효를 거두지 못하고 해산되고 말았다.

그러나 이것으로 차티스트 운동이 끝난 것은 아니었다. 1840년에 차티스트 대표 스물세 명이 맨체스터에서 대회를 열고 '전국헌장협회'를 창설했다. 합법적인 방식으로 차티스트 운동을 전개하기로 결의한 것이다. 협회는 전국 각지에 지회를 만들어 노동자들이 가입비 2펜스만 내면 협회에 가입할 수 있도록 회원 유치에 총력을 기울였다. 덕분에 불과 2년 만에 헌장협회는 수백만 명의 회원을 거느리게 되었다. 1842년에 헌장협회는 325만 명의 서명 청원서를 의회에 제출했다. 그러나 의회는 또다시 287대 49의 표결로 부결시켰다. 그뿐만 아니라 체포령을 내려 노동자 1,000여 명을 체포했다. 결국 두 번째 차티스트 운동 역시 실패로 끝나고 말았다.

1848년에 유럽 대륙에서 혁명이 일어나자 세 번째 차티스트 운동이 또 다시 시작됐다. 그러나 이번에는 차티스트 운동을 벌이기에는 대내외 조건이 매우 불리했다. 경찰들은 조금이라도 노동자 봉기가 일어날 기미가 보이면 곧장 진압할 준비를 철저히 하고 있었다. 설상가상 헌장협회 내부에 심각한 갈등이 발생했고 노동자들의 임금이 인상되면서 참여도가 급격히 낮아진 상태였다. 헌장 협회는 노동자 50만 명이 참여한 대규모 시위행진을 벌이려고 했으나 참여자는 5만여 명에 불과했다. 1848년 4월 헌장협회는 570만 명의 청원 서명을 모아 의회에 제출했으나 역시 부결되고 말았다. 당시 청원서에 실명을 쓴 이는 100여만 명에 불과했으며, 나머지는 장난으로 우스꽝스러운 가짜 이름을 쓴 사람이 태반이었다. 이후 10년 동안 차티스트 운동은 지방에서 가까스로 명맥을 유지했으나 전국적인 운동으로서는 이미 호소력을 잃고 말았다.

1858년 2월 8일에 헌장협회가 소집한 대표대회를 마지막으로 마침내 차티스트 운동은 종지부를 찍었다. 1867년에 영국 의회는 도시의 노동자들에게 선거권을 부여하는 선거법 개정안을 통과시켰고, 1884년에는 농촌과 광산의 노동자에게 선거권을 부여하는 점진적 개혁 정책을 단행했다. 선거권을 얻기 위해 치열한 투쟁을 벌였던 차티스트 운동은 지금까지도 영국인의 가슴에 소중히 기억되고 있다.

The United Kingdom

11 다윈과 진화론

1859년 11월 24일 새벽, 런던 시내의 한 서점 앞에 수많은 사람이 긴 꼬리를 물고 줄을 서 있었다. 지나가는 사람들은 호기심 어린 표정으로 흘깃흘깃 쳐다보았다. 그중에는 대니얼 디포와 헨리 필딩의 작품이 다시 출간되었느냐고 묻는 사람도 있었다. 이윽고 서점 문이 활짝 열리자 줄지어 기다리던 사람들이 차례로 서점 안으로 들어가며 소리쳤다. "난 세 권 주시오!", "난 두 권이오!" 수많은 사람의 성화에 이제 막 출간된 책 1,250권이 순식간에 팔려나갔다. 날개 돋친 듯이 팔려나간 베스트셀러는 다름 아닌 영국 생물학자 찰스 다윈의 《종의 기원》이었다.

시기 : 1859년
인물 : 찰스 다윈Charles Darwin

배움의 시절

1809년 2월 12일에 다윈은 영국 세번 강 근처의 작은 마을 슈루즈버리Shrewsbury에서 태어났다. 그의 아버지와 할아버지 모두 유명한 의사였다. 가족들은 다윈 역시 가업을 이어 의사가 되기를 바랐다. 그리하여 다윈은 1825년 열여섯의 나이에 에든버러 대학 의학과에 입학했다. 그러나 다윈은 체질적으로 의사라는 직업과는 맞지 않았다. 한 번은 외과 수술 견학 도중 수술실을 박차고 나가 심한 구토를 하여 대대로 이어오는 의사 가문에 먹

한눈에 보는 세계사

1858년 : 중국, 2차 아편 전쟁
1860년 : 조선, 최제우 동학 창시
1861년 : 러시아, 농노 해방. 이탈리아 통일
1861년 : 미국, 남북 전쟁
1863년 : 링컨, 노예 해방 선언

칠하기도 했다. 다윈은 사람의 신체 구조를 외우기보다는 곤충이나 돌, 조개껍데기를 모으는 데 더 열중했다. 한 번은 희귀한 곤충을 발견하고서 행여나 잃을까 봐 입 안에 넣고 가져오다 독침에 쏘이기도 했다. 그가 얼마나 생물학에 빠져 있는지 짐작이 가고도 남는다.

다윈이 걸핏하면 강의를 빼먹고 산으로 들로 곤충 채집하러 다니는 사실은 금세 아버지의 귀에 들어갔다. 아들이 의사로 성공하기 어렵다고 판단한 그의 아버지는 학교를 중퇴시키고 대신 케임브리지 대학에 입학시켰다. 다윈은 아버지의 뜻에 따라 성공회 신부가 되기 위해 신학과에 입학했지만 여전히 대부분 시간을 생물학 연구에 쏟아 부었다. 자연과학 강의를 수강하고, 생물학 서적을 탐독하며, 기숙사 방안은 온통 곤충 표본과 새의 깃털, 기괴한 암석으로 뒤덮였다. 때마침 그는 케임브리지 대학에서 권위 있는 식물학 교수 헨슬로Henslow와 가깝게 지내며 그의 지도를 받을 수 있었다. 헨슬로 교수의 세심한 가르침 덕분에 다윈은 화석을 채굴하고 감정하는 법, 과학 조사 자료를 분석하고 정리하는 법 등을 배우면서 과학자의 꿈을 키워 나갔다. 이때 다윈은 자신의 인생에 큰 영향을 미치게 될 책 두 권을 접하게 되었다. 바로 독일 과학자 알렉산더 폰 훔볼트Alexander von Humboldt의 《남미 여행기》와 영국 천문학자 존 허셜John Herschel의 《자연과학입문》이었다. 이 책들은 밤하늘의 북극성처럼 다윈이 인생의 목표를 세우는 길라잡이가 됐다. 다윈은 교회당에서 기도나 하며 일생을 보내기보다는 거룩한 과학 연구에 평생을 바치겠노라고 결심했다.

다윈이 저술한 《비글호 항해기》

탐사여행

1831년 12월 7일에 235톤의 작은 선박이 항구를 미끄러지듯 빠져나가 대서양을 향해 항해를 시작했다. 스물두 살의 다윈은 '비글호'라고 불리는 이 해군 측량선에 올라 5년 동안 탐사 활동을 했다. 5년 동안 다윈은 아메리카와 아프리카 대륙, 대서양과 태평양, 인도양을 누볐다. 대서양의 산티아고 섬에서는 암석 표본을 수집했고, 안데스 산맥에서는 조개 화석을 발견했으며, 갈라파고스 제도에서는 코끼리거북과 군함조를 관찰했다. 갈라파고스 제도에서 코끼리거북의 등에 올라타 느릿느릿 해변을 산책하는 진귀한 경험도 했다. 당시 갈라파고스에 주재하던 영국 영사는 다윈에게 15종에 달하는 코끼리거북의 차이점을 자세히 설명해 주었다. 순간 기발한 생각이 다윈의 머릿속에 떠올랐고 이때부터 다윈은 깊은 사색에 빠지기 시작했다.

그로부터 5주일 뒤 비글호는 갈라파고스 제도를 떠나 새로운 행선지로 향했다. 다윈은 코끼리거북을 보고 기발한 아이디어를 얻은 채 이곳을 떠났다. 같은 계통의 생물이라도 서식 환경에 따라 조금씩 변화하고 발전하는 점에서 어렴풋하게나마 진화론을 구상한 것이다. 1836년 10월 비글호는 드디어 영국으로 귀환했다. 다윈은 귀국하자마자 그동안 탐사 활동을 하면서 수집한 자료들을 정리했다. 그리고 자신의 진화론을 뒷받침해 줄 수 있는 이론적 근거를 찾기 위해 수많은 전문 서적을 탐독했다. 연구를 할수록 다윈은 자신의 이론에 확고한 믿음이 생겼다. 이 세상은 《성경》의 창세기에 나오는 것처럼 하느님이 일주일 만에 창조한 것이 아니며, 지구의 나이는 그보다 훨씬 오래되었다는 것을 깨달았다. 특히 이 세상의 모든 동식물과 인류는 원시 생물체로부터 점차 진화하여 지금의 모습으로 발전한 것이라는 사실을 확신하게 되었다. 1859년 11월에 다윈은 20여 년에 걸친 연구 내용을 바탕으로 저술한 《종의 기원》을 마침내 출간했다. 이 책에서 다윈은 적자생존을 통한 종의 진화에 대한 이론을 제시했다.

《종의 기원》의 출판은 유럽은 물론이거니와 전 세계에 일대 센세이션을 일으켰다. 특히 당시 최고의 권위가 있던 종교계의 '창조설'과 전면적으로 대립하는 양상을 띠면서 종교계를 발칵 뒤집어 놓았다. 종교계는 다윈의 학설을 죄악으로 간주하며 비난을 퍼부었다. 그러나 진화론 지지자와 박물학자들은 다윈의 학설을 열렬히 옹호했다. 그로부터 100여 년에 걸친 격렬한 논쟁 끝에 마침내 1970년대에 이르러서 진화론은 학계의 보편적인 이론으로 받아들여졌다. 1882년 4월 19일에 다윈이 병사하자 영국인들은 그를 웨스트민스터 사원에 안장했다. 영국인들은 그를 위대한 과학자 뉴턴과 패러데이 옆에 나란히 안장했다. 이는 다윈에 대한 경의와 존경의 표시였다.

진화론에 근거하여 지구상 동식물의 기원과 진화 현황을 그린 그림

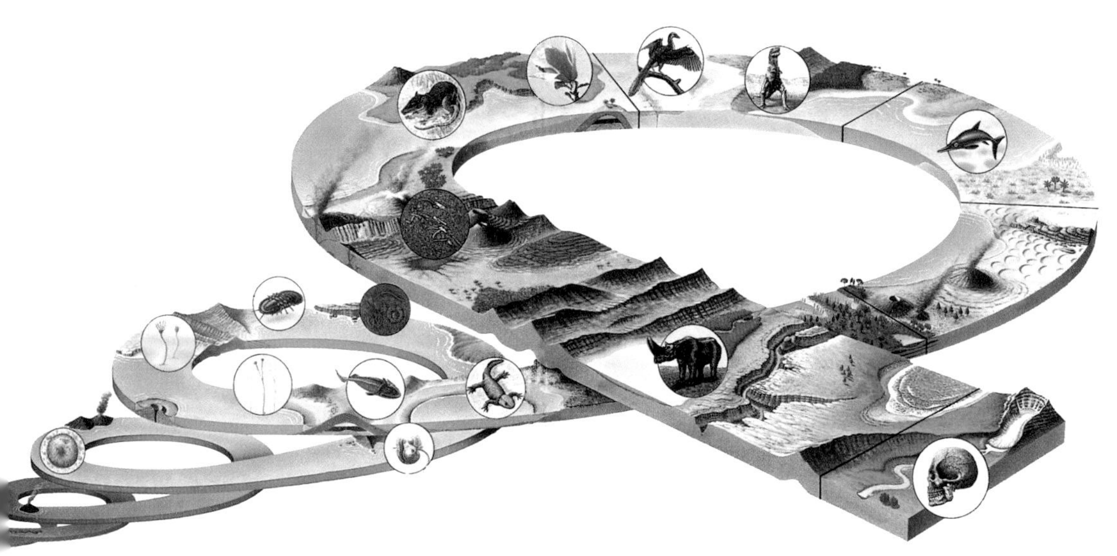

The United Kingdom

12 소설가 찰스 디킨스

1870년 6월 8일 음산한 수요일, 엘렌 터넌Elen Ternan이 탄 마차가 켄트 주를 향해 달려가고 있었다. 같은 시각 켄트 주Kent에 있는 저택에서는 당대 가장 위대한 작가 찰스 디킨스가 임종을 앞두고 있었다. 디킨스의 가족들은 그가 죽기 전에 사랑했던 연인 엘렌 터넌과 마지막 작별을 할 수 있도록 배려해 주었다.

시기 : 1812~1870년
인물 : 찰스 디킨스Charles Dickens

고단한 세월

1812년 2월 7일에 디킨스는 영국 남부의 항구 도시 플리머스Plymouth에서 태어났다. 디킨스는 해군 경리국의 하급 관리였던 존 디킨스와 그의 아내 엘리자베스 슬하의 여덟 아이 중 둘째로 태어났다. 비록 유복한 가정환경은 아니었지만 디킨스는 웃음과 노랫소리로 가득한 행복한 유년 시절을 보냈다. 디킨스의 집은 항구가 내려다보이는 산등성이에 있었다. 그래서 그

한눈에 보는 세계사

1811년 : 조선, 홍경래의 난
1823년 : 미국, 먼로주의 선언
1853년 : 크림 전쟁
1858년 : 중국, 2차 아편 전쟁
1860년 : 조선, 최제우 동학 창시
1861년 : 이탈리아 통일
1861년 : 미국, 남북 전쟁
1863년 : 링컨, 노예 해방 선언
1870년 : 프랑스·프로이센 전쟁
1871년 : 독일 통일

는 날마다 창문 밖으로 항구를 드나드는 각양각색의 배들을 바라보는 것을 즐겼다. 디킨스의 아버지는 아들의 관찰력이 남다르다는 사실을 발견하고 자주 함께 여행을 떠났다. 아들에게 좀 더 큰 세상을 보여 주며 시야를 넓힐 수 있도록 도와주고 싶었기 때문이다. 한번은 두 사람이 교외로 여행을 떠났을 때, 디킨스는 아름답고 웅장한 규모의 저택을 발견하고서 눈이 휘둥그레졌다. 눈을 떼지 못하고 구경하는 아들의 머리를 쓰다듬으며 아버지는 말했다.

"얘야, 이다음에 부지런히 일해서 돈을 벌면 너도 이런 집에 들어가 살 수 있단다."

그로부터 30여 년 뒤에 문학가로 성공을 거둔 디킨스는 어린 시절 아버지와 함께 봤던 그 별장을 정말로 사들였다.

1821년은 디킨스에게 암울한 한 해였다. 그의 아버지가 수년 동안 도박과 술에 젖어 사느라 엄청난 빚을 졌다. 빚 독촉에 시달리던 디킨스 가족은 빚쟁이를 피해 도망쳤으나 결국 아버지가 감옥에 갇히고 말았다. 당장에 생계가 막막해지자 디킨스는 어린 나이에 일자리를 찾아 나서야 했다. 디킨스가 첫 일자리를 얻은 곳은 런던의 한 구두약 공장이었다. 그는 이곳에서 하루에 10시간씩 일을 하면서 주급 6실링을 받았다. 디킨스는 일솜씨가 매우 뛰어났다. 공장장은 디킨스에게 많은 사람 앞에서 일하는 것을 시범을 보이게 하기도 했다. 어린 나이에 공장에서 적은 임금으로 고된 노동을 했던 디킨스는 건강을 크게 해쳤다.

디킨스는 열다섯이 되자 변호사 사무실에서 사환으로 일하게 되었다. 그 뒤에는 법원의 속기사로 일하다 다시 신문사의 통신원으로 일하게 되었다. 신문사에서 일하는 동안 디킨스는 뉴스거리를 취재하기 위해 런던의 골목 곳곳을 누비며 다양한 사람들을 만났다. 당시의 런던은 지금처럼 번화한 대도시가 아니었다. 거리마다 노점상이 빼곡했고, 수많은 거지와 고

아들이 거리를 떠돌고 있었다. 공공 위생 설비도 낙후되어 사방이 진흙탕과 오물투성이였다. 디킨스가 이때 목격했던 가난하고 병든 빈민층의 비참한 생활상은 훗날 그의 작품의 주된 소재가 되었다. 또한 디킨스는 사회의 모순과 부정을 직접 체험하며 가난에서 벗어나려고 혼신의 힘을 다하던 시절의 방황과 고통, 공포를 그의 작품에서 세밀하게 표현했다.

명성을 날리다

디킨스가 스물한 살이 되던 해에 그는 인생의 전환점을 맞이했다. 신문사 통신원으로 일하면서 월간 잡지와 정기 간행물에 기고했던 소품들을 모아 단편 소품집 《보즈의 스케치》를 출판하면서 작가로서 새 출발을 하게 된 것이다. 그의 첫 작품이 출간되었을 때 디킨스는 흥분을 억누르지 못한 채 교회당에 숨어 한 시간 동안 감격의 눈물을 쏟았다. 중학교도 졸업하지 못하고 낮에는 고된 일을 하는 와중에도 틈틈이 글공부를 하던 그가 마침내 그토록 원하던 작가가 되었으니 그보다 더한 감동이 어디 있겠는가?

이후 수년 동안 디킨스는 잡지와 신문에 작품을 연재하기 시작했다. 특히 연재 소설 《피크위크 페이퍼스》의 경우 폭발적인 인기를 얻으면서 신문 판매량이 하루에 4만 부를 넘는 기록을 세우기도 했다. 덕분에 그는 전국적으로 명성을 날리는 유명 작가로 발돋움했다. 작가로서의 출세와 함께 그에게 사랑이 찾아왔다. 상대는 스코틀랜드 저널리스트이자 학자였던 조지 호가스의 딸 캐서린이었다. 디킨스는 침착하고 조용한 성격의 그녀야말로 자신이 그토록 갈망하던 화목한 가정을 만들어 줄 최고의 적임자라고 여겼다. 1836년, 마침내 두 사람은 결혼식을 올렸다. 그러나 두 사람 중 누구도 자신들의 결혼 생활이 고통의 연속이 될 것이라고는 상상조차 하지 못했다.

달콤한 신혼여행에서 돌아온 후 디킨스는 전심전력으로 창작 활동에 전념했다. 매일 아침 7시에 일어나면 책상 앞에 앉아 2,000자에 가까운 소설을 썼다. 점심 식사가 끝나면 오후 5시까지 산책을 즐겼다. 디킨스는 이처럼 날마다 규칙적인 생활을 유지하면서 왕성한 필력을 발휘하여 수많은 작품을 완성했다.

1838년에 그의 대표적 작품인 《올리버 트위스트》가 출간되었다. 빈민 수용소에서 고통과 굶주림에 허덕이던 주인공 올리버 트위스트가 런던으로 도망쳐 도둑 소굴에서 괴롭힘을 당하다 선량한 자본가의 도움으로 구원을 받는 내용이었다. 디킨스는 작품을 통해 자신이 유년 시절에 경험했던 빈민층 생활을 그려내며 아동 노동을 착취하던 빈민 수용소 제도의 잔혹함을 비판했다. 당시 런던의 빈민 수용소에서는 성인 남자에게는 하루에 빵 336그램과 고기 140그램을 배급했고, 아동들에게는 멀건 죽을 배급했다. 그 비참한 실정이 어느 정도인지 상상이 가고도 남음이 있다. 디킨스는 자신의 작품에서 이러한 빈민 수용소를 '인생을 가둔 새장'에 빗대며, 수용소 제도에 대한 혐오와 거부감을 숨김없이 드러냈다.

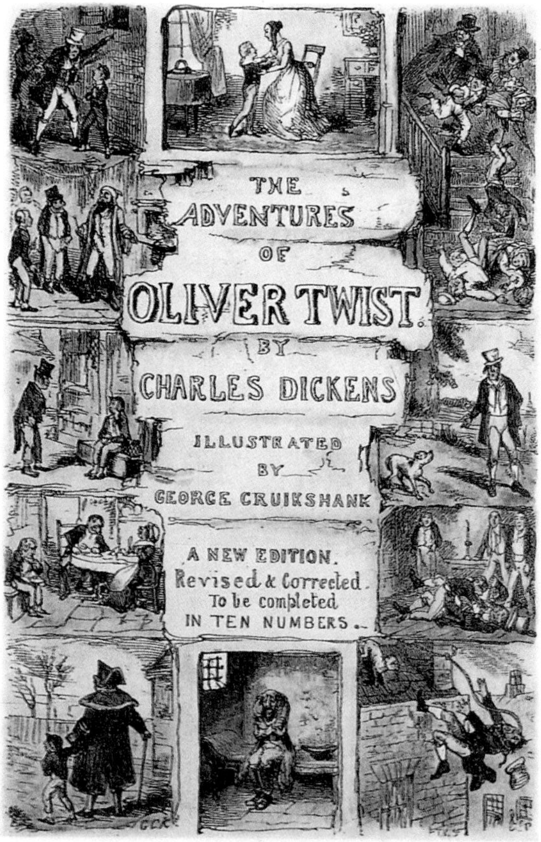

화가 조지 크루크생크가 그린 《올리버 트위스트》의 삽화

불행한 결혼생활

《올리버 트위스트》를 통해 베스트셀러 작가 반열에 오른 디킨스는 작가

로서의 전성기를 누렸다. 그는 《데이비드 코퍼필드》, 《황폐한 집》, 《두 도시 이야기》, 《위대한 유산》 등 우수한 작품을 연달아 발표했다. 디킨스는 인물의 특징을 세밀하게 표현하는 특유의 생동감 넘치는 필치로 일상생활에서 흔히 볼 수 있는 다양한 인물 군상을 묘사했다. 가령 《두 도시 이야기》에서는 사랑을 위해 목숨을 버리는 시드니 카턴, 《위대한 유산》에서는 거액의 유산으로 하루아침에 갑부가 되었다가 순식간에 몰락하는 핍 등이 대표적인 예다. 디킨스는 이러한 등장인물을 통해 화목한 가정의 소중함과 거룩한 도덕의 힘을 작품에 담아냈다. 이때의 디킨스는 이미 유럽 최고의 작가로 부상하면서 그의 이름은 발자크나 톨스토이에 버금가는 명성을 떨쳤다.

디킨스가 창작 활동을 하며 살아가던 시대는 19세기 빅토리아 여왕 시대이다. 디킨스는 작품을 통해 사회 상류층과 자본가의 위선적이고 탐욕스러운 모습을 사실주의적 필치로 폭로하는 한편, 하류층 사회의 부녀자와 노약자의 비참한 생활에 관심과 동정을 표시했다.

작품에서 모범적이고 행복한 가정을 즐겨 묘사한 것과는 달리 실제 디킨스의 결혼 생활은 불행하기만 했다. 캐서린은 그를 위해 10명의 아이를 낳아 주었지만 열정적이고 충동적인 디킨스는 조용하고 고리타분한 아내가 불만스럽기만 했다. 그는 살림살이에 서투르다거나 자신과 지적 수준 차이가 크다는 등의 이유를 들어 캐서린을 질책하기 시작했다. 심지어는 아이를 너무 많이 낳아 경제적 부담을 가중시킨다고 불평까지 해댔다. 캐서린은 고함치고 분노하는 남편의 모습에 벌벌 떨고 흐느끼는 것 이외에는 달리 방법이 없었다. 결혼 생활이 자신을 속박하는 감옥이라 여기며 불행을 느끼던 디킨스는 심지어 침실에 임시 벽을 만들어 캐서린과 대화조차 나누려 하지 않았다. 그런 와중에 디킨스는 엘렌 터넌을 만나 연인 관계로 발전했다. 그 이듬해는 급기야 아내와 별거를 시작하면서 사회적 스캔들을 불러일으켰다. 유명 작가로서 자녀 열 명과 온순한 아내를 거느린 그는 이상적인 가정의 모델로 대중의 사랑을 받고 있었다. 그러나 부인과의 별거로 대중에게 지탄의 대상이 되면서 디킨스는 상당한 심적 고통을 겪어야 했다. 그로부터 십여 년 뒤 캐서린은 우울증에 시달리다 세상을 떠났다. 그녀는 죽기 전에 젊은 시절 디킨스가 자신에게 보낸 연서를 영국 박물관에 기증하라며 딸에게 건네주었다. 비록 결혼 생활은 불행한 종지부를 찍었지만 한때는 디킨스로부터 열렬한 사랑을 받았다는 사실을 모든 이에게 말해 주고 싶었던 것이다.

디킨스는 1870년 6월 9일에 숨을 거두었다. 그의 시신을 웨스트민스터 사원에 안장하던 날 수만 명에 이르는 시민이 도로 양쪽에 서서 그의 마지막 길을 배웅했다. 또한 그의 무덤 앞에는 꽃다발이 산더미처럼 쌓였다. 디킨스는 34년 동안의 창작 기간에 장편 소설 14편과 수많은 중단편 소설을 쓰며 2,000여 명에 달하는 개성적이고 생동감 넘치는 인물을 창조했다. 영어가 이 세상에서 사라지지 않는 이상 디킨스의 명성은 영원히 지속될 것이다.

The United Kingdom

13 보어 전쟁

지금의 남아프리카 동북부에 있는 발 강Vaal River의 상류 고원 지대에는 요하네스버그Johannesburg라는 도시가 있다. 요하네스버그는 세계 총 생산량의 4분의 1을 차지하는 금이 매장되어 있어서 예로부터 '황금의 도시'라고 불렸다. 지금으로부터 약 100여 년 전, 영국은 이 황금의 도시를 차지하여 아프리카 식민지를 넓히기 위해 무려 2억 파운드를 쏟아 3년에 걸친 식민지 전쟁을 일으켰다. 역사가들은 이 전쟁을 '보어 전쟁'이라고 일컬었다.

시기 : 1899년
인물 : 보어 인

황금이 불러일으킨 재앙

'보어'란 네덜란드 어로 '농민'이라는 뜻이다. 즉, 아프리카 보어 인은 대항해 시대 이후 아프리카 남부로 이주해 온 네덜란드 인의 후예였다. 당시 '바다의 마부'라고 불리던 네덜란드 인들은 1652년 아프리카 남단의 희망봉에 첫발을 디디면서 정착지를 개척했다. 백 년이 넘는 시간이 흐르는 동안 그들의 후예인 보어 인은 크게 번성하면서 아프리카 남부에 든든한 기반을 다질 수 있었다. 그러나 그들만의 평화로운 시간은 그다지 오래가지 않았다. 뒤따라 남아프리카에 진출한 영국인들은 600만 파운드라는 헐값으로

한눈에 보는 세계사

1896년 : 제1회 근대 올림픽 개최
1897년 : 대한 제국 성립
1899년 : 제1차 헤이그 만국 평화 회의

희망봉을 빼앗아 이를 케이프타운Cape Town이라 명명하고 영국령 식민지로 삼았다. 보어 인은 그들이 고생해서 개척한 땅을 점령한 영국인에게 분노했지만 대항하기에는 역부족이었다. 세력 싸움에 밀려 새로운 정착지를 찾아 나선 보어 인은 북쪽 지방으로 집단이주하여 트란스발Transvaal 공화국과 오라녜 자유국Oranje Vrystaat을 세웠다.

하지만 보어 인이 북방으로 이주한 것은 또 다른 불행의 씨앗이었다. 식민지 확장에 열을 올리며 야욕의 칼을 갈던 영국은 보어 인에게 풀 한 포기, 흙 한 줌조차 양보하려 하지 않았다. 1877년 영국은 트란스발 공화국을 점령했으나 보어 인도 결코 만만한 상대는 아니었다. 과거 유럽의 맹주로 군림하던 스페인을 상대로 독립 전쟁을 일으킨 네덜란드 인의 후예가 아니었던가? 그들이 순순히 영국의 지배를 받아들일 리 없었다. 1880년 12월, 보어 인은 전쟁을 일으켜 영국 수비군 1,000여 명을 죽이고 트란스발 공화국의 독립을 선포했다. 당시 아프리카 곳곳에 흩어져 있던 식민지들이 독립전쟁을 일으켜 발등에 불이 떨어진 영국은 보어 인과 '프리토리아Pretoria 협정'을 체결할 수밖에 없었다. 외교적 주권과 전쟁 시 영토를 통과할 수 있다는 형식상 종주국의 지위만을 유지한 채 보어 인의 독립을 인정한 것이다.

단 한 차례의 전투로 영국 제국을 격파하고 독립을 쟁취한 보어 인은 주권을 회복하고 안정된 생활을 누릴 수 있었다. 그러나 1884년 조지 해리슨이라는 오스트리아 청년이 트란스발 공화국의 한 목장에서 세계 최대 규모의 금광을 발견하면서 문제가 시작됐다. 이 금광은 지금의 요하네스버그를 중심으로 둘레 500여 km까지 금맥이 뻗어 있어서 매년 수백 톤에 달하는 황금을 채굴할 수 있을 만큼 엄청난 규모를 자랑했다. 이 소식에 보어 인과 영국인은 모두 매우 놀랐다. 특히나 영국의 광산 회사들은 피 냄새를 맡은 상어처럼 떼로 몰려들었다. 금광 개발에 혈안이 된 영국인들에게

보어 전쟁에 관한 포스터

이 포스터는 1900년 6월 5일, 영국군이 프리토리아를 점령한 뒤 제작된 것이다. 배경이 되는 아프리카 남부 지도에서 붉은색으로 표기된 곳은 영국의 식민지이다. 맨 위쪽의 인물은 빅토리아 여왕이고, 중앙의 인물은 이안 해밀턴 경(Ian Hamiltons)이며, 왼쪽 인물은 유격대를 지휘한 로버트 베이든 파월(Robert Baden-Powell), 오른쪽은 1895~1903년까지 영국 식민 장관을 역임한 조지프 체임벌린(Joseph Chamberlain)이다.

속수무책일 수밖에 없던 보어 인은 가만히 있을 수 없었다. 새로운 법령을 만들어 요하네스버그에 거주하는 외국인에게 전액 세금을 부과하고 선거권을 제한하며, 외국 투자 기업에는 고액의 세금을 부과하는 방식으로 대항했다. 당시 트란스발에 거주하는 외국인은 대부분이 영국인이었고, 요하네스버그에 있던 광산 기업 100여 개도 80% 이상이 영국 투자 기업이었다. 그래서 영국인은 새 법령을 자신들의 존립 기반을 무너뜨리려는 정치 공세로 받아들였다. 1895년에 경찰과 죄수들로 이루어진 영국군이 트란스발을 공격했으나 사상자 100여 명을 내고 전원이 포로가 되는 참패를 당했다. 이 소식은 영국 본토를 분노로 들끓게 했고 영국 국민에게 참을 수 없는 치욕을 안겼다. 반면에 영국과 적대 관계에 있던 독일로서는 더할 수 없는 희소식이었다. 오죽했으면 독일 빌헬름 2세가 보어 인에게 '위대한 승리'를 축하하는 축전까지 보냈겠는가? 이 축전은 영국 국민의 들끓는 분노에 기름을 붓는 격이 되었다. 1899년 10월 11일, 보어 인에게 본때를 보여 주리라고 벼르던 영국이 트란스발을 침공하면서 마침내 금광으로 촉발된 보어 전쟁이 시작되었다.

전면적인 전쟁

전쟁이 시작되자 이미 만반의 준비를 하고 있던 트란스발과 오라녜 연합군이 선제공격했다. 마침내 10월 30일, 영국군 주력 부대 4,000여 명과 보어 인 주력 부대 간에 격전이 벌어졌다. 당시 보어 인 군대는 독일제 소총,

기관총, 포탄 등으로 완전 무장하고 있었으며, 독일의 군사 고문 여러 명이 작전을 지휘했다. 그리하여 보어 군대는 월등한 병력을 과시하며 1,000명이 넘는 영국군을 단숨에 격파할 수 있었다. 전세가 불리해지자 영국군은 후퇴하여 참호를 짓고 지원군이 도착하기를 기다릴 수밖에 없었다. 얼마 지나지 않아 불러Redvers Buller 경이 인솔하는 영국 원정군이 케이프타운에 도달하면서 대대적인 반격이 시작됐다. 불러 경은 보병 4개 여단과 기병대 4개 연대로 이루어진 총 2만여 명의 병력과 50문이 넘는 대포를 보유하고 있었다. 이에 비해 보어 인은 민병대와 경찰 부대를 합해 봤자 4,000여 명에 불과했고, 보유한 대포도 10여 문이 채 되지 않았다.

병력과 무기 보유량만 놓고 따진다면 보어 인의 패배는 불을 보듯 뻔했다. 그러나 기나긴 원정길에 영국군은 이미 지친 상태였다. 또 적대 국가에서 어려운 지형 조건을 극복하며 싸우는 침략 전쟁인 만큼 사기가 저하되어 있었다. 반면에 보어 인에게는 영국군과의 전쟁이 국가의 존망이 달린 절체절명의 위기였다. 더 이상 물러설 여지가 없었기 때문에 그들은 영토를 지키기 위해 죽음도 불사하겠다는 필사적인 각오로 전쟁에 임했다. 12월 15일 마침내 보어 인과 영국 원정군은 마거스폰테인Maggersfontein에서 대격전을 벌였다. 이 전투에서 보어 인의 사상자는 겨우 100여 명에 불과했지만 영국군은 무려 1,000여 명의 사상자를 내면서 참패했다. 마거스폰테인 전투를 시작으로 영국군은 일주일 동안 연달아 대참패를 당했다. 그리하여 영국사에서는 이때 12월의 둘째 주를 일컬어 '검은 주간Black Week'이라고 부른다.

개전 초기의 대참패는 영국인들에게 식민지 전쟁이 절대로 '가벼운 피크닉'이 아니라는 사실을 깨닫게 해 주었다. 영국은 영국 원정군 총사령관을 교체하고 영국 본토는 물론, 캐나다, 뉴질랜드, 오스트레일리아, 인도 등지에서 병사 50만 명을 징집하여 보어 인을 총공격했다. 전체 인구가 44만 명에 불과했던 보어 인은 영국군의 총공격에 맞서 남녀노소 할 것 없이 모두 무기를 들고 전쟁터로 뛰어들었다. 그러나 가공할 만한 무력과 군사력을 앞세운 영국군을 상대하기에는 버거웠다. 승리의 저울은 점차 영국군에게 기울기 시작했으며 보어 인 부대는 차례로 무너지고 사령관마저 전투에서 목숨을 잃었다. 1900년 6월 5일, 영국군은 트란스발 수도 프리토리아 Pretoria를 공격하여 함락했다. 그리고 같은 해 9월 트란스발 공화국을 영국에 병합한다고 선언했다.

영국군과 보어 인의 전면 전쟁은 끝났지만 대신 보어 인의 유격 전투가 시작되었다. 보어 인의 정규군은 가장 왕성할 당시만 해도 숫자가 8만여 명에 이르렀지만 영국군과 전투를 치르면서 2만여 명으로 줄어들었다. 하지만 이 2만여 명은 전국 각지로 흩어지면서 수백 개의 유격부대를 창설했다. 유격대는 영국인들이 건설한 철로와 광산, 부대 병영을 수시로 공격하면서 괴롭혔다. 영국은 허레이쇼 허버트 키치너 경을 총사령관으로 임명하여 보어 인의 저항 운동을 말살시키는 데 총력을 기울였다. 키치너 경은 총사령관으로 임명되자마자 즉각적으로 두 가지 조치를 시행했다. 하나는 크고 작은 초소 8,000여 개를 만들고 60㎞에 달하는 철조망으로 장벽을 세워 보어 인의 활동 공간을 크게 제한한 것이다. 또 하나는 강제수용소를 만들어 남녀노소를 가리지 않고 보어 인들을 닥치는 대로 감금했다. 이러한 잔인한 조치로 보어 인 유격대는 위기에 빠졌고, 원주민 수만 명이 집단 수용소에서 목숨을 잃었다. 끝이 보이지 않는 지리한 전쟁 속에서 영국도 점차 지쳐 갔다. 영국 병사 2만여 명이 목숨을 잃었고, 2억 2,000만 파운드라는 엄청난 전쟁 비용을 쏟아부어야 했기 때문이다. 그뿐만 아니라 유럽 각국에서 영국의 무자비한 식민지 전쟁을 비난했고, 영국인 지식계층에서도 반전시위가 나날이 거세지면서 영국 제국의 위상은 바닥으로 떨어졌다. 연로한 빅토리아 여왕은 이 문제로 근심에 휩싸여 시름시름 앓다 결국

1899년, 보어 인의 유격대가 중무장한 영국군을 습격했다.

1901년에 병사했다.

더 이상 전쟁을 끌고 갈 힘이 부쳤던 영국은 보어 인과 협상 테이블에 앉아 쌍방은 베레니힝 평화 조약을 맺었다. 보어 인은 무조건 항복하고 영국 국왕 에드워드 7세를 합법적인 주권자로 인정하는 대신, 영국은 보어 인의 재산과 자유를 보호하고 보어 인 자치 정부를 인정하기로 했다. 그리하여 황금을 차지하기 위해 벌어진 보어 전쟁이 마침내 종지부를 찍었다. 영국은 세계 최대의 금광을 차지하게 되었고, 요하네스버그에서 채굴된 황금으로 런던은 세계 최대의 황금 교역 중심지가 되었다. 그러나 보어 전쟁에서 가까스로 승리를 기머쥔 영국인들은 식민지 전쟁에는 엄청난 대가가 따른다는 사실을 뼈저리게 깨달았다. 이를 계기로 100여 년 동안 지속되었던 식민지 확장 전쟁이 점차 내리막길로 접어들기 시작했다. 이제 영국인들의 관심은 유럽 대륙으로 쏠리게 되었다.

The United Kingdom

14 유럽의 대모

그녀는 영국 역사상 64년이라는 최장기 집권을 기록한 군주였다. 아홉 자녀 가운데 한 명은 영국 국왕이 되었고, 네 명은 유럽 여러 왕국의 왕후가 되었으며, 외손자들은 독일 황제와 러시아 황후가 되었다. '유럽의 대모'로서 빅토리아 시대를 열었던 그녀는 바로 19세기 '해가 지지 않는 나라' 영국 제국의 빅토리아 여왕이었다.

시기 : 1819~1901년
인물 : 빅토리아Victoria 여왕

여왕의 유년 시절

빅토리아 여왕은 1819년 5월 24일에 영국 런던 켄싱턴 궁에서 태어났다. 그녀의 아버지는 조지George 3세의 넷째 아들이자 현 국왕 조지 4세의 동생이었던 켄트Kent 공작 에드워드였고, 어머니는 독일 작센 코부르크 고타 Saxe-Coburg and Gotha 왕국의 빅토리아 공주였다. 사실 빅토리아 여왕은 부모가 결혼하고 줄곧 생활했던 독일에서 태어났어야 옳았다. 그러나 켄트 공

한눈에 보는 세계사

1823년 : 미국, 먼로주의 선언
1853년 : 크림 전쟁
1861년 : 이탈리아 통일
1861년 : 미국, 남북 전쟁
1870년 : 프랑스·프로이센 전쟁
1871년 : 독일 통일
1876년 : 조선, 강화도 조약 체결
1894년 : 청일 전쟁, 동학 농민 운동
1895년 : 을미사변
1897년 : 대한 제국 성립
1903년 : 라이트 형제, 최초로 비행 성공

윌리엄 호가스의 그림 〈그레이엄 집안의 아이들〉

작은 부인이 임신하자 곧장 가족을 이끌고 영국으로 돌아왔다. 자신의 아이가 장차 영국의 왕위에 앉을 가능성이 있는 데다, 출생 지역과 교양을 중시하는 영국 국민은 오로지 본토에서 출생한 왕족만을 환영한다는 사실을 잘 알고 있었기 때문이다. 빅토리아의 탄생은 그의 부모에게 무한한 기쁨을 안겨 주었다. 켄트 공작에게는 쉰 살이 넘어서 얻은 유일한 혈육이었으며, 왕위를 계승할 가능성이 큰 귀한 아이였다. 당시 영국의 왕위 계승 제도에 따르면 국왕에게 후계자가 없으면 그 형제의 자녀 가운데 나이순으로 차기 후계자를 뽑았다. 당시 국왕을 비롯한 켄트 공작의 형제들은 모두 자식이 없는 상태였기 때문에 켄트 공작은 빅토리아가 여왕이 될지도 모른다는 희망을 품었다.

그러나 운명은 아무도 예측할 수 없듯이, 켄트 공작은 딸이 여왕이 될지도 모른다는 행복한 꿈을 충분히 펼쳐 보기도 전에 심각한 폐병에 걸려 병석에 눕고 말았다. 그리고 1819년 12월에 그는 이제 막 한 살이 된 어린 딸과 아내에게 거액의 빚과 불안한 미래만을 남긴 채 결국 세상을 떠났다. 요람 속에 누워 있던 빅토리아가 인생의 덧없음을 어찌 알겠는가? 어린 빅토리아는 눈물범벅이 된 어머니 켄트 공작 부인의 얼굴을 초롱초롱한 눈빛으로 바라볼 따름이었다. 다행히 영국인들은 켄싱턴 궁에 있는 여자아이의 존재를 매우 중요하게 생각했다. 의회는 빅토리아 공주에게 양육비 3만 파운드를 지급하는 결의안을 통과시켰다. 강인한 어머니였던 켄트 공작 부인은 남편을 잃은 슬픔과 고통을 떨치고 의연하게 자신을 추슬렀다. 그리고 남편의 소망을 이루고자 빅토리아를 총명하고 지혜로운 공주로 교육하

버킹엄 궁전

버킹엄 궁전은 세인트 제임스 파크 서쪽에 있다. 1705년에 버킹엄 공작이 저택으로 지은 건축물로, 1726년에 조지 3세가 이를 산 이후 왕실 건물이 되었다. 1837년에 빅토리아 여왕이 왕위에 즉위하고 나서 버킹엄 궁전은 정식으로 왕실 궁전이 되어 총리와 대신, 외국 내빈을 접견하고 연회를 베푸는 중요한 사교 장소로 이용되고 있다.

는 데 열중했다.

빅토리아가 다섯 살이 되자 켄트 공작 부인은 여러 선생님을 초빙하여 영어와 프랑스 어, 독일어, 역사와 자연과학, 궁정 예절 등을 엄격하게 교육했다. '완벽한 공주'로 키우기 위한 계획이 시작된 것이다. 이렇듯 엄격한 교육은 어린 아이에게는 매우 혹독한 일이었지만, 결과적으로는 이러한 교육 덕분에 빅토리아는 풍부한 지식을 쌓을 수 있었다. 이는 훗날 여왕으로 즉위하여 국정을 처리하는 데 든든한 토대가 되었다. 1826년 어느 날이었다. 평소 빅토리아를 귀여워하던 조지 4세는 이날도 빅토리아와 함께 유쾌한 대화를 나누고 있었다. 천진난만하고 귀여운 빅토리아는 연로한 국왕에게 생기와 활력을 불어넣어 주었다. 국왕은 문득 빅토리아에게 가장 좋아하는 음악이 무엇이냐고 물었다. 그러자 빅토리아는 대뜸 영국 국가를 가장 즐겨듣는다고 대답했다. 조지 4세는 빅토리아의 총명하면서도 절묘한 대답에 웃음을 터뜨리고 말았다.

왕위와 사랑

1837년 6월 20일 새벽에 영국 국왕 윌리엄 4세가 병으로 숨을 거두었다. 윌리엄 4세는 조지 4세의 동생이자 빅토리아의 숙부로서 조지 3세가 죽자 그 뒤를 이어 왕위를 계승했었다. 윌리엄 4세가 죽자 궁전의 대신들은 켄싱턴 궁으로 몰려들었다. 불과 일주일 전에 성인식을 치렀던 열여덟 살의 빅토리아는 대신들의 설명을 듣고 자신의 인생에서 가장 중요한 순간이 다가왔음을 깨달았다. 이제 남은 것은 영국 국민에게 새로운 국왕의 위엄을 보여주는 것이었다. 9시가 되자 총리 멜버른Melbourne 경이 예복을 갖춰 입고 새로운 국왕을 알현했다. 11시 30분에 빅토리아는 국왕의 대례복과 왕관을 쓰고 웨스트민스터 사원으로 향했다. 멜버른 총리를 비롯한 수많은 내각 대신이 지켜보는 자리에서 아름다운 금발의 빅토리아는 금빛 찬란한 왕좌

1851년 런던 만국박람회의 폐막식에 참석한 빅토리아 여왕과 앨버트 공, 그리고 자녀들. 체크무늬 스커트를 입은 사람이 훗날 국왕으로 즉위한 에드워드 7세이다.

에 올랐다. 하노버 왕가의 여섯 번째 국왕으로 즉위한 것이다.

아마 대부분 사람은 엄청난 권력을 거머쥐었을 때 그 권력으로 누릴 수 있는 호사스러운 생활에 먼저 관심이 쏠릴 것이다. 그러나 빅토리아 여왕은 달랐다. 왕위에 오르자마자 빅토리아 여왕이 가장 먼저 한 일은 어머니의 침실에 있던 자신의 침대를 새로운 침실로 옮긴 것이었다. 그것은 어머니를 포함한 주변의 모든 사람에게 보내는 일종의 경고였다. 국가의 최고 통치자로서 모든 권력은 오롯이 그녀만의 것이며 누구도 친분을 앞세워 여왕의 영역을 침범할 수 없다는 경계 표시였다. 이어서 빅토리아 여왕은 산더미처럼 쌓인 공문을 처리했다. 심지어 그녀가 좋아하던 승마와 무도회까지도 멀리했다. 18세 소녀의 로맨틱한 열정과 활발함, 순진함은 왕위에 즉위하는 순간 모두 내던지고 국왕으로서의 본분을 다하려고 최선을 다했다.

1839년 여왕의 결혼 문제가 전 국민의 관심사로 떠올랐다. 왕실의 후계자는 국가의 안위와 직결되는 문제였기 때문에 영국 국민은 젊은 여왕이 하루빨리 행복한 결혼을 올리기를 간절히 바랐다. 귀족들 역시 마음이 초조하기는 마찬가지였다. 당시 영국은 강력한 군사력과 경제력을 바탕으로 다른 나라와 동맹을 맺지 않는다는 뜻의 '영광의 고립'이라는 전통적인 외교 정책을 고수했다. 그런데 여왕이 러시아 황태자와 지나치게 친밀하게 지내자 젊은 남녀의 치기 어린 감정으로 국가 외교 정책을 그르칠까 봐 걱정스러워던 것이다. 이러저러한 이유로 다방면으로 결혼에 대한 압력을 받던 빅토리아 여왕은 어머니와 외삼촌의 소개로 외사촌인 작센 코부르크 고타 앨버트Albert 공작을 만나겠다고 결심했다.

처음 만나는 날 빅토리아 여왕은 여느 이십 대 아가씨들처럼 부끄럽고 긴장된 마음에 불안하기만 했다. 그러나 막상 앨버트 공작을 만나는 순간 모든 불안감은 한순간에 사라졌다. 그녀의 눈에 비친 앨버트 공작은 큰 키에 새하얀 피부, 초록 빛깔의 눈동자, 감미로운 미소가 매력적인 미남이었다. 더군다나 차분하고 중후한 태도는 빅토리아 여왕의 마음을 단번에 빼앗았다. 앨버트 공작 역시 아름답고 세련되었으며, 우아한 말투와 늘씬한 몸매를 가진 빅토리아에게 한눈에 사로잡혔다. 그때부터 일은 일사천리로 진행되었다. 빅토리아는 결혼하겠다는 뜻을 총리에게 통보하고 앨버트에게 청혼했다. 마침내 1840년 2월 10일에 웨스트민스터 사원에서 여왕의 결혼식이 거행됐다. 국민은 환호성과 꽃다발로 젊은 여왕 부부의 결혼을 축복했다. 결혼식을 마친 두 사람은 템스 강변에 위치한 윈저Windsor 궁에서 달콤한 밀월을 보내며 인생에서 가장 행복한 시간을 보냈다.

기쁨과 슬픔

행복한 밀월 기간이 끝나자 여왕 부부는 점차 갈등을 빚기 시작했다. 빅토리아 여왕은 앨버트 공의 아내이기 전에 한 나라를 통치하는 영국의 여왕이라는 사실을 잊지 않았다. 그녀 자신은 물론이거니와 내각 의원들도 앨버트가 여왕의 남편이라는 특수한 신분을 이용해 정치에 관여하는 것을 원하지 않았다. 그러나 앨버트 공은 이를 매우 굴욕적인 수모로 여겼다. 작센 코부르크 고타 공국의 공작으로 음악과 검술, 승마 어느 것 하나도 부족한 면이 없는 만능재주꾼으로 모든 이들의 존경을 받아 왔던 그였다. 단순히 여왕의 남편으로서 부와 권력을 누리기보다는 정치적으로 의미 있는 일을 하고 싶어 했다. 설사 간섭이라고 치부해도 그는 진심으로 여왕의 일을 도와주고 싶었다. 이러한 이유로 두 사람의 사이는 점차 갈등이 쌓였다. 그 외에도 평소 다혈질적이고 활발한 빅토리아 여왕과 침착하고 조용한 앨버트 공의 현격한 성격 차이도 두 사람의 갈등에 불을 지폈다.

갈등이 점차 첨예해지던 어느 날, 마침내 두 사람의 감정이 폭발하고 말았다. 궁전에서 연회를 베풀던 날이었다. 여왕은 여러 대신과 함께 국가대사에 관해 열띤 토론을 나누는데 앨버트 공이 소파에 드러누워 들으라는 듯이 코를 골며 잠을 자는 것이 아닌가? 결국 그동안 서로 억누르던 감정이 폭발하면서 한바탕 말다툼을 벌였다. 이를 계기로 두 사람은 대화와 반성으로 서로를 되돌아보고 한층 돈독한 관계로 발전할 수 있었다. 여왕은 남편의 의견을 존중하기 시작했고, 앨버트 공은 자신의 정치적 재능을 발휘하면서 빅토리아 여왕에게 많은 영향을 끼쳤다. 예컨대 빅토리아 여왕은 보수적인 성향인 반면에 앨버트는 사고방식이 자유롭고 진보적이었다.

자본주의 발달과 더불어 노동자 수가 점점 늘어나면서 노동자 계층의 힘이 커지자 빅토리아 여왕은 이를 경계하며 초조함을 감추지 못했다. 이에 앨버트 공은 근면 성실한 노동자 계층 사람들을 관대하게 대해야 한다고 조언을 아끼지 않았다. 빅토리아 여왕이 멜버른 총리와 그의 정당을 적극적으로 지지할 때에도 앨버트 공은 여왕이 특정 정당을 지지해서는 안 된다고 충고했다. 한편, 앨버트 공은 독일인이라는 신분 때문에 불신과 의혹의 대상이 되기도 했다. 크림 전쟁이 일어났을 때는 국가 기밀을 빼돌렸다는 혐의를 받았으며, 심지어 국가 반역죄로 런던 탑에 감금되었다는 신문 기사가 실린 적도 있었다. 그래도 그는 항상 빅토리아 여왕이 중립적인

1849년, 빅토리아 여왕과 남편 앨버트 공이 아일랜드 벨파스트에 도착한 모습

위치에서 무게 중심을 잡고 나라를 이끌어나갈 수 있도록 조언을 아끼지 않았다.

1840년에 두 사람의 첫 아이가 탄생했다. 건강한 공주였다. 그로부터 1년 뒤에는 왕자가 태어났다. 웨일스 공으로 봉해진 왕자는 훗날 에드워드 7세로 즉위했다. 귀엽고 쾌활한 두 아이는 여왕의 가정을 더욱 행복하고 화목하게 만들어 주었다. 빅토리아 여왕과 앨버트 공은 아이들에게 많은 시간과 관심을 쏟으며 가정의 행복함을 만끽했다. 그 후 10여 년 동안 두 사람 사이에는 일곱 명의 아이가 연달아 태어났다. 여러 아이의 탄생으로 영국 국민은 더 이상 왕위 계승 문제로 걱정할 필요가 없게 되었다. 빅토리아 여왕과 앨버트 공도 자신들의 대가족을 매우 자랑스러워하고 행복해했다. 빅토리아 여왕은 연이은 출산으로 몸매가 망가진 것에 대해 불평도 많았지만 가족 수가 늘어나는 만큼 두 사람의 관계는 더욱 돈독해졌다. 여왕은 프랑스, 벨기에, 독일 등 외국 순방에 나설 때도 앨버트 공과 항상 동행했다. 앨버트 공은 국가 중대사를 처리하느라 지친 빅토리아 여왕을 위해 작은 이벤트를 만들어 위로해 주는 것도 잊지 않았다. 이처럼 화목하고 모범적인 여왕 부부의 가정생활은 국민의 호평을 받았다.

1851년 5월 1일에 앨버트 공이 기획하고 추진한 런던 박람회가 성공리에 열렸다. 전 세계에서 모인 작품 11만 2,000여 점이 전시된 이 박람회는 141일 동안 계속되면서 관람객 600만 명을 동원했다. 런던 박람회는 단순한 전시성 행사가 아니었다. 영국의 발전한 산업 문명을 대외적으로 과시하면서 영국인의 민족적 자존심이 크게 향상되었다. 이 날의 감격을 빅토리아 여왕은 자신의 일기에 이렇게 썼다.

"오늘은 우리나라 역사상 가장 위대한 날이며 사랑하는 앨버트의 성공을 기리는 날이었다. 이처럼 위대하고 멋있는 남편을 내게 주신 신에게 감사하고 또 감사한다."

18만 6,437파운드에 달하는 박람회 이익금은 연구 보조금과 장학금, 빅토리아 앨버트 국립 박물관을 세우는 데 사용됐다. 하이드 파크에 세워진 전시장 건물 수정궁은 런던의 새 명물이 되었다. 빅토리아 여왕은 남편이 만들어 낸 최대의 성과물인 수정궁을 무척 아꼈다고 한다.

1861년에 빅토리아 여왕의 어머니 켄트 공작 부인이 병으로 세상을 떠났다. 여왕은 난생처음으로 가족을 잃는 슬픔을 맛봐야 했다. 그리고 이어서 그보다 더한 고통이 그녀에게 찾아왔다. 그해 말 아들인 에드워드 7세가 복잡한 여자 관계와 여배우와의 스캔들로 여왕과 다투고 학교로 돌아갔을 때였다. 앨버트 공이 아들을 설득하러 찾아갔다가 비를 맞고 감기에 걸려 그대로 몸져누운 것이었다. 빅토리아 여왕은 신에게 기도하고 유명한 명의는 모두 불렀지만, 끝내 죽음의 신으로부터 앨버트의 목숨을 살려 내지 못했다. 12월 14일에 마흔두 살의 앨버트 공은 여왕의 품에 안겨 마지막

숨을 거두었다. 현숙하고 냉철하기로 유명한 여왕은 시골 아낙네처럼 아직 온기가 남아 있는 남편의 몸을 부둥켜안고 통곡했다. 결혼한 이후 줄곧 앨버트 공은 커다란 느티나무처럼 세상사의 모진 풍파로부터 빅토리아 여왕을 지켜 주었다. 삶의 지주였던 앨버트 공이 죽자 빅토리아 여왕은 깊은 절망에 빠지고 말았다. 남편의 죽음으로 슬픔에 빠진 빅토리아 여왕은 신경쇠약과 우울증에 시달리며 윈저 궁 깊숙이 은둔했다. 윈저 궁에 칩거한 여왕은 모든 공식 일정을 포기하고 회의에도 참석하지 않았다. 그로부터 5년이 흐른 후, 다시 생기를 되찾은 여왕은 식민지 전쟁에 박차를 가했다. '해가 지지 않은 나라' 영국 제국 건설에 나선 것이다.

영국 제국

아편 전쟁 중 청나라 해군의 군함

빅토리아 여왕이 앨버트 공과 안타깝고 지고지순한 사랑을 나눈 여왕으로만 남았다면 결코 오늘날 영국 국민에게 최고의 숭배와 찬사를 받는 여왕으로 역사책에 남지 못했을 것이다. 빅토리아 여왕은 한 남자를 지극정성으로 사랑한 아내이자 아홉 아이의 어머니인 동시에 강인하고 단호한 국왕이었다. 식민지의 저항 세력을 무자비하게 진압하는 데 망설임이 없었고, 국가의 이익을 위해서라면 협박과 음모, 전쟁도 불사했다. 1839년에 중국 광둥廣東 성에서 임칙서林則徐가 아편을 몰수해 2만여 개의 아편 상자를 불태우고 아편 상인들을 국외로 추방했다. 동인도 회사 소속의 아편 상인들이 영국으로 돌아와 중국과의 전쟁을 호소하자 여왕은 의회에서 이렇게 연설했다.

"이번 일은 아편 상인의 재산상 손실이나 국가의 존엄이 짓밟혔다는 데서 끝날 문제가 아니다. 이는 우리 영국의 존재와 직결되는 매우 중대한 문제이다. 앞으로 다른 나라에서도 중국처럼 자유무역을 거절한다면 우리 영국은 더 이상 존재할 수 없다. 이것이 우리가 전쟁해야 할 이유이다."

1840년 6월에 영국 군함 48척이 광저우廣州를 공격하면서 아편 전쟁이 시작됐다. 2년 후 청 왕조는 영국군 포격에 굴복하고 불평등 조약인 난징조약南京條約을 체결했다. 중국 사대부들은 치욕적인 불평등 조약에 통탄을 금치 못했지만, 빅토리아 여왕은 동아시아 지역에서의 식민 사업 확장에 흥분을 감추지 못했다. 1854년 3월에 빅토리아 여왕이 러시아와의 전쟁을 비준하면서 마침내 크림 전쟁Crimean War이 발발했다. 영국과 터키 연합군은 러시아를 꺾고 크리미아 반도를 탈환하는 데 성공했다. 1875년에는 이집트의 재정 위기를 이용해 영국 정부는 400만 파운드의 헐값에 교통 요충지인 수에즈 운하를 사들였다. 1876년 5월, 영국 의회는 빅토리아 여왕을 인도 황제로 추대하는 의결안을 통과시켰다. 빅토리아 여왕은 60여 년의 통치 기간에 유럽 대륙에서는 러시아의 남하 정책을 저지하는 한편, 아프리카와 아시아에서는 끊임없이 식민지를 확장했다. 러시아든 프러시아든 유럽 대륙을 집어삼키려는 야욕을 드러내는 순간 영국의 견제와 공격을 받아야 했다.

사실 당시 영국은 완벽한 입헌군주제를 확립하여 실질적인 국가 통치권은 의회에 있고 국왕은 그저 명예로운 상징에 불과했다. 그러나 빅토리아 여왕은 자신의 가치를 충분히 발휘하여 전 세계적으로 영국의 통치 지역이 3,300만㎢에 달하는 '해가 지지 않는 나라'를 건설했다. 세계에서 생산하는 강철의 절반이 영국에서 제조되었고, 배 3척 가운데 한 척은 어김없이 영국 국기를 휘날리고 있었다.

1901년 1월 22일에 영국 남해안의 와이트Wight 섬으로 휴양을 떠났던 빅토리아 여왕이 81세를 일기로 세상을 떠났다. 2월 2일에 시민 수만 명이 모인 가운데 런던에서 성대한 장례식이 거행됐다. 빅토리아 여왕의 관을 운구하는 마차 행렬 뒤로는 여왕의 자식과 손자들, 그리고 새 국왕 에드워드 7세가 따랐다. 2월 4일 빅토리아 여왕의 관은 앨버트 공 묘소 옆에 안장되었다. 이로써 빅토리아 시대는 막을 내렸다.

맥을 잡아 주는 영국사 중요 키워드

혈우병

혈우병을 뜻하는 영문 'Haemophilia'의 어원은 '피를 좋아한다'라는 뜻의 그리스 어다. 정상적인 사람은 '피'를 좋아하지 않아서 피가 나도 금세 굳지만 이 병에 걸린 사람들은 '피'를 좋아하기 때문에 계속 흘린다는 의미에서 비롯됐다. 의학적으로 혈우병은 혈액 내에 피를 굳게 하는 물질인 응고인자가 부족하여 발생하는 출혈성 질환이다. 그래서 상처를 입으면 출혈이 멈추지 않아 치명상에 이르기 쉽다. 혈우병은 유전병으로 모계 유전이다. 엄마가 혈우병 보인자이면 아들에게 혈우병이 발병하고, 딸은 엄마와 같은 보인자로 손자에게 병을 유전시킨다. 세계 역사상 가장 유명한 혈우병 보인자가 바로 빅토리아 여왕이었다. 빅토리아 여왕의 딸 베아트리체Beatrice와 앨리스Alice가 혈우병 유전자를 보유했고, 아들 레오폴드Leopold는 혈우병 환자였다. 빅토리아 여왕의 혈우병 유전자를 지닌 딸과 손녀들은 스페인과 독일, 러시아 등 유럽 각국으로 시집가면서 유럽 왕실 전체에 혈우병이 퍼지게 되었다. 그래서 혈우병을 '왕실병'이라고도 불렀다.

영국 박물관

세계 최초의 국립 박물관인 영국 박물관은 대지 면적이 약 5만㎡이고 주요 건축물의 면적은 10만㎡에 달한다. 세계적인 문화유산 700여만 점을 소장하고 있으며 소장품의 범위가 대단히 광범위하다. 해마다 관광객 600만 명이 인류 문명의 보고인 이곳을 찾는다.

건립 초기

런던 블룸즈버리Bloomsbury의 러셀 스퀘어Russell Square에 자리한 영국 박물관은 1753년 왕립학사원장을 지낸 의학자 한스 슬론 경의 고미술품과 주화, 화석, 광식물 표본류 등 8만여 점에 이르는 방대한 소장품을 정부가 사들이면서 시작되었다. 같은 해, 영국 의회는 '브리티시 박물관법'을 제정하고 영국 박물관을 건립할 것을 결정했다. 1759년에 로버트 코튼Robert Cotton 경의 장서와 옥스퍼드의 백작 로버트 할리Robert Harley의 수집품들을 합하여 정식으로 박물관을 설립하고 일반인에게 공개했다. 그와 더불어 영국 의회는 왕실, 정부 관원, 예술계 저명인사 등으로 구성된 이사회를 조직하여 박물관이 학술 문화 교육의 전당과 세계적인 관광 명소로 발전하도록 다각적인 힘을 기울였다. 초기에는 17세기 프랑스 고성풍의 진귀한 건물로 그레이트 러셀가에 있던 몬터규 Montagu 후작의 저택에 유물을 전시했다. 그러나 소장품이 증가하자 1824년부터 로버트 스머크Robert Smirke 경의 설계로 동쪽에는 장서용, 서쪽에는 이집트 조각 전시용의 갤러리가 세워졌고, 1852년 중앙부의 옛 건물 자리에 신고전 양식으로 현재의 중앙 건물이 완공되었다.

영국 박물관의 그레이트 코트

영국 박물관의 초기 소장품은 왕립학사원장을 지낸 의학자 한스 슬론Hans Sloane 경의 소장품, 로버트 코튼Robert Cotton 경의 장서와 옥스퍼드의 백작 로버트 할리Robert Harley의 수집품, 영국 국왕 조지 2세의 왕실 도서관에 소장되어 있던 도서, 영국 왕립학회의 소장품이었다.

19세기에 들어서면서 영국 박물관의 소장품은 급격히 늘어나기 시작했다. 물론 박물관에서 직접 사들인 문물도 있지만 대부분은 식민지에서 약탈하거나 훔쳐 온 장물이었다. 그래서 영국의 한 평론가는 "영국 박물관의 소장품은 대부분 19세기에 전 세계 각지에서 들여온 것이다. 당시는 제국의 세력을 확장하여 부를 축적하고자 하는 열정이 최고 정점에 달한 시기이다. 박물관의 소장품은 영국 역사상 가장 광기 어린 민족주의에 사로잡혔던 시대의 기념물이다."

보물 중의 보물

영국 박물관의 전시물 중 최고의 보물은 바로 파르테논 대리석 조각군Parthenon Marbles으로, 엘긴 대리석 조각군Elgin Marbles으로 불리기도 한다. 파르테논 신전은 기원전 447~438년 아테나 여신을 모시기 위해 아테네의 아크로폴리스에 세워진 사원이다. 이것은 지금까지 남아 있는 고대 그리스의 건축물 가운데 가장 유명하며 그리스 건축의 최대 업적으로 알려졌다. 기원후 6세기에 이르러서 파르테논 신전은 성모 마리아를 모시는 기독교 교회로 바뀌었고, 터키의 침략을 받은 후에는 이슬람 사원이 되었다. 1687년에 파르테논 신전 안에 있던 터키군의 탄약 임시 보관소가 폭격을 당해 터지는 바람에 신전과 안에 있던 조각품들이 심각하게 훼손되었다. 1799년에 터키 주재 영국 대사였던 엘긴이 터키 당국의 허가를 받아 신전에 남아 있는 조각품들을 영국으로 운반했다. 그리고 1816년에 엘긴이 3만

올리브유 병

고대 그리스에서 출토되었다. 높이 48cm로 약 기원전 450년대의 수공예 작품으로 추정된다.

5,000파운드에 조각품들을 영국 정부에 팔았고, 이후 이 조각품들은 파르테논 대리석 조각군으로 불리며 영국 박물관에 전시되었다. 지난 200여 년 동안 조각품의 소유권 문제로 그리스와 영국 사이에 논쟁이 벌어지고 있지만 국보를 반환받고자 하는 그리스 인의 소원은 지금까지도 이루어지지 않고 있다.

펜턴(Fenton)의 그릇

과테말라에서 출토되었다. 약 6~9세기 시기의 작품으로 추정된다. 그릇에는 마야 귀족이 앉은 채로 공물을 받고 있는 모습이 그려져 있다.

1903년, 8국 연합군의 신분으로 중국 북경에 침입한 영국 군관 요한 대위는 중국 미술사에서 최고의 위치를 차지하는 동진의 대화가 고개지顧愷之의 〈여사잠도女史箴圖〉를 훔쳐 영국 박물관에 팔았고, 영국인 스타인은 둔황에서 벽화와 경전을 훔쳐 영국 박물관에 팔았다. 이 밖에도 중국에서 약탈해 간 수많은 국보가 영국 박물관에 전시되어 있다.

전쟁 약탈품 외에도 기증이나 구매를 통한 전시품도 꾸준히 늘어갔다. 1770년에는 제임스 쿡 선장은 태평양 항해 중에 수집한 소장품을 기증했고, 1772년에는 나폴리 주재 영국 대사 윌리엄 해밀턴 경이 그리스 화병을 다수 기증했으며, 1802년에는 이집트 원정에서 수집한 고대 문물과 전리품이 기증되었다. 19세기부터는 의회에서 마련해 준 기금으로 박물관에서 자체적으로 수많은 미술품을 구입했다. 예컨대 1802년에는 이탈리아 고대 조각상들을 2만 파운드에 사 왔다.

박물관의 역사

영국 박물관은 설립 당시 박물관 운영 원칙 세 가지를 선포했다. 첫째, 전시품의 영구성과 완정성을 유지한다. 둘째, 모든 전시품은 연구자와 전시품에 관심 있는 사람들에게 언제나 공개되어야 한다, 셋째, 전시품은 전문가가 책임지고 관리한다. 영국 박물관은 지난 200여 년 동안 위 세 가지 원칙을 고수했다. 덕분에 영국 박물관은 세계에서 소장품이 가장 풍부하고 다양하며 인류 문명의 발전 과정을 고스란히 보여 주는 가장 완벽한 국립 박물관으로 거듭났다.

영국 박물관은 역사, 예술, 자연, 인류학, 그리고 영국 도서관이 일체화된 초대형 박물관이었다. 그러나 소장품이 지속적으로 늘어나면서 전시 공간의 한계로 분리되었다. 1963년에는 영국 국립 자연사 박물관이 분할됐고, 1970년에는 인류학 박물관이 설립되었다. 1973년에는 세계 각국의 경전과 문헌, 필사본과 역사

박물관 외관

영국 박물관 정문은 양쪽으로 8개의 거대한 로마식 기둥이 세워져 있다. 기둥의 맨 윗부분에는 조각이 새겨진 거대한 삼각형 지붕이 얹혀 있다.

고대 인도의 불상

자료들이 새로 설립된 영국 도서관으로 이전되었다. 1994년에 영국 박물관 이사회는 개관 250주년을 기념하여 박물관을 확장하기 위한 기금 모집에 나섰다. 총 1억 파운드가 소요된 확장 공사를 통해 영국 박물관에는 유럽에서 가장 큰 실내 광장인 그레이트 코트가 완성되어 새로운 명소로 자리 잡았다.

전시관

영국 박물관은 전시품의 출처에 따라 이집트 전시관, 그리스 로마 전시관, 중세 유럽 전시관, 판화와 소묘, 화폐와 동전 등 전시관으로 나뉘어 있다. 전시관 약 100여 개에는 세계 각 지역의 문화재가 전시되어 있으며, 이는 영국 박물관 소장품의 20%를 차지한다.

전시품 7만여 점을 보유한 이집트 전시관은 영국 박물관의 가장 핵심 전시관이다. 페리클레스의 반신상半身像, 금으로 만든 그릇, 미라 등이 고대 이집트의 화려한 문명을 그대로 재현하고 있다. 베일에 가려져 있던 고대 이집트 문명의 신비를 벗기게 해 준 로제타스톤Rosetta Stone이 바로 이곳에 소장되어 있다. 로제타스톤은 나폴레옹의 이집트 원정 중에 나일 강 삼각주에 있는 로제타라는 마을에서 발견되었다. 길이 107cm, 너비 76cm,

고대 이집트의 도자기로 만든 상자

두께 39cm의 로제타스톤은 고대 이집트의 상형 문자와 민간 문자, 그리스 문자 등의 세 가지 문자로 새겨져 있어서 그리스 문자를 통해 이집트의 상형 문자를 해독하는 열쇠가 되었다.

전시실 22개로 구성된 그리스 로마 전시관은 영국 박물관에서 가장 큰 면적을 차지한다. 이곳 전시관에는 기원전 2000년 청동기 시대부터 5세기 로마의 멸망에 이르기까지 청동기와 도자기, 그림과 화폐 등 다양한 문화유산이 전시되어 있다. 특히 율리우스 카이사르를 비롯한 역대 로마 황제의 흉상은 그리스 로마 전시관의 가장 큰 볼거리이다. 그 밖에 엘긴 대리석 조각군과 크니도스의 데메테르 여신상 등이 가득 채워져 있다.

고대 근동관에는 아시리아Assyria의 왕 사르곤 2세의 궁전 성문 입구를 지키던 수호 동물 '라마수' 석상, 아시리아 궁전의 조각품 등이 전시되어 있다. 이곳의 유물은 영국 박물관의 후원 아래 메소포타미아 평원에서 발굴된 것들이다.

아시아 관에는 유물 약 3만 점이 전시되어 있다. 일부 동남아시아와 일본의 문물을 제외하고 대부분 중국 역대의 희귀 진품이다. 중국 신석기 시대의 옥으로 만든 칼이나 도끼, 주나라 때의 청동기, 진나라 시대의 철검, 청동으로 만든 거울, 도자기, 칠기, 위진남북조 시대의 조각상과 불상, 수당 시대의 대리석 조각상, 도자기, 송나라 시대의 목각 불상, 보살상, 명·

청 시대의 금은 제품 등이 있다. 이 밖에도 역대 화폐와 서예 미술품 등이 있다.

또 영국 박물관에서는 영국을 대표하는 예술품과 문학 작품을 감상할 수 있다. 마그나카르타MagnaCarta의 원본과 넬슨 제독의 항해 일지, 셰익스피어의 서명 원고 등이 이곳에 소장되어 있다.

오늘날 정보 시대의 시대적 조류에 발맞춰 영국 박물관은 1994년에 멀티미디어 데이터베이스를 구축했고, 1997년에는 관람객이 즉각적으로 정보를 검색할 수 있도록 열람실에 정보 센터를 개설했으며, 2006년에는 인터넷 웹사이트를 구축하여 박물관에 소장된 유물 4,000점을 고화질의 사진으로 감상할 수 있도록 데이터베이스를 구축했다.

영국 박물관은 '모든 전시품은 연구자와 전시품에 관심 있는 사람들에게 언제나 공개되어야 한다.'는 원칙에 따라 무료로 개방되고 있다. 이는 전 세계적으로도 매우 보기 드문 사례이다. 또 다양한 계층의 사람들이 박물관의 전시품을 충분히 이해하도록 돕기 위해 박물관에서는 비정기적으로 다양한 주제의 강연회를 개최한다.

영국 박물관은 인류 문명의 지식이 담긴 보고이다. 평생 읽어도 다 읽지 못할 만큼 무궁무진한 분량과 인류의 지혜가 깃들어 있는 백과사전이라고 할 수 있다.

고대 그리스의 금으로 만든 투구

The United Kingdom

제4장 | 전쟁의 포화 속에서

The United Kingdom

1 타이태닉호의 전설

1997년에 실제로 있었던 역사적 사건을 영화화한 〈타이태닉〉이 역대 최고 흥행 기록을 세우면서 크게 히트했다. 영화를 감독했던 제임스 캐머런은 그 해 아카데미 작품상과 감독상을 받았고, 주제가 〈마이 하트 윌 고 온My heart will go on〉을 부른 셀린 디옹은 그래미상과 아카데미상을 받았다. 그리고 이 영화의 공동 제작사였던 20세기 폭스와 파라마운트 픽처스는 전 세계적으로 18억 달러에 이르는 수입을 거두었다. 그리고 이 영화를 관람했던 모든 관객은 애달픈 러브스토리와 타이태닉호의 전설 같은 이야기에 가슴 아파했다.

시기 : 1912년
인물 : 승객

호화우편선

1909년, 영국 북아일랜드의 최대 도시 벨파스트에 소재하는 할랜드 앤드 울프Harland and Wolff 조선소는 초대형 주문서를 받았다. 영국 해운업계의 거두인 화이트 스타 라인White star line 회사로부터 올림픽호에 맞먹는 우편선의 제작을 의뢰받은 것이다. 바로 타이태닉호였다. 타이태닉호의 주된 임무는 여객 운송으로 한 번에 승객 3,300명을 운송할 수 있었다. 하지만 여객을 운송하는 것 이외에도 부차적으로 우편물을 운송하기 때문에 '여객선'이라고 부르지 않고 '우편선'이라고 부르게 된 것이다. 오늘날 관점에서

한눈에 보는 세계사

1911년 : 중국, 신해혁명(중화민국 건국)

1914년 : 제1차 세계대전

타이태닉호 내부의 화려한 계단과 조각상은 미술관에 들어온 듯한 느낌이다.

봐도 타이태닉호는 인류 과학기술의 결정체라고 할 만큼 엄청난 규모의 호화여객선이었다. 길이 259.08m, 너비 28.19m, 깊이 19.66m의 4만 6,328톤급 배로, 저압 증기 터빈 엔진 1기와 3단 팽창 왕복식 증기 엔진 2기가 설치되어 총 46만 마력의 출력을 낼 수 있었고, 최고 속력은 24노트 이상이었다. 당시 영국 해군의 항공모함이 길이 209m, 너비 26m의 2만 톤급 배였다는 것을 봐도 타이태닉호의 웅장한 위용은 세상을 깜짝 놀라게 하고도 남음이 있었다.

타이태닉호는 거대한 규모뿐만 아니라 '떠 있는 궁전'이라 불릴 만큼 최첨단 내부 시설을 갖추고 있었다. 호화로운 객실은 물론이거니와 고급 레스토랑과 칵테일 바, 커피숍, 도서관, 영화관 등이 있었으며, 세계 최초로 수영장과 헬스클럽이 설치되었다. 또한 1등 객실 승객에게는 엘리베이터 3

제작비 총 7,500만 파운드가 투입된 타이태닉호는 당시 최고의 초호화 여객선이었다.

대, 2등 객실의 승객에게는 엘리베이터 1대가 각각 제공되었다. 내부 인테리어 역시 호화로움의 극치를 이루었다. 프랑스 장인이 만든 가구와 터키산 최고급 카펫, 아름다운 벽화와 조각상, 샹들리에로 꾸며져 있었다. 타이태닉호를 두고 사람들은 "배가 아니라 바다 위에 떠다니는 베르사유 궁전이다."라고 말할 정도였다. 이뿐만 아니라 타이태닉호는 선체의 안전성 면에서도 최고의 수준을 자랑했다. 이중 바닥과 16개의 방수 구획실을 만들어 선체에 구멍이 뚫리더라도 손상된 격실에만 물이 차서 정상적인 운항이 가능하도록 안전하게 설계되었다. 그래서 '절대로 침몰하지 않는 배'라고 선원들이 자랑할 정도였다. 그러나 이처럼 막강한 설비와 안정성을 갖춘 타이태닉호는 결국 빙산에 부딪혀 차가운 바닷물 속으로 침몰하고 말았다.

출항과 침몰

1912년 4월 10일에 타이태닉호는 최초이자 최후의 항해를 위해 사우샘프턴Southampton 항을 미끄러지듯 빠져나갔다. 부두에 정박해 있던 화이트 스타 라인사의 자매선들은 경적을 울리며 타이태닉호의 출항을 환호했다. 다음 날, 타이태닉호는 아일랜드의 퀸스타운Queenstown에 도착했다. 영화 〈타이태닉〉에서도 묘사된 것처럼 신대륙에 대한 희망으로 가슴이 부푼 수많은 아일랜드 이민자들이 배에 올랐다. 이어서 타이태닉호는 시속 24노트의 속력으로 북대서양을 향해 출항했다.

1912년 4월 14일에 캐나다 동쪽 끝의 뉴펀들랜드Newfoundland 섬 근처를 지나가는 타이태닉호 위로 잔잔한 미풍이 스치고 지나갔다. 승객들은 꿈결 같은 항해를 만끽하며 느긋한 시간을 보내고 있었다. 엄청난 재앙이 점차 그들을 향해 다가오고 있다는 사실은 꿈에도 모른 채 말이다. 그날 밤 11시 40분 망루에서 바다를 살피고 있던 선원이 거무튀튀한 이상한 물체를 발견했다. 검은 물체가 빠른 속도로 커지자 황급히 항해실에 빙하가 나타났음을 알렸다. 항해사는 재빨리 속도를 죽이고 우현으로 뱃머리를 돌려 가까스로 빙하를 비켜가는 듯싶었다. 그러나 실상은 물속에 잠긴 빙하 일부에 배의 옆구리를 들이받은 뒤였다. 스미스 선장은 급히 설계사와 함께 배를 점검했지만 제1선창, 제2선창, 우편실, 6호 보일러실에는 이미 바닷물이 콸콸 쏟아져 들어와 물에 잠기기 시작하고 있었다. 기술자들은 배의 침몰 상태를 살피고서는 재빨리 스미스 선장에게 보고했다.

"이 배를 구할 방법이 없습니다."

타이태닉호의 침몰 과정을 나타낸 그림

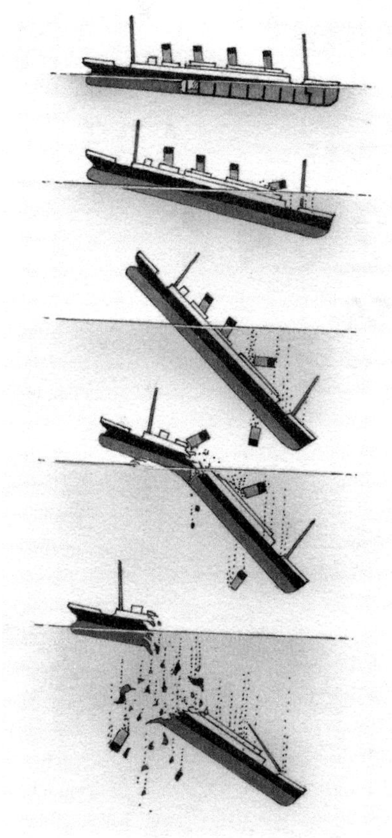

12시 15분에 스미스 선장은 구조 신호를 보내는 동시에 구명정을 바다에 띄우라고 지시했다. 당시 대서양을 항해하던 각국 선박들이 구조 신호를 듣고 전속력으로 사고 지점을 향해 달려오기 시작했다.

12시 45분에 첫 번째 구명정이 바다에 띄워졌다. 그때까지만 해도 승객들은 타이태닉호가 침몰한다는 사실을 전혀 믿지 않았다. 그러나 긴급 구조를 알리는 신호탄이 밤하늘에 불꽃처럼 터지기 시작하자 그제야 허둥대기 시작했다. 갑판은 삽시간에 어지러워졌다. 규정에 따라 여성과 어린이를 먼저 구명정에 태우자 여기저기서 가슴 아픈 이별 장면이 연출되었다. 어느 신혼부부는 남편이 아내 먼저 구명정에 태워 보내려고 했지만 아내는 남편과 함께 죽는 것이 낫다며 구명정에 타지 않았다. 대신 어린아이가 딸

1912년 4월 10일에 타이태닉호는 사우샘프턴 항을 떠나 미국 뉴욕 항을 향해 처녀항해에 나섰다.

린 여성에게 자리를 양보했다. 연인, 부부, 부모와 자식들은 이렇듯 서로에게 구명정 자리를 양보하며 가슴 아픈 이별을 했다. 담담하게 죽음을 맞이하는 사람들도 많았다. 멋진 야회복으로 갈아입고 기품 있게 죽음을 맞으려는 신사도 있었으며, 사람들 틈을 비집고 다니며 고해성사를 베푸는 신부도 있었다. 악단은 찬송가를 연주했으며, 배에 남은 사람들은 찬송가를 함께 부르며 두려움을 이기려고 애썼다. 2시 18분에 타이태닉호가 두 동강이 났고, 2시 20분에는 뱃머리 부분이 엄청난 폭음을 남기고 물속으로 가라앉기 시작했고, 그 뒤를 이어 선미 부분도 바닷물 속으로 잠기면서 승객 1,503명이 물속으로 사라졌다. 빙산과 부딪친 지 2시간 20분 만이었다.

물에 빠져 허우적거리던 승객들은 차가운 바닷물에 체온이 급격히 떨어지면서 신경이 마비되어 하나둘 죽음을 맞이했다. 사실 당시 구명정은 좀 더 많은 사람을 태울 만큼 충분한 여유가 있었다. 그러나 허겁지겁 물에 빠진 사람들을 건지려다 오히려 구명정이 전복되고 더욱 많은 사상자가 발생했다. 오전 3시 55분쯤 되어 카르파티아호가 가장 먼저 사고 해역에 도착했지만 이미 타이태닉호가 사라진 뒤였다. 선원들은 즉시 구조 작업을 했다. 바닷물에 빠져 있던 생존자들은 일부는 무사히 구조되고 일부는 저체온증으로 목숨을 잃었다. 구조작업은 다음날 아침 8시 30분에야 끝났다. 캘리포니안호도 사고 해역에 도착했다. 캘리포니안호는 구조된 사람들 외에 또 다른 생존자가 없는지 수색했지만 이미 침몰한 지 하루가 지난 데다 영하 2도의 차가운 물에서 살아남은 사람은 아무도 없었다. 타이태닉호에 탔던 사람 가운데 승객 2,208명과 선원 705명만이 생환했다.

사흘 뒤 카르파티아호가 뉴욕 항에 입항하자 3만 명에 달하는 사람들이 보슬비를 맞으며 타이태닉호의 생존자를 맞이했다. 타이태닉호의 침몰 소식은 유럽 전체를 발칵 뒤집어놓았다. 영국 국왕 조지 5세와 미국 대통령 윌리엄 태프트William Howard Taft는 참담한 해난 사고에 애도의 뜻을 표했다. 영국과 적대 관계에 있던 독일 황제 빌헬름 2세조차 영국 국왕에게 조전을 보냈다.

타이태닉호의 침몰은 인류의 과학 기술이 대자연의 위력 앞에 얼마나 미약한지를 깨닫게 해 준 충격적인 사건이었다. 이 사건을 계기로 세계 주요 해운 관계자들이 모여 해상인명안전협약SOLAS을 체결했고, 구명보트 등 여객선의 안전 설비가 강화되었다.

100년 동안의 6대 해난 선박

- 1912년 4월 10일, 타이태닉호가 뉴펀들랜드 섬 해안에서 빙산에 부딪혀 침몰했다. 1,503명의 인명 피해가 발생했다.
- 1940년 6월 17일, 영국 랑카스트리아호가 프랑스 생나제르 항에서 피난민을 태우고 영국으로 향하던 중 독일 공군의 공격을 받고 침몰하여 약 3,500명이 목숨을 잃었다.
- 1945년 1월 30일, 독인 빌헬름 구스틀로프호가 소련 잠수함의 어뢰 공격으로 발트 해에서 침몰했다. 총 9,343명이 목숨을 잃어 인류 역사상 최악의 해난 사고로 기록됐다.
- 1987년 12월 20일, 필리핀 부근 해역에서 도나 패즈호가 충돌 사고로 침몰하면서 약 4,375명의 목숨을 잃었다.
- 1994년 9월 28일 핀란드 부근 해역에서 에스토니아호가 침몰하면서 약 852명이 목숨을 잃었다.
- 2002년 9월 26일, 아프리카 감비아 근해에서 세네갈 여객선이 정원 초과로 침몰하여 1,863명이 목숨을 잃었다.

2 연합국의 설립

The United Kingdom

나폴레옹과의 전쟁이 끝나고 100여 년이 지난 1914년에 이르러 유럽은 또다시 거대한 전쟁의 소용돌이에 휩쓸렸다. '제1차 세계대전'이라고 불리는 이 전쟁은 연합국과 동맹국 간에 벌어진 싸움이었다. 그렇다면 연합국과 동맹국은 어떻게 설립되었으며, 이들 간에는 어떠한 이해관계가 얽혀 있었는지 자세히 알아보자.

시기 : 1904~1907년
인물 : 에드워드Edward 7세

첨예한 갈등

19세기 말부터 20세기 초엽까지 세계 주요 자본주의 국가에서는 제2차 산업 혁명이 일어났다. 흔히 '전력 혁명'이라 불리는 제2차 산업 혁명은 주로 화학과 전기 공업 분야에서 일어난 대변혁이었다. 유럽과 미국은 집마다 전등과 전화가 가설되었고, 석탄과 전기는 일상생활에 없어서는 안 될 중요한 에너지원으로 자리 잡았다. 자동차와 선박, 비행기 등 교통수단이 발달하고 세계 곳곳에 전화선이 가설되면서 사람들의 교류는 더욱 빈번해지고 밀접해졌다. 제2차 산업 혁명은 일상생활에 커다란 변화를 가져왔으며

한눈에 보는 세계사

1904년 : 러일전쟁
1905년 : 을사조약 강제 체결
1907년 : 고종, 헤이그 특사 파견
1909년 : 안중근 의거

영국 국왕 에드워드 7세

국가의 경쟁력에도 큰 변화를 일으켰다. 미국이 세계 제1의 경제 강국으로 부상했고, 독일이 그 뒤를 바짝 좇았으며, 전통적인 강국이었던 영국과 프랑스는 각각 3위와 4위로 밀려났다. 봉건주의 체제에서 벗어나지 못한 러시아는 갈수록 경제력이 침체했다.

세계 경제력의 판도가 바뀌고 국가 간의 경쟁이 나날이 심해지는 가운데 영국과 독일의 관계가 점차 악화되기 시작했다. 경제 발전에 힘입은 독일이 해외 시장 개척에 발 벗고 나섰기 때문이다. 독일은 본격적으로 조선소를 세우고 무역선을 건조하여 왕성한 해외 무역 활동을 펼치면서 영국의 해외 시장을 잠식했다. 이 세상에 자신의 돈주머니를 남이 가로채가는데 기분 좋을 사람이 어디 있겠는가? 독일에 대한 영국의 불만은 점차 가중되었다. 심지어 일부에서는 무력을 동원해서라도 자국의 식민지 무역을 보호해야 한다는 주장이 나왔다.

영국의 불만이 고조되는 동안 독일은 어떤 반응을 나타냈을까? 1888년에 독일의 새 황제 빌헬름Wilhelm 2세가 즉위했다. 영국 빅토리아 여왕의 외손자였음에도 영국에 대한 태도는 그리 우호적이지 않았다. 빌헬름 2세의 머릿속에는 오로지 하루빨리 게르만 대제국을 세우고 세계적으로 식민지를 확장하는 것이었다. 이러한 정치적 배경 아래 영국과의 충돌은 불가피했다. 1899년에 보어 전쟁이 일어나자 빌헬름 2세는 공개적으로 영국을 조소하는 내용을 신문에 실었을 뿐만 아니라 보어 인들에게 승리를 축하하는 축전까지 보냈다. 이는 영국인의 분노를 불러일으켰고, 일부 시민들은 런던에 있는 독일인 상점을 습격했다.

이렇듯 이해관계의 충돌 속에 가중되어 가던 불만은 독일 의회가 해군 확충 법안을 통과시키자 기어코 터지고 말았다. 독일이 전열함 38척과 순양함 20척을 포함한 상비 함대를 구축할 준비를 하자 영국은 발칵 뒤집혔다. 영국 왕립 해군은 전 세계적으로 최강의 무력을 자랑하며 거의 300여 년 동안 해상 독점권을 쥐고 있었다. 독일이 프랑스나 러시아와 전쟁을 벌인다면 영국은 모른 척 방관할 수 있지만, 해군을 창설하는 일만큼은 용납할 수가 없었다. 이는 영국의 해상 패권에 대한 명백한 도전이었기 때문이다. 1903년에 영국 국왕 에드워드 7세는 프랑스를 연합 세력으로 끌어들이기 위해 직접 파리를 방문했다.

연합과 분열

사실 영국이 직접 나서지 않더라도 유럽 대륙에서는 독일에 불만을 품은 국가가 많았다. 프랑스는 독일과의 보불 전쟁에서 패한 치욕을 잊지 않고 있었다. 당시 독일에 할양했던 알자스 로렌Alsace-Lorraine 지방을 되찾기 위해 호시탐탐 기회를 노리고 있었다. 러시아 역시 독일에 앙심을 품고 있었다. 1878년 러시아가 터키 전쟁에서 승승장구하며 발칸 반도를 집어삼키려는 순간 독일과 오스트리아-헝가리 제국의 연합군에 밀려나고 말았던 것이다. 독일은 프랑스와 러시아의 불만을 잘 알고 있었다. 그리하여 1879년에 오스트리아-헝가리 제국과 비밀리에 동맹 관계를 맺었다. 러시아가 두 나라 중 하나를 침공하면 지원군을 파견하여 연합 작전을 펼치며, 프랑스를 비롯한 기타 국가와 전쟁을 벌일 경우에는 중립을 지키기로 약속했다. 1882년에 북부 아프리카의 튀니지에 진출하려다 프랑스가 튀니지를 합병하는 바람에 실패한 이탈리아도 동맹에 참여했다. 프랑스가 독일과 이탈리아, 오스트리아-헝가리 제국 중 하나를 침공하면 나머지 두 나라가 동맹

세르비아 청년 가브릴로 프린치프(Gavrilo Princip)가 오스트리아의 황태자 페르디난트(Ferdinand) 부처를 암살하고 자신도 자살하려다 실패하고 경찰에 체포되었다.

하여 지원군을 파견한다는 조약이 덧붙여지면서 3국 동맹이 결성되었다.

독일과 오스트리아–헝가리 제국, 이탈리아가 3국 동맹을 결성하자 프랑스와 러시아는 좌불안석이 되었다. 나폴레옹 시대 이래로 러시아와 프랑스는 유럽 대륙에서의 패권 다툼을 끊임없이 벌이고 있었지만 자국에 위협이 되는 3국 동맹을 수수방관할 수는 없었다. 1894년에 프랑스와 러시아는 동맹 관계를 맺었다. 독일과 오스트리아–헝가리 제국이 러시아를 침공하면 프랑스는 즉시 독일에 선전포고를 하며, 만일 독일이나 이탈리아가 프랑스를 침공하면 러시아가 독일에 선전포고를 하기로 했다.

이렇게 프랑스와 러시아는 동맹 관계를 맺었지만 세계 제일의 해군을 보유한 영국의 협조가 간절했다. 바로 그 무렵에 에드워드 7세가 직접 파리를 방문하여 우정의 손길을 내민 것이다. 프랑스와 러시아로서는 이보다 더 반가운 일이 없었다. 마침내 영국과 프랑스, 러시아의 3국 협상이 이루어졌다. 3국은 적잖은 이견으로 진통을 겪은 끝에 협의를 달성했다. 프랑스는 영국의 이집트 지배권을 인정하고, 영국은 프랑스의 모로코 지배권을 인정하며, 이란을 삼분하여 영국과 러시아가 각각 나눠 갖기로 타협을 했다. 이제 세계 대전은 시간문제였다.

1914년 6월 28일에 오스트리아–헝가리 제국의 황태자 부부가 사라예보Sarajevo를 방문 중에 세르비아 민족주의자의 총탄에 암살당하는 사라예보 사건이 터졌다. 발칸Balkan 반도의 화약고에 불이 붙은 것이다. 7월 28일에 오스트리아–헝가리 제국이 세르비아에 선전포고를 했다. 그러자 8월 1일과 8월 3일에 독일이 러시아와 프랑스에 연달아 선전포고를 했다. 8월 4일에는 영국이 독일의 벨기에 침략을 꼬투리로 삼아 독일에 선전포고를 하면서 세르비아 편에 가담했다. 8월 17일 보병 4개 사단과 기병 1개 여단으로 구성된 영국군 선봉대가 프랑스에 도착했다. 이어서 3년 동안 600여만 명의 영국인이 군대에 입대했고, 영국은 수백만 명의 육군으로 조직된 원정군을 프랑스에 파견했다. 마침내 제1차 세계대전이 발발한 것이다.

The United Kingdom

3 유틀란트 해전

1916년 5월 마지막 날, 따듯한 바닷바람이 스카게라크Skagerrak 해협을 부드럽게 스치고 지나갔다. 이때 북해의 넘실대는 파도를 헤치며 인류가 만든 가장 두려운 강철 괴물이 서로 맞부딪혔다. 전 세계 사람들에게 '유틀란트'라는 이름을 각인시켜 줄 사건이 벌어진 것이다.

시기 : 1916년 5월 31일
인물 : 존 젤리코John Jellicoe, 데이비드 비티David Beatty, 라인하르트 쉐어Reinhard Scheer 프란츠 히페르Franz Hipper

결전 전야

1916년 제1차 세계대전이 발생한 지 어느덧 3년째가 되었다. 마른Marne 전투, 샹파뉴Champagne 전투, 아두와Aduwa 전투 등에서 병사 수백만 명이 피 흘리며 싸우다 죽었다. 매 전투에 전투기, 독가스탄, 대형 포탄 등의 무시무시한 살인 병기들이 총동원되었다. 해상 전투도 마찬가지였다. 독일 잠수정이 수차례 영국 상선을 습격했지만, 실력이 막강한 영국 해군 함대가 나타나면 독일의 대양 함대는 황급히 본국의 항구로 피하는 신세였다. 영국인들은 독일 함대를 집이나 지키는 무용지물 함대라고 비웃었다. 자존

한눈에 보는 세계사

1916년 : 아인슈타인, 일반상대성이론 발표

1917년 : 러시아, 10월 혁명

히페르가 이끈 함대의 기함 뤼초우호

심 강한 독일 황제 빌헬름 2세는 화가 치민 끝에 해군 사령관을 교체했다. 해군 중장 라인하르트 쉐어를 대양 함대의 새로운 사령관으로 임명한 것이다. 해병 출신으로 용맹하기로 소문난 쉐어는 새로운 작전 계획을 세워 황제에게 보고했다. 정찰 함대를 영국 근해로 파견하여 영국 해군을 공해상으로 유인해 낸 뒤 매복해 있던 대양 함대가 출동하여 섬멸한 뒤, 영국의 해군 병력이 약해진 틈을 타서 총공격하여 영국 본토의 주력 함대를 궤멸시키는 방법이었다. 빌헬름 2세는 쉐어의 '낚시' 전술에 크게 만족해하며 즉시 시행토록 명령했다.

1916년 5월 30일에 독일 해군 중장 프란츠 히페르가 전열함 5척, 순양함 5척, 구축함 20척으로 이루어진 '미끼용' 정찰 함대를 이끌고 빌헬름스하

비티 중장의 조각상

유틀란트 해전이 끝나고 3년 뒤, 비티 중장은 해군 사령관으로 승진했고, 군 복무 기간의 공헌을 인정받아 백작 작위를 받았다.

펜 항구를 미끄러지듯 빠져나갔다. 목적지는 유틀란트 반도와 스웨덴 사이에 있는 스카게라크 해협이었다. 2시간 뒤, 이번에는 사령관 쉐어가 이끄는 대양 함대의 주력 부대가 서서히 빌헬름스하펜 항구를 빠져나가 앞서 출항한 '미끼용' 정찰 함대 뒤를 조심스레 따라갔다. 항해하는 도중에 정찰 함대를 이끄는 프란츠 히페르는 수시로 무선 전보를 이용하여 명령을 내렸다. 혹시라도 영국 함대가 자신들의 정찰 함대를 발견하지 못할 경우 '낚시' 전술이 실패로 돌아갈까 봐 일부러 들으라는 듯이 무선 전보를 이용한 것이다. 사실 히페르의 걱정은 기우에 지나지 않았다. 영국은 독일군 암호 책자를 가지고 있었다. 영국은 독일군이 5월 30일의 작전을 위해 전 함대에 준비 태세 명령을 내리는 무선 암호 교신을 포착하여 계획을 훤히 꿰뚫고 있었던 것이다.

5월 30일 정오 12시, 독일 해군이 출격한다는 정보가 영국 함대 사령관 존 젤리코에게 보고되었다. 존 젤리코는 휘하의 해군 중장 데이비드 비티와 함께 독일군과 비슷한 유인 작전 계획을 세웠다. 베티 중장이 정찰 함대를 이끌고 독일 함대에 공격을 퍼부은 뒤 후퇴하는 척 기만전술을 펼치는 것이었다. 그 뒤를 독일 함대가 뒤쫓아 오면 젤리코 사령관이 이끄는 함대의 주력 부대가 측면 공격을 가해 독일 함대를 궤멸하는 작전이었다.

예기치 못한 충돌

5월 30일 저녁에 비티 중장은 전열함 4척과 순양함 6척, 구축함 27척으로 이루어진 정찰 함대를 이끌고 항구를 빠져나갔다. 그리고 서너 시간 뒤, 이번에는 젤리코 사령관이 이끄는 주력 함대가 출발하여 비티 중장이 이끄는 정찰 함대 뒤를 따라갔다. 오후 2시, 북해에 독일 함대와 영국 함대가 나타났다. 영국 해군 중장 비티가 이끄는 정찰 함대의 오른쪽으로 히페르가 이끄는 독일 함대가 나타났지만 짙은 안개와 아지랑이로 서로의 존재를 눈치 채지 못했다. 2시 20분, 짙은 안개를 뚫고 중립국 덴마크의 증기선이 나타났다. 덴마크 증기선은 느릿느릿 경적을 울리며 영국 함대와 독일 함대 사이를 통과했다. 영국 정찰 함대가 덴마크 증기선을 조사하는 동안 독일 함대 역시 덴마크 증기선을 조사하기 위해 나타났다. 독일 함대는 예기치 못한 상황에서 영국 함대를 발견하고 즉각 퇴각하자 영국 순양함 갈라테아호와 파이손호가 독일 구축함에 첫 포격을 발사했다. 마침내 유틀란트 해전이 발발한 것이다.

당시 두 함대의 병력을 비교하면 다음과 같았다. 영국은 드레드노트급 전함과 순양전함 37척, 순양함 34척, 구축함 80척을 보유하고 있었다. 이에 비해 독일 함대는 드레드노트급 전함 23척, 순양함 11척, 구축함 63척을 보유하고 있었다. 그렇다면 영국과 독일의 주력 전함인 드레드노트급 전함은 어떤 배였을까? 1906년에 영국 해군은 750만 파운드를 들여 거함 드레드노트를 건조했다. 드레드노트는 '바다 위의 초소'라고 불릴 만큼 거대한 군함으로 길이 160.3m, 너비 25m에 배수량은 2만 1,845톤에 달했다. 또한 2인치 대구경 연장포 5기와 대對 어뢰정 방어용으로 3인치 포 10문을 탑재하여 당시의 다른 전함과 비교해 화력이 두 배에 달했다. 배의 속력도 최고 21노트로 거의 순양함급 속도에 맞먹었다. 배 위에 탑재한 대포의 위치도 매우 절묘했다. 어느 방향에서 적군이 습격해도 자유자재로 8기의 주

유틀란트 반도는 유럽 북부의 북해에 있다.

력 대포를 발사할 수 있도록 설치했다. 4초마다 8발의 대포를 적군을 향해 발사할 수 있을 만큼 기동성이 매우 뛰어났다. 이러한 압도적 성능을 갖춘 드레드노트의 탄생은 세계 각국에 커다란 충격을 주었다. 한순간에 각국의 기존 전함을 구식으로 만들어 버린 것이다. 이후 세계 각국은 경쟁이라도 하듯 앞 다투어 드레드노트급 혹은 슈퍼드레드노트급 전함을 건조하기 시작했다. 더불어 드레드노트는 해군 기량의 상징이 되었다. 유틀란트 해전에서도 드레드노트급 전함은 독일 함대와 영국 함대의 주력 무기로 그 면모를 과시했다.

참담한 결전

영국 비티 중장과 독일의 히페르 중장은 거의 동시에 공격 보고를 받았다. 히페르 중장은 독일 주력 함대가 대기하는 동남쪽으로 퇴각할 것을 명령했다. 이에 영국 비티 중장은 애초 독일 함대를 유인하기로 했던 임무를 새까맣게 잊은 채 전속력으로 독일 함대를 추격했다. 두 정찰 함대가 숨바꼭질이라도 하듯 추격전을 벌이는 동안 양측의 주력 함대도 자국의 정찰 함대를 바짝 뒤쫓았다.

오후 3시 48분, 영국 함대와 독일 함대 간의 교전이 시작됐다. 영국 함대는 기상 상태가 나쁜 데다 연기와 포연으로 가시성이 나빠서 포격에 어려움을 겪었으며 독일 전함들과의 거리를 측정하기도 어려웠다. 반면에 독일 함대는 우수한 가시성을 무기로 영국 전함 라이언호, 타이거호, 퀸 메리호에 명중탄을 발사했다. 오후 4시, 독일 함대의 함포 사격이 가해지면서 라이언호는 승무원 수십 명이 즉사했으며 탄약고가 터질 위험에 직면했다. 해병대 출신 함포 지휘관 프랜시스 하비Francis Harvey 소령은 치명상을 입었으면서도 온몸을 던져 탄약고의 문을 닫았다. 4시 28분, 독일군의 포탄이 재차 명중하면서 탄약고 주위의 모든 승무원이 사망했지만 탄약고 문을 닫아둔 덕에 대참사를 피할 수 있었다. 전투가 끝난 뒤 하비 소령은 영국 군인의 최고 영예인 빅토리아 십자 훈장을 받았다. 반면에 퀸 메리호는 그다지 운이 좋지 않았다. 독일 함대의 포탄에 탄약고가 명중되어 폭발하면서 2만 톤급의 전함은 북대서양의 차가운 물속으로 침몰했다. 이때 장병 1,275명 가운데 단 9명만이 생환했다. 운이 나쁘기는 인데패티거블호도 마찬가지였다. 독일 함대의 함포 공격에 탄약고가 폭발하면서 배가 두 동강으로 쪼개졌다. 배가 침몰하면서 장병 1,019명이 목숨을 잃고 그 가운데 2명만이 겨우 생환했다.

영국 비티 중장이 이끄는 함대가 독일 함대의 공격에 심각한 타격을 입고 있는 사이 쉐어가 이끄는 독일의 주력 함대가 나타났다. 비티는 서둘러 함대의 진로를 180도 선회하여 북쪽으로 도주하면서 유인하기 시작했다. 비티 함대로부터 신호를 받은 영국 함대 사령관 젤리코는 전 함대에 이동 명령을 내렸다.

저녁 6시, 안개를 뚫고 추격해 나가던 쉐어의 대양 함대 앞에 전투 대형을 갖춘 젤리코의 함대가 나타났다. 예상치 못한 영국 주력 함대의 등장에 쉐어는 경악하고 말았다. 젤리코는 T자 대형으로 독일 함대에 맹공을 퍼부었다. 독일 함대는 영국 함대를 상대로 치열한 교전을 벌였지만 역부족이었다. 쉐어는 퇴각 명령을 내리고, 영국의 추격을 방해하기 위해 순양전함 네 척을 희생양으로 삼았다. 순양전함이 영국 함대로 돌격하여 시간을 버는 사이 쉐어는 전장을 빠져나왔다.

6월 1일 새벽 3시, 독일 함대가 허겁지겁 본국의 빌헬름스하펜 항구를 향해 도망치자 영국 함대가 그 뒤를 바짝 추격했다. 그러나 항구 근처의 어뢰 지역이 가까워지자 추격을 멈출 수밖에 없었다. 4시 15분 젤리코는 분통함을 억누른 채 영국 함대에 귀항을 명령했다. 이로서 유틀란트 해전이 막을 내렸다. 유틀란트 해전에서 영국은 전열순양함 3척, 경형순양함 3척, 구축함 8척 잃었고, 6,900여 명이 전사했다. 독일은 전열함 1척, 전열순양함 1척, 경형순양함 4척, 구축함 5척을 잃었고, 3,000여 명이 전사했다. 해전이 끝난 뒤 영국과 독일은 각자의 승리를 주장했다. 독일은 자신들이 격침한 군함 수가 영국보다 많기 때문에 자신들이 승자라고 주장했고, 영국은 독일군이 먼저 퇴각했기 때문에 자신들이 진짜 승자라고 주장했다.

전략적 관점에서 판단한다면, 영국은 독일 대양 함대를 제거하지도 못한 채 심각한 타격을 입었다. 그러나 가까스로 북해의 제해권을 유지할 수 있었기 때문에 상처뿐인 영광일지라도 승리를 거둔 것이라고 평가할 수 있다. 그래서 미국 〈타임스〉는 유틀란트 해전을 가리켜 “독일 대양 함대는 감옥의 간수에게 맹렬한 공격을 퍼부었지만 감옥 신세를 면하지 못했다." 라고 논평했다.

유틀란트 해전을 계기로 각 국가는 거함 대포의 중요성을 실감했다. 그리고 유틀란트 해전 이후로는 항공모함과 잠수정이 해전의 결정적인 병기로 부상하기 시작했다.

유틀란트 어뢰

어뢰는 자동 장치에 의해 물속을 전진하면서 적군의 군함을 폭발시키는 무기이다. 어뢰는 1878년 러시아 터키 전쟁에서 처음으로 등장했다. 러시아 군함이 어뢰를 이용해 터기 상선을 격침시킨 것이다. 이후 제1차 세계대전에서 어뢰는 함포에 버금가는 주력 무기가 됐다. 어뢰는 일단 발사되면 목표물을 격파하지만 빗나가면 바다 깊숙이 가라앉는다. 유틀란트 해전에서 영국 전열함이 발사했던 533밀리미터의 어뢰 하나가 목표물에서 빗나간 채 약 50여 년 동안 바다 위를 떠다닌 일이 있었다. 어뢰가 북해와 북대서양, 미국 동해안 지역을 떠다니는 것을 세계 곳곳의 해군이나 선원들이 목격했다. 사실 어뢰는 화약 30kg과 어뢰 동체의 2분의 1을 차지하는 압축 공기로 이루어져 있다. 압축 공기 때문에 부력이 생겨 바닷속에 가라앉지 않고 떠돌아다니는 현상이 발생한 것이다.

The United Kingdom

4 솜 강 전투의 '마크' 전차

1916년 6월에 파리 서북쪽의 솜 강에서 피비린내 나는 전투가 시작되었다. 그 후 4개월 동안 수십만 명이 이곳에서 목숨을 잃었다. 이 전투에서 '마크'라고 불리는 신식 병기가 등장하여 서부의 참호 전선을 무너뜨렸다. 이로 말미암아 인류는 탱크를 중심으로 한 기계화 전쟁 시대로 들어서게 되었다.

시기 : 1916년 6월
인물 : 윈스턴 처칠Winston Churchill, 더글러스 헤이그Douglas Haig, 어니스트 스윈턴Ernest Swinton

검은 7월

1916년 제1차 세계대전의 주 무대는 차가운 눈발이 휘날리는 동부 전선에서 진흙탕으로 범벅인 서부 전선으로 옮겨갔다. 2월 21일, 독일이 프랑스 파리 동북부의 베르됭Verdun을 공격했다. 밀물 듯이 밀려드는 독일군 진격에 파리는 바람 앞의 등불처럼 금방이라도 점령당할 위기에 처했다. 프랑스군 최고 사령관 조제프 조프르Joseph Joffre와 영국 원정군 총사령관 더글러스 헤이그Douglas Haig는 베르됭에 대한 독일의 압박을 줄이기 위해 파리 서북부의 솜 강에서 전무후무한 대규모 전투를 벌일 계획을 세웠다. 독일

한눈에 보는 세계사
1916년 : 아인슈타인, 일반상대성이론 발표
1917년 : 러시아, 10월 혁명

의 공세에 맞서느라 프랑스군의 주력 부대 대부분이 베르됭으로 소집된 상태였다. 그래서 영국 원정군 총사령관 헤이그가 작전의 모든 권한을 위임받고 세부 작전을 세웠다. 헤이그는 영국군 제3, 제4군단을 소집하여 보병 25개 사단을 편성하고 포탄 800여만 발, 화포 3,500문, 비행기 300여 기를 동원했다. 당시 솜 강 진지의 독일군 병력은 1개 군단에 무기라고는 화포 2,000여 문이 고작이었다. 대신 독일군은 유리한 지형을 선점하여 단단한 방어선을 구축하고 있었다. 10km 구간마다 철조망으로 만든 3중으로 된 방어선과 견고한 참호를 팠다. 또한 10m 깊이의 땅을 파서 군량미와 탄약을 보관하는 창고와 야전병원을 만들었다. 그야말로 철벽을 세워놓은 셈이었다.

무게 27톤의 마크1 전차는 독일 병사들에게 공포심을 불러일으켰다.

1916년 6월 24일 새벽에 영국군 포병대는 57mm 속사포, 100mm 카농포, 155mm 유탄포를 일렬로 세워 놓고 공격 명령을 기다리고 있었다. 마침내 땅속에 묻어놓은 지뢰가 폭파하면서 본격적인 공격이 개시됐다. 대포 3,000여 문에서 쏟아지는 포탄이 엄청난 굉음과 함께 일제히 독일군 진지를 향해 날아갔다. 포탄 공격은 일주일 내내 지속됐지만 독일군의 견고한 철조망과 참호를 파괴하는 데 실패하고 수많은 포탄만을 낭비했다. 그뿐만 아니라 포격이 진행되는 동안 독일군은 참호나 방공호에 숨어 있었기 때문에 치명적인 피해를 주는 데도 실패했다. 지지부진한 공격이 계속되는 가운데 1주일이 지나고 7월 1일 아침이 밝아왔다. 마침내 무거운 전투복 차림의 영국군 보병이 출격했다. 보병들은 느린 속도로 독일군의 방어선을 향해 전진했다. 하지만 이는 오히려 독일 기관총 사수들에게 좋은 표적이 되어 총알받이로 수많은 병사가 목숨을 잃었다. 이날 하루 동안 영국군은 전사자 1만 9,000명이 발생했고, 부상자와 포로가 4만여 명에 달했다. 재앙에 가까운 전투에 영국군이 휘청거리자 헤이그는 마침내 결정을 내렸다. 마지막 카드이자 그동안 꼭꼭 숨겨 두었던 비밀 병기를 출격시키기로 한 것이다. 바로 마크1 전차였다.

'마크'의 탄생

마크1 전차를 처음으로 고안한 것은 전문적으로 무기를 만드는 기술자나 과학자가 아니라 엉뚱하게도 종군 기자의 아이디어에서 시작되었다. 바로 어니스트 스윈턴Ernest Swinton이었다. 스윈턴은 제2차 보어 전쟁과 러일 전쟁 등 수많은 전쟁터를 누빈 종군 기자이자 장교였다. 1914년 1차 대전의 최전방이었던 서부 전선에서 취재하던 그는 독일군의 참호로 돌진하다 쓰러지는 수많은 영국 병사를 목격했다. 맨몸으로 참호를 돌파하는 병사들은 총알받이가 되기 일쑤였다. 바람에 벼 이삭이 모조리 쓰러지듯 영국군이 독일군의 기관총에 속절없이 쓰러져 가는 참혹한 광경을 바라보던 그는 문득 기발한 아이디어가 떠올랐

마크1 전차의 동체는 마름모형으로 참호와 철조망을 통과하기 쉽도록 설계되었다.

다. 총탄에도 끄떡없고 참호에서도 잘 굴러가는 장갑 전차가 있다면 생명을 구할 수 있을 거라는 생각이 들었던 것이다. 트랙터에 강판을 씌우고 기관총과 화포를 설치한다면 철조망이나 참호를 거뜬히 돌파할 수 있다고 판단한 것이다.

스윈턴은 즉시 보고서를 작성하여 육군 본부에 제출했다. 그러나 아무도 스윈턴의 제안에 귀를 기울이지 않았다. 당시 육군 사령관은 "재미있는 장난감일지는 몰라도 전혀 쓸모가 없다."라며 스윈턴의 아이디어를 오히려 비웃었다. 정작 스윈턴의 제안에 관심을 기울인 사람은 당시 해군 장관이었던 윈스턴 처칠이었다. 그는 이 아이디어가 실현 가능하다고 생각하고 즉시 신무기 개발을 위한 '육지순양함위원회'를 설치하고 무려 7만 파운드의 예산을 쏟아 부었다. 그러나 위원회에서는 전차 개발보다는 순양함에서 사용할 수 있는 화포 개발에만 주력했다. 길이 30m, 너비 20m, 총 무게 1,200톤으로, 105mm 화포 6문을 설치할 수 있는 '괴물' 무기를 설계했다. 당연히 계획안은 부결되고 말았다.

1915년 7월에 영국 포드사의 트랙터 공장과 해군 본부가 협력하여 트랙터에 군함용으로 생산되는 강판을 씌운 세계 최초의 전차를 완성했다. 독일 스파이에게 정보가 새나가지 않도록 부품을 운송하는 상자에 'TANK'라는 글자를 표시했다. 오늘날 '탱크'라는 명칭의 유래가 바로 여기서 시작된 것이다. 1916년 2월에 영국군은 새로 개발한 신식 무기에 MK1 즉, 마크1이라고 이름 지었다. 마크1은 최고 속도 시속 6km, 항속 거리 약 20km에 57mm 화포 2문과 기관총 4문을 탑재하고 있었다. 총 중량이 27톤에 달했으며, 6~12mm의 강판으로 덮여 있어서 기관총 공격에도 거뜬했다. 1916년 여름 솜 강의 첫 번째 전투에서 실패한 헤이그 사령관은 마크1를 출전시키기로 했다. 당시 생산된 마크1은 수십 대에 불과했지만 헤이그 사령관은 여기에 마지막 희망을 걸었다.

시행착오

9월 15일 새벽에 마크1 전차 49대가 진지를 향해 출발했다. 병사들이 진흙탕 위로 나무판자와 볏짚을 깔았지만 전차 17대는 도중에 발이 묶이고 겨우 32대만이 진지에 도착했다. 새벽 4시, 마크1 전차 32대가 독일군 진지를 향해 진격했다. 인류 역사상 최초로 전차 공격이 시작된 것이다. 그러나 불과 몇 분도 되지 않아 전차 14대가 기계고장을 일으켜서 나머지 18대의 전차만이 독일군 첫 번째 방어선을 공격했다. '강철 괴물'의 출현은 독일 병사들을 공포에 몰아넣었다. 기관총 공격에도 끄떡도 않는 전차의 습격에 독일 병사들은 무기를 던져 버린 채 뿔뿔이 흩어졌다. 이날 전투에서 마크1은 가공할 만한 전투력을 발휘했다. 중요한 전략적 고지를 점령하고 포로 300여 명을 생포했다. 영국의 보병들은 전차의 엄호 아래 5,000m를 진격했으며 부상자 수도 평소의 20분의 1에 지나지 않았다.

'마크1'의 위력은 실로 엄청났다. 마크1의 활약에 흥분을 감추지 못한 헤이그 사령관은 즉시 육군 본부로 전보를 쳐서 전차 1,000대를 추가 투입해 달라고 요청했다. 독일의 지휘관 역시 황급히 상급 기관에 전보를 쳐서 영국군이 정체를 알 수 없는 신식 무기를 개발했다고 보고했다. 탱크의 출현으로 전술 변경이 불가피해졌던 것이다. 9월 25일에 헤이그

영국군 위생병들이 부상병을 후방으로 옮기고 있다.

는 전차 13대를 앞세운 채 독일군 진지에 맹공을 퍼부었다. 그러나 이미 '강철 괴물'에 대한 공포에서 벗어난 독일군은 소구경 화포와 수류탄으로 전차를 집중적으로 공격했다. 독일군의 공격에 전차 9대가 파괴되고 영국군의 공세는 크게 움츠러들었다. 솜 강 전투는 또다시 교착 상태에 빠지고 말았다. 1916년 11월에 끝없는 교전으로 이어진 솜 전투는 폭설로 결국 중단되었다. 통계에 따르면, 4개월간에 걸친 전투에서 영국군은 병사 42만 명이 전사했고, 프랑스군은 부상당하거나 사망한 병사가 20만 명에 달했다. 또한 독일군은 사망하거나 부상, 혹은 포로로 잡힌 병사가 총 65만 명에 달했다. 마크1 전차는 혁혁한 공로를 세웠으나 기술상의 결함으로 전투의 승부를 가르는 결정적인 병기가 되지는 못했다. 그러나 훗날 제2차 세계대전에서 독일 장군 구데리안Guderian이 전차 부대를 창설하여 유럽 전역을 휩쓸었다. 바로 마크1 전차를 모델로 개발한 새로운 전차가 출현한 것이다.

진격을 앞두고 영국군 병사들이 총에 칼을 꽂고 있다.

The United Kingdom

5 베르사유 조약

1918년 11월 11일 오전 11시, 프랑스 파리 교외의 콩피에뉴 숲에서 101발의 대포 소리가 울렸다. 독일군의 포격이 아니라 제1차 세계대전이 끝난 것을 기념하는 축포였다. 바로 여섯 시간 전에 독일 대표와 연합군 총사령관이었던 포슈Ferdinand Foch가 휴전 조약을 맺었던 것이다. 이로써 독일은 영국, 프랑스, 미국 등에 갈기갈기 찢기는 신세가 됐다.

시기 : 1919년 1~6월
인물 : 로이드 조지David Lloyd George, 윌슨Thomas Woodrow Wilson, 클레망소Georges Clemenceau

파리 강화회의

피비린내 나는 1916년과 암흑의 시간 1917년이 지나고 1918년이 밝아왔다. 1차 대전이 발발한 이래 지난 4년 동안 연합국과 동맹국은 엄청난 자금과 인력, 과학 기술력을 모조리 전쟁에 쏟아부었지만 쉽사리 결판이 나지 않았다. 그러나 1918년 여름 미국이 참전하면서 전쟁의 판도가 바뀌었다. 승리의 저울이 연합국으로 기울어지면서 독일은 사면초가에 처하게 된 것이다. 1918년 11월 3일에 오스트리아-헝가리 제국이 항복을 선언했다. 11월 11일 독일의 마지막 황제 빌헬름 2세가 네덜란드로 망명하자 황급히 구성

한눈에 보는 세계사
1917년 : 러시아, 10월 혁명
1919년 : 3·1운동

된 독일의 새 정부는 연합국과 '콩피에뉴 정전 협정'을 체결했다. 독일은 포탄, 비행기, 군함을 모조리 연합국에 내놓았고, 프랑스, 벨기에의 점령지에서 퇴각함으로써 제1차 세계대전이 종결되었다.

1820년대 베르사유 궁은 유럽에서 가장 크고 웅장한 규모를 자랑하는 건축물이었다. 프랑스와 유럽 귀족들의 활동 무대였고 예술의 중심지였다. 당시 베르사유 궁에 거주하던 사람은 왕실 구성원과 귀족, 시종과 잡역부를 통틀어 3만 6,000명에 달했다.

영국인들에게 제1차 세계대전은 참으로 가혹했다. 비록 프랑스에 비해 전쟁 손실이 적었다고 하지만 참혹하기는 마찬가지였다. 병사 90만 명이 전쟁터에서 목숨을 잃었고, 22만 명이 불구가 되었으며, 100억 파운드의 거액을 전쟁 비용으로 탕진했다. 전쟁 전에는 미국의 채권국이었던 영국이 이제는 오히려 빚을 진 채무국 신세가 됐다. 영국 총리 로이드 조지의 머릿속은 독일인들에게 얼마나 배상금을 받을 수 있을지, 독일의 식민지는 어떻게 나눠야 할지 하는 문제로 복잡하게 돌아갔다. 그는 프랑스 총리 클레망소와 미국 대통령 윌슨과 함께 파리에서 강화회의를 열기로 했다. 이른바 전쟁 배상금을 어떻게 나눠 가질지를 논의하기 위한 회의였다.

이익 다툼

1919년 1월 11일에 로이드 조지는 구축함을 타고 영국 해협을 건넜다. 12일 파리에 도착하자 미리 기다리고 있던 클레망소와 윌슨이 그를 반겼다. 파리 강화회의는 베르사유 궁에서 열렸다. 루이 13세 시절에 세워진 베르사유 궁은 프랑스와 독일 간에 역사적 앙금이 남아 있는 장소였다. 과거 1871년 1월 18일 보불 전쟁에서 승리한 빌헬름 1세가 황제로 즉위하면서 독일 제국을 선포한 곳이 바로 베르사유 궁이었다. 그때 독일은 알자스 로렌 지방을 할양하고 50억 프랑의 전쟁 배상금을 챙겼다. 40년 전에 역사적 치욕

베르사유 조약을 주도한 4개국 원수의 단체 사진. 영국 총리 로이드 조지, 이탈리아 총리 오를란도, 프랑스 총리 클레망소, 미국 대통령 윌슨이다.

을 겪은 바로 이곳에서 프랑스는 고스란히 앙갚음을 하게 된 것이다.

파리 강화회의에는 전승국 영국, 프랑스, 미국, 이탈리아, 벨기에, 일본, 중국 등 27개국과 영국 연방의 남아프리카, 인도, 오스트레일리아, 캐나다, 뉴질랜드가 참석했다. 회의에 참가한 각국 대표는 총 70여 명으로 로이드 조지, 클레망소, 윌슨 외에도 이탈리아 총리 오를란도, 일본 대훈위 공작 사이온지 긴모치 등이 있었다. 파리 강화회의를 효율적으로 개최하기 위해 전승국인 3국 대표는 각국의 경제력과 군사력에 따라 등급을 매겼다. 가령 영국, 프랑스, 미국, 이탈리아, 일본은 1등급 국가로서 모든 회의에 빠짐없이 참석했고, 중국, 그리스, 벨기에 등 독일에 선전포고를 했던 국가는 2등급 국가로 자국의 이익과 관계된 회의에만 참석했다. 나머지 3등급, 4등급 등의 국가들은 전체 회의에만 참석해서 동의권만을 행사했다.

회의를 주도한 영국, 프랑스, 미국은 각각 셈법이 달랐다. 프랑스는 독일에 대한 응징을 가장 강경하게 주장했다. 보불 전쟁 때 빼앗긴 알자스 로렌 지방을 되찾는 동시에 독일의 일부 지방을 할양할 것을 요구했으며, 독일 내의 모든 무기를 완전히 폐기하기를 원했다. 프랑스 총리 클레망소는 독일에 대한 분노와 증오를 숨김없이 드러냈다. 미국은 전쟁 피해를 거의 입지 않았기 때문에 독일에 대한 배상과 영토 분할 문제에는 관심이 없었다. 야심만만한 윌슨은 국제연맹을 만들어 평화적인 국제 질서를 세우고 미국이 국제 사회의 주도권을 갖는 것이 목표였다. 유럽 대륙의 세력 균형이 이루어지기를 바라고 있던 영국인들의 셈법은 훨씬 복잡했다. 로이드 조지는 독일에 막대한 배상금과 독일의 해외 식민지를 요구하는 반면에 독일을 지나치게 압박하는 것은 반대했다. 독일의 약화를 틈타 유럽 대륙에서 프랑스나 러시아가 세력을 키울 가능성이 크므로 견제할 필요가 있었던 것이다. 각국의 이해관계가 상충한 탓에 회의는 순조롭게 진행되지 못했다. 영국과 프랑스가 연합하여 국제연맹 창설을 반대하고 나서는 바람에 윌슨이 회의장을 박차고 나가기도 했으며, 영국과 미국이 한 목소리로 프랑스가 독일에 지나치게 많은 배상금을 요구한다고 비판하는 탓에 클레망소가 화를 버럭 내며 회의장을 떠나기도 했다. 변호사 출신의 로이드 조지는 화려한 언변과 중재 능력을 최대한 발휘하여 프랑스와 연합하여 미국을 압박하기도 하고, 혹은 미국과 손잡고 프랑스를 견제하면서 영국이 최대한 많은 이득을 차지할 수 있게 했다.

베르사유 조약

3개월에 걸친 난상 토론 끝에 마침내 3개국 거두는 협의안을 마련했다. 충분한 논의를 거쳐 최대한 타협점을 이끌어 냈지만 각국 모두 불만이 남아 있었다. 5월 7일, 베르사유 궁에서 전문 15편에 440개 조항으로 이루어진 총 200여 페이지의 베르사유 조약이 담긴 초안이 독일 대표에게 건네졌다. '호랑이'라는 별명이 붙은 클레망소는 전쟁의 승리자답게 근엄하면서도 거만한 태도로 독일 대표단에게 말했다.

"여러분은 우리에게 평화적 정전을 요청했습니다. 이것이 바로 우리의 대답입니다."

평화 조약 초안을 들여다본 독일 대표는 하마터면 기절할 뻔했다. 평화 조약에 담긴 조건이 너무도 가혹했기 때문이다. 그 내용은 대체로 다음과 같았다.

"독일은 해외 식민지에 관한 모든 권리와 요구를 동맹국과 연합국의 주요 국가에 넘겨준다. 알자스 로렌 지방은 프랑스에 반환하고, 자르 하류에 있는 탄광의 소유권 및 독점 채굴권을 프랑스에 넘겨준다. 자르 지방의 행정은 향후 15년간 국제연맹에서 관리하며 기간이 만료되면 주민 투표에 의해 자르의 귀속을 결정한다. 라인 강 왼쪽 기슭의 독일 영토는 비무장 지

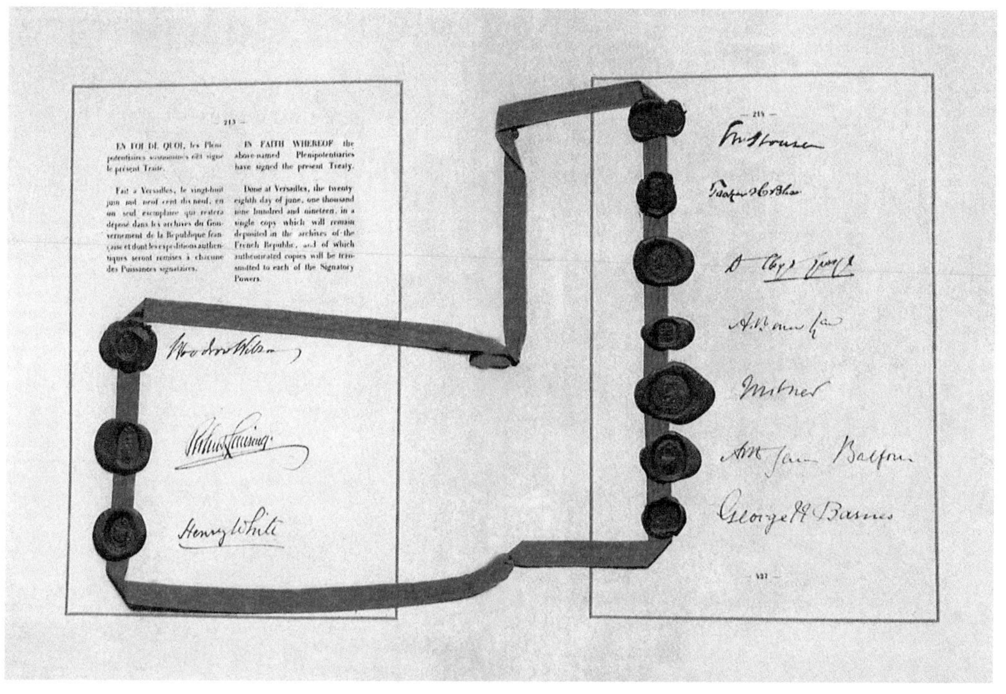

EN FOI DE QUOI, les Plénipotentiaires susnommés ont signé le présent Traité.

Fait à Versailles, le vingt-huit juin mil neuf cent dix-neuf, en un seul exemplaire qui restera déposé dans les archives du Gouvernement de la République française et dont les expéditions authentiques seront remises à chacune des Puissances signataires.

IN FAITH WHEREOF the above-named Plenipotentiaries have signed the present Treaty.

Done at Versailles, the twenty-eighth day of June, one thousand nine hundred and nineteen, in a single copy which will remain deposited in the archives of the French Republic, and of which authenticated copies will be transmitted to each of the Signatory Powers.

베르사유 조약 원본

대로 하되 15년 동안은 연합국이 점령한다. 독일에서 일반 의무병제는 폐지되고 육군은 10만 명, 해군은 1만 5,000명으로 제한한다. 독일은 어떤 잠수함도 만들거나 구매해서는 안 되며, 비행기, 화포 등 중무기를 보유할 수 없다. 연합국 배상위원회에서 책정한 배상 총액은 1,320억 마르크로 배상 위원회가 정하는 지급 방법에 따라 전승국에 배상금을 지급한다."

이처럼 가혹하기 짝이 없는 조약을 누가 감히 서명하겠는가? 독일 대표는 즉시 자국으로 보고하는 한편, 전승국 대표에게 조약 내용을 수정해 달라고 요청했다. 그러나 3개국의 대표들은 단호했다. 독일은 그 어떤 항변도 할 권리가 없으니 조약서에 서명하든지 아니면 전쟁을 계속하든지 둘 중의 하나만 선택하라고 강요했다. 선택의 여지가 없던 독일은 결국 굴복했다.

1919년 6월 28일 오전에 3개국의 거두가 베르사유 궁에 모였다. 오후 3

시, 독일의 외무장관 헤르만 뮐러가 독일 대표로서 덜덜 떨리는 손으로 조약에 서명했다. 이 소식은 즉각 세계 각국으로 퍼져 나갔고 축포가 파리 시내를 뒤흔들었다. 이어서 연합국과 오스트리아, 헝가리, 불가리아, 터키 등 동맹국 사이에 일련의 조약이 체결되었는데, 이를 통틀어 '베르사유 체제'라고 불렀다. 다음날, 로이드 조지는 귀국 길에 올랐다. 영국 국왕 조지 5세와 내각 대신들이 그의 귀환을 맞이했다. 로이드 조지 총리는 평화 조약으로 260만㎢에 달한 식민지를 전리품으로 갖고 돌아왔다. 영국 전체가 환희의 도가니에 빠졌다. 베르사유 조약으로 말미암아 무시무시한 전쟁의 씨앗이 새로이 뿌려졌다는 사실을 전혀 모른 채 말이다. 사실 베르사유 조약으로 배정된 엄청난 배상금은 독일의 경제를 파탄시키고 중산층의 몰락을 초래했다. 결과적으로 나치 지지자들을 탄생시켜 20년 뒤에 제2차 세계대전을 촉발시켰다. 베르사유 체제는 완벽한 평화를 구축한 것이 아니라 단지 20년 동안의 휴전 기간을 마련한 것에 지나지 않았다.

6 노동당의 궐기

The United Kingdom

1924년까지 영국은 총리가 총 45명 선출됐다. 그 가운데 절반은 보수당이었으며 나머지는 자유당 혹은 보수당과 자유당의 연립 내각에서 선출한 인물들이었다. 영국의 총리직은 양대 정당이 주거니 받거니 교대로 차지해 온 것이다. 그러나 1924년에 이르러 수십 년에 걸친 관례를 깨고 노동당 출신의 제임스 램지 맥도널드가 제46대 총리로 선출되었다. 영국에 새로운 정치세력이 탄생했음을 알리는 신호탄이었다.

시기 : 1924년
인물 : 제임스 램지 맥도널드 James Ramsay MacDonald

노동당 창설

1919년 베르사유 조약으로 영국은 상당한 이득을 얻었지만 국내 경제는 하락세를 면치 못했다. 이제 영국은 세계의 해운 대국이 아니었고, 런던 역시 더 이상 세계의 금융 중심지가 아니었다. 노동자들의 월급은 4분의 1이 줄어들었지만 국민 한 사람당 세금 부담액은 1913년의 5.4파운드에서 1919년의 19파운드로 증가해 실질적으로 3배 이상 늘어났다. 반면에 자본가들은 전쟁 기간에 무려 40억 파운드를 벌어들였다. 임금 인하에 불만을 품은 노동자들은 대규모 파업을 시작했다. 1919년부터 1921년 동안 노동자 650

한눈에 보는 세계사

1921년 : 중국, 공산당 성립
1922년 : 이탈리아, 무솔리니 집권
1924년 : 소비에트 연방 성립

만 명이 파업에 참여했다. 노동자 운동은 이제 막 창설된 노동당에 날개를 달아 주었다.

노동당의 시작은 1900년 2월로 거슬러 올라간다. 당시 영국의 대표적 노동자 조직은 런던에서 회의를 열고 '노동자대표위원회'를 설립했다. 이후 1906년에 '노동당'이라고 명칭을 바꾸었다. 노동당의 지지 기반은 노동자지만 노동자 계급의 정당을 의미하는 것은 아니었다. 노동당의 정치 강령은 의회 투쟁과 노동자 협회 활동을 통해 사회를 개선하는 데 있었다. 노동자들의 정치 참여가 활발해지면서 노동당의 전국 당원 숫자가 436만 명으로 늘어났다. 의회에 진출한 의원 수도 1900년에는 2명에 불과했지만 1923년에는 191명으로 늘어났다. 노동당은 자유당, 보수당과 어깨를 나란히 하는 정당으로 자리매김하게 된 것이다.

총리 선출

1923년 말, 보수당 출신의 총리 스탠리 볼드윈Stanley Baldwin은 보호 관세 정책 시행 문제로 의회와 충돌을 빚자 의회 해산을 선언하고 재선거를 치렀다. 그러나 뜻밖에도 선거 결과 보수당은 258석만을 차지했다. 제1정당의 위치는 지켰지만 내각 구성에 필요한 과반수 의석을 차지하는 데는 실패하고 말았다. 재선거로 가장 큰 이익을 얻은 것은 노동당이었다. 노동당은 191석을 차지했고, 자유당은 159석을 차지했다. 노동당은 즉시 자유당에 연립내각을 제의했다. 노동당 당대표 맥도널드와 자유당 당대표 애스퀴스Herbert Henry Asquith는 연립내각에 합의하고 맥도널드를 총리로 추대하기로 약속했다. 노동당과 자유당의 연합은 과반수 이상의 의석수를 차지하면서 보수당을 따돌렸다. 영국 국왕 조지 5세는 맥도널드 내각을 승인할 수밖에 없었다. 마침내 최초의 노동당 정권이 출범한 것이다.

맥도널드가 총리직에 오를 당시 영국은 심각한 경제 위기에 처해 있었

총리 관저 앞에 모인 실직자들

다. 대외무역은 10%가 줄어들었으며, 노동자의 실업률은 10~15%에 달해서 생계를 꾸리기도 벅찬 가정이 많았다. 장기적 경제 침체에서 벗어나기 위해 노동당은 '주택법' 의결안을 통과시켰다. 향후 15년 동안 250만 주택 건설에 착수하여 건설경기 붐을 일으켜 국내 경제성장의 발전 동력으로 삼기 위해서였다. 노동당은 식품세, 오락세, 자동차세 등 각종 세금을 인하하고, 보험 제도를 개정하여 노인과 장애인, 아동을 위한 복지 정책을 한층 강화했다. 노동당은 다양한 경기부흥책과 사회보장제도를 실시했지만 단기적인 효과를 보기에는 역부족이었다. 이로 말미암아 부두 노동자들을 중심으로 한 대파업이 끊이질 않았고 설상가상 외교상의 문제까지도 발생했다. 1924년 2월 1일에 맥도널드는 소련 정권을 승인하면서 우호조약을 맺었다. 이는 보수당의 거센 반발을 불러 일으켰다. 보수당과 자유당이 연합하여 내각 불신임안을 상정하자 맥도널드는 의회를 해산하고 재선거를 해야 했다. 선거 결과 보수당이 419석을 차지하면서 압도적인 승리를 거두었다. 결국 맥도널드는 집권 9개월 만에 실각하고 말았다. 그러나 노동당은 지속적으로 세력을 키우면서 자유당을 앞서게 되었고, 제2차 세계 대전 이후 여섯 차례나 내각을 구성했다. 1997년부터 2007년까지 10년 동안 노동당은 제1정당으로 군림하며 영국 양대 정당의 한 축을 담당하고 있다. 전임 총리 고든 브라운과 토니 블레어 모두 노동당 출신이다.

맥을 잡아 주는 **영국사 중요 키워드**

영국 여성 참정권 획득

19세기 중엽 영국 여성들은 더 이상 남성의 종속적인 존재나 가정주부로 남아 있기를 거부했다. 의사결정의 주체로서 여성들은 참정권을 획득하기 위해 다양한 방식의 투쟁을 벌였다. 1914년 제1차 세계대전이 발발하자 수천만 명의 여성들이 공장으로 가서 앞장서서 강철을 만들고 석탄을 캐며 전쟁에서 승리를 거두는 데 큰 공헌을 했다. 1918년 영국 의회는 '선거개혁법'을 통과하여 만 30세 여성에게 선거권을 부여했다. 낸시 애스터Nancy Astor는 영국 역사상 최초의 하원의원이 됐다. 1928년 7월에 영국 의회는 만 21세의 여성에게 선거권을 부여하는 새로운 법안을 통과시켰다. 이로써 영국은 유럽에서 최초로 여성에게 참정권을 부여한 나라가 됐다.

7 페니실린의 발견

The United Kingdom

제2차 세계대전 중에 인류는 세 가지 중대한 발명을 했다. 바로 원자탄과 레이더, 페니실린이었다. 원자탄은 인명 살상의 무기로 사용되고, 레이더는 살상 무기의 위협에서 벗어나는 데 주로 사용되었다. 반면에 페니실린은 인류의 질병 치료에 크게 공헌했으니 세 가지 가운데 가장 위대한 발명이라고 할 수 있다. 페니실린을 최초로 발견한 사람은 바로 영국 의학자 알렉산더 플레밍Alexander Fleming이었다.

시기 : 1928년
인물 : 알렉산더 플레밍Alexander Fleming

의학도의 길

1881년 8월 6일, 알렉산더 플레밍은 스코틀랜드 에어셔 지방의 로흐필드Lochfield에서 태어났다. 어린 시절부터 대자연을 좋아한 그는 집 근처의 강과 들을 누비며 탐험 놀이를 즐겼다. 이는 관찰력과 기억력을 단련하는 데 큰 도움이 됐으며 훗날 위대한 의학 성과를 달성하는 토대가 되었다. 1895년, 런던으로 옮긴 플레밍은 안과 의사였던 형을 곁에서 지켜보며 의학도의 꿈을 키웠다. 모든 이들의 존경을 받는 의사라는 직업을 선망하게 된 것이다. 1901년 7월, 그는 런던 대학의 세인트 메리 병원 의과대학에 입학했

한눈에 보는 세계사
1924년 : 소비에트 연방 성립
1929년 : 세계 대공황(~1932)

1942년에 플로리는 대량 생산된 페니실린 샘플을 영국의 플레밍에게 보냈다.

다. 일찍이 19세기 말엽, 독일의 과학자들이 미생물이 질병을 일으키는 원인임을 발견한 뒤로 의학자들 사이에서는 세균학 연구가 활발하게 진행되고 있었다. 세균 연구를 통해 콜레라 등과 같은 전염병을 치료하는 방법을 찾고자 노력했다. 당시 세인트 메리 의과대학 교수 중에는 유명한 세균학자인 알름로스 라이트 Almroth Wright 박사가 있었다. 플레밍은 라이트 교수의 예방 접종 연구실을 드나들면서 세균학에 관심이 생겼다. 1906년 7월, 의사자격고시에 합격한 플레밍은 라이트 교수가 주도하는 미생물 연구 실험실에 들어갔다. 이후 그는 이곳에서 40여 년 동안 연구 활동을 했다.

놀라운 발견

실험실에서 일하던 초창기에는 플레밍은 동료들과 잘 어울리지 못했다. 동료들은 과묵한 플레밍을 '스코틀랜드 촌놈'이라고 놀려댔다. 그도 그럴 것이 좀체 말을 하지 않는 플레밍에게 쉽게 다가가기는 결코 쉬운 일이 아니었기에 괴짜로만 여겨졌던 것이다. 플레밍은 얼마나 과묵했는지 때로는 아침 10시부터 오후 5시까지 온종일 단 두 마디만 할 때가 종종 있을 정도였다. 그러나 시간이 지나면서 붙임성 있는 성격과 탁월한 의학 실력 덕분에 동료들의 인기를 독차지했다. 플레밍이 연구 활동에 파묻혀 지내는 중에 제1차 세계대전이 발발했다. 그는 동료들과 함께 영국 육군 의무단에 지원하여 최전방의 야전 병원에서 근무하게 됐다. 당시 서부 전선의 참호들은 온통 피와 시체, 오물로 뒤범벅되어 세균 번식의 온상이 되었다. 수많은 부상자가 제때에 치료를 받지 못해 상처에 세균이 감염되어 끔찍한 고통을 겪는 것을 보았다. 일단 상처에 박테리아가 침입하게 되면 수 시간 혹은 며칠 만에 상처가 썩어들어 갔다. 당시 사용되던 항균제와 항생제는 박테리아를 죽이는 동시에 인체 조직에 손상을 입혀서 주로 피부 조직에만 사용할 수 있었다. 그래서 심각한 중상을 입은 환자들에게는 항균제와 항생제를 전혀 쓸 수가 없었다. 플레밍은 부상자들이 효과적인 치료를 받지 못하고 팔다리를 잃어야 하는 상황이 너무나 안타까웠다. 그는 신체에 위해가 되지 않고 효과적으로 박테리아를 죽일 방법을 반드시 찾겠노라고 다짐했다.

의학사상 위대한 공헌을 했음에도 플레밍은 "페니실린은 내가 발명한 것이 아니라 자연이 발명했다. 나는 단지 우연히 그것을 발견했을 뿐이다."라고 겸손하게 말했다.

제1차 세계대전이 끝난 후 세인트 메리 병원 의학교 연구 실험실로 돌아온 플레밍은 효율적인 항생제 개발에 온 정력을 기울였다. 이미 결혼하여 처자식이 딸린 상태였지만 그는 자신의 꿈을 포기하지 않고 온 종일 연구실에 틀어박혀 항생제를 연구하는 데 골몰했다. 그러던 1928년 어느 날이었다. 플레밍은 여느 때처럼 연구실에서 연구하고 있었다. 그는 동료와 잡담을 나누면서 무심코 포도상구균이 담긴 배양 접시를 치우다가 무언가를 발견하고 재빨리 현미경으로 관찰했다. 순간 그의 입에서는 탄성이 쏟아져 나왔다. 그는 동료들에게도 현미경을 통해 배양 접시를 보여 주었다. 배양 접시에 융모 형상의 푸른곰팡이를 발견했는데, 놀랍게도 푸른곰팡이 주변에는 포도상구균이 온데간데없이 사라져 있었다. 끈질긴 생명력을 자랑하는 포도상구균이 알 수 없는 곰팡이 때문에 모조리 죽어 버린 것이다. 플레밍은 곰팡이의 실체가 무엇인지를 알아내기 위해 서둘러 일련의 실험을 진행했다. 그 결과 푸른곰팡이가 인체에 해를 입히지 않으면서도 유해균을 모조리 없앤다는 사실을 발견했다. 또한 푸른곰팡이의 배양물을 800배 묽게 해도 포도상구균의 증식을 방지한다는 사실을 발견했다. 1929년 2월, 플레밍은 뛰어난 살균력을 갖춘 새로운 물질을 '페니실린'이라고 정식으로 명명했다.

플레밍이 페니실린을 발견했지만 당시 추출 기술이 발달하지 못해 대량 생산은 꿈도 꿀 수 없었다. 페니실린의 대량 생산은 후세 의학자들의 몫이었다. 1935년에 오스트레일리아의 의학자 H. W. 플로리와 영국인 언스트 보리스 체인Ernst Boris Chain이 페니실린을 임상적으로 사용할 수 있도록 분리하여 정제하는 데 성공했다. 1941년 2월 12일, 플로리는 사경을 헤매던 환자 일곱 명을 상대로 임상 실험을 진행했다. 그 결과 페니실린이 부족해서 주사하지 못한 환자 한 명을 제외하고 전원 완쾌되었다. 1941년 12월, 미국에서 페니실린이 대량 생산되기 시작했다. 다음해 8월 플로리Howard Walter Florey가 새로 생산된 페니실린을 영국의 플레밍에게 보내주었다. 플레밍은 크게 감격했다. 이때부터 페니실린의 대량생산이 가능해지면서 제2차 세계대전 중에 부상병들에게 페니실린이 널리 공급되어 수백만 명의 목숨을 구할 수 있었다. 인류를 위해 지대한 공헌을 한 연구 성과의 공로를 플레밍은 플로리와 언스트 보리스 체인 등 학자들의 몫으로 돌리며 이렇게 말했다. "페니실린은 내가 발명한 것이 아니라 자연이 발명했다. 나는 단지 우연히 그것을 발견했을 뿐이다." 플로리와 체인은 자신들을 새로운 세계로 안내해 준 플레밍이야말로 진정한 영웅이라고 공을 돌렸다. 1945년, 플레밍과 플로리, 체인은 노벨생리의학상을 공동 수상했다.

8 세기의 로맨스

The United Kingdom

전 세계적으로 사랑에 눈먼 남자 열 명을 꼽으라면 아마도 에드워드 8세는 다섯 손가락 안에 드는 인물일 것이다. 그는 본래 영국 제국의 왕위를 예약해 놓은 명실상부한 황태자였다. 그러나 사랑하는 여인을 위해 영국 제국의 왕위를 버리고 해외를 떠돌며 평생을 살았다. 어쩌면 국왕으로서는 적합한 인물이 아니었을지라도 사랑을 위해 인생 전체를 던진 지고지순한 순정남인 것만은 분명하다.

시기 : 1936년
인물 : 에드워드Edward 8세

첫눈에 반한 사랑

1894년 6월 23일, 영국 국왕 조지 5세의 큰아들 에드워드가 태어났다. 에드워드는 왕위 계승자로서 어릴 때부터 엄격한 교육을 받았다. 오스본 왕립해군사관학교와 옥스퍼드 대학에서 수학했다. 1910년, 에드워드는 황태자로서 웨일스 공에 봉해졌다. 1914년 제1차 세계대전이 발발하자 이제 막 열여덟 살이 된 에드워드는 최전선으로 군인으로 복무할 수 있도록 강력히 요청했다. 육군대신은 고민에 빠지고 말았다. 한 나라의 황태자요 미래의 국왕이 될 사람을 어떻게 최전선으로 파견할 수 있겠는가? 수차례의 논

한눈에 보는 세계사

1932년 : 이봉창, 윤봉길 의거
1933년 : 독일, 히틀러 집권 / 미국, 뉴딜 정책 실시
1934년 : 중국, 공산당 대장정
1936년 : 에스파냐 내전

의 끝에 에드워드는 참모직으로 프랑스에 파견됐다. 에드워드는 부상자들이 입원한 병원을 찾아다니며 부상자들과 대화를 나누고 꽁꽁 언 참호를 방문하여 병사들과 함께 커피를 마셨다. 제1차 세계대전이 끝난 뒤에는 영국 제국 황태자의 신분으로 미국, 일본, 남아메리카 영연방 등지를 순방했다. 세련된 패션과 격식을 무시한 자유로운 태도는 전 세계 사람들에게 강렬한 인상을 남기면서 폭발적인 인기를 끌었다.

에드워드가 활발한 대외 활동을 하는 동안 할머니 알렉산드라와 어머니 메리 왕후는 그를 위해 신붓감을 물색하고 있었다. 에드워드가 귀국하자 왕후는 훌륭한 가문과 인품, 미모를 갖춘 최상의 신붓감들 사진을 보여주었다. 그러나 에드워드는 매번 고개를 흔들었다. 이에 왕후가 화를 내자 에드워드는 얼굴을 붉히며 말했다.

"어머니, 부디 화를 내지 말고 저를 이해해 주세요. 저는 사랑하지 않는 여인과는 결혼할 수 없습니다."

사실 에드워드도 활발한 사교 활동을 통해 수많은 여성을 만나고 있었다, 그러나 자신을 단번에 매료시킬 여성은 좀체 나타나지 않았다. 1930년 겨울, 에드워드는 친구와 함께 참석한 어느 파티에서 우연히 심슨Simpson 부인을 만났다. 로맨스 소설에 나오는 주인공처럼 에드워드는 당시 파란색 드레스를 입고 있던 심슨 부인의 인상적인 모습에 첫눈에 반했다. 에드워드와 심슨 부인은 이내 사랑의 늪에 빠지고 말았다. 사실 공정하게 말하면, 심슨 부인은 결코 에드워드 황태자에 어울리는 배필감이 아니었다. 에드워드는 장래 영국 제국 국왕이 될 고귀한 신분의 사람이었다. 반면에 심슨 부인

에드워드가 웨일스 공으로 봉해졌을 때의 사진

은 미국의 몰락한 가문 출신이자 어느 상인의 아내였다. 에드워드는 훤칠한 키에 준수한 용모를 자랑하며 모든 여성의 우상이었다. 이에 비해 심슨 부인은 재산도 없고 뛰어난 미인도 아니었다. 그러나 독특한 개성과 우아한 패션 감각으로 뭇 남성들을 사로잡는 사교계의 꽃이 되었다. 심슨 부인은 첫 번째 결혼에서 실패한 뒤 선박 중개업을 하던 영국계 미국인과 재혼하면서 심슨 부인이라는 이름을 얻었다. 그 후 거주지를 영국 런던으로 옮긴 그녀는 상류사회의 중심으로 들어가 동정심이 많고 이해력이 풍부한 세련된 여성이라는 칭송을 들었다. 에드워드 황태자와 심슨 부인은 여러모로 많은 차이가 있었지만 첫 만남 이후 관계가 급속도로 가까워졌다. 두 사람은 골프장이든 오페라 극장이든 경마장이든 항상 단짝처럼 붙어 다녔다.

왕위 포기

1936년, 국왕 조지 5세가 숨을 거두자 에드워드는 왕위를 계승하여 에드워드 8세로 즉위했다. 에드워드가 정치적으로 왕성한 활동을 하고 있을 무렵 위기가 찾아왔다. 1936년 10월, 심슨 부인이 남편과 정식으로 이혼했다. 이는 에드워드 8세에게는 희소식이었다. 그는 즉각 보수당 출신의 총리 스탠리 볼드윈Stanley Baldwin을 왕궁으로 불러들여 심슨 부인과의 결혼 의사를 밝혔다. 사실 그동안 의회의 내각 대신들은 에드워드 8세와 심슨 부인의 관계를 두고 왈가왈부 불평이 많았다. 그러나 어디까지나 스캔들로 간주했기에 의회와 국왕 간에는 별다른 충돌이 없었다. 그런데 이제 와서 국왕이 정식으로 결혼을 제기한 것이다. 영국 국민은 자신들이 사랑하는 젊은 국왕이 이혼을 두 번이나 한 미국 출신의 이혼녀와 결혼하는 것을 결코 용납하지 않았다. 총리 스탠리 볼드윈도 마찬가지였다. 그는 결혼에 강력히 반대하고 나섰다.

"폐하, 이 결혼은 절대 불가합니다!"

두 사람은 불쾌한 마음으로 자리에서 일어났다. 이제 왕의 결혼 문제는 왕과 내각 사이의 힘겨루기 양상을 띠게 되었다. 볼드윈 총리는 메리 왕후와 캔터베리 대주교를 통해 에드워드에게 압력을 가했다. 영국 국교회에서 이혼을 금지하는데 그 국교의 수반인 국왕이 두 번이나 이혼한 경력이 있는 사람과 결혼할 수 없다는 것이 그 이유였다. 그러나 사랑에 빠진 에드워드에게는 그 어떤 말도 들리지 않았다. 에드워드는 결혼을 만류하는 모후에게 버럭 화를 냈다.

"저는 국왕입니다! 그러할진대 내가 사랑하는 여인과 결혼을 못한다는 것이 말이 됩니까?"

결국 총리는 내각을 대표해서 에드워드에게 마지막 최후의 통첩을 보냈다. 의회의 동의 없이 결혼하려면 왕위를 포기하고 심슨 부인과 외국에 나가 살든지, 아니면 심슨 부인을 포기하고 훌륭한 국왕으로 남아 있든지 둘 중의 하나를 선택하라고 말했던 것이다. 내각에서 국왕에게 최후의 통첩을 했다는 소식이 신문에 실리면서 국왕의 결혼 문제는 영국 국민 전체의 관심사가 되었다. 국왕을 지지하는 여성들이 총리 관저 앞에서 시위를 벌였고, 급진적인 애국주의자들은 심슨 부인을 영국에서 내쫓아야 한다고 주장했다. 해결 방안이 생기지 않자 에드워드는 오랜 침묵 끝에 스스로 군주의 자리에서 물러나기로 했다. 12월 5일, 에드워드는 볼드윈 총리에게 왕위에서 물러나겠다고 통지했다.

그로부터 며칠 뒤, 의회는 영국 역사상 처음으로 왕위를 양위하는 법안을 통과시켰다. 1936년 12월 10일, 에드워드는 국왕 퇴위 조서에 서명함으로써 영국 역사상 최초로 스스로 양위한 국왕이 되었다. 왕위를 계승한 그의 동생 조지 6세는 에드워드를 윈저 공에 봉했다. 에드워드는 윈저 공에 봉해졌다는 소식을 듣고서 호쾌하게 웃으며 말했다.

"윈저 공 칭호가 참 마음에 드는군!"

1937년 6월 3일, 에드워드는 프랑스의 투소에 있는 교회에서 영국 교회 신부의 주례로 간소하고 소박한 결혼식을 올렸다. 결혼식 축하객은 몇 명밖에 되지 않았다. 왕실 가족은 단 한 명도 참석하지 않았다. 신랑과 신부의 결혼사진은 친구가 대신 찍어 주었다. 제2차 세계 대전이 벌어지자 두 사람은 나치의 세력을 피해 이탈리아, 프랑스, 스페인 등을 전전하며 지냈다. 두 사람은 그림자처럼 단 한시도 떨어져 지내지 않았다.

에드워드 8세와 심슨 부인의 사랑을 극화한 연속극 장면

1972년 5월, 윈저 공이 병으로 프랑스 땅에서 숨을 거두었다. 5월 31일, 그의 유해는 영국 공군기로 영국으로 운구되어 윈저 성에 안장되었다. 역대 국왕들처럼 세인트조지 대성당에 안장되지 않은 것은 생전 그의 유지에 따른 것이었다. 그는 죽어서도 아내와 함께 합장하기를 바랐다. 1982년, 지병으로 고생하던 심슨 부인이 파리에서 마지막 숨을 거두었다. 그녀의 유해는 영국으로 옮겨져 윈저 공과 합장되었다. 그녀의 묘비명에는 '윈저 공 부인 월리스'라고 새겨졌다.

The United Kingdom

9 뮌헨의 음모

1938년 이후 뮌헨은 외교가들에게 특별한 의미가 있는 단어가 됐다. 뮌헨은 악의적인 협박에 머리를 숙인 데 대한 징벌의 뜻을 지니게 됐다.

– 전직 미 국무부 장관 헨리 키신저Henry Alfred Kissinger

시기 : 1937~1940년
인물 : 네빌 체임벌린Neville Chamberlain

총리 선출

1936년, 에드워드 8세가 퇴위하고 동생 요크 공이 왕위를 계승했다. 바로 조지 6세였다. 1937년 5월 28일, 에드워드 8세와 불화를 겪었던 스탠리 볼드윈이 실각하고 보수당 당수 네빌 체임벌린이 신임 총리로 선출됐다. 당시 국제 정세는 매우 복잡하게 얽혀 있었다. 아시아 지역에서는 일본이 만주사변을 일으키면서 중국 동북 지역을 점령했고, 아프리카에서는 이탈리아가 에티오피아를 침공했다. 또한 유럽에서는 히틀러가 베르사유 조약을 어기고 3만 5,000명의 독일군을 이끌고 라인란트 비무장지대를 공격했다.

한눈에 보는 세계사

1934년 : 중국, 공산당 대장정
1936년 : 에스파냐 내전
1940년 : 한국광복군 창설

프랑스의 우유부단한 대처에 히틀러는 매우 손쉽게 라인란트 지역을 점거했다. 정치에 관심 없는 영국의 일반 시민조차 유럽 하늘을 뒤덮은 전쟁의 기운을 감지할 수 있는 사건이었다.

그러나 체임벌린 총리는 태연자약하기만 했다. 그에게는 확신해 마지않는 위기 해결책이 있었다. 바로 다른 국가들의 이익을 희생양으로 삼아 히틀러와 무솔리니의 배를 채워 준다면 자연스레 국제 정세가 안정될 것이라고 믿었던 것이다. 총리직에 오른 체임벌린은 연속적으로 독일에 우호의 손길을 내밀었다. 독일 외무장관을 초대하는 한편 내각 각료를 독일로 파견하여 히틀러에 대한 선의의 뜻을 표시했다. 영국의 속셈을 간파한 히틀러는 거침없이 침략의 발걸음을 내디뎠다. 1938년 3월, 오스트리아에 친親나치 정권이 들어서자 히틀러는 오스트리아 총리의 '초청' 아래 병사 수십만 명을 이끌고 오스트리아를 침공했다. 3월 13일, 히틀러는 오스트리아 합병을 정식으로 선포했다. 독일의 적나라한 침략 행위에 대해 체임벌린은 그 어떤 불만의 뜻도 표시하지 않았다. 오스트리아라는 '희생양'으로 히틀러의 뱃속이 충분히 채워질 것이라 착각했던 것이다.

뮌헨 협정

오스트리아를 순조롭게 집어삼키고 나자 히틀러는 더욱 노골적이고 탐욕스러워졌다. 그는 체코슬로바키아를 다음 목표로 삼은 뒤 침공 준비를 했다. 당시 체코슬로바키아 서쪽 국경 지역인 수데텐란트Sudetenland에는 독일인 350만 명이 거주하고 있었다. 히틀러의 조종 아래 현지의 게르만 족 정당은 끊임없이 분열을 일으켜 수데텐란트는 하루도 조용할 날이 없었다. 9월 12일, 히틀러는 뉘른베르크 당 대회에서 "수데텐란트의 독일인들이 체코 정부의 탄압을 받고 있다. 우리는 이 문제를 철저히 해결하여 그들을 보호할 것이다."라고 선동적인 연설을 했다. 수데텐란트를 침략할 야욕을 드러낸 것이다. 이에 체코슬로바키아는 동맹국인 프랑스에 군사적 원조를 호소했다.

이 소식이 전해지자 체임벌린은 깜짝 놀라고 말았다. 일단 독일과 체코슬로바키아 간에 전쟁이 벌어지면 프랑스가 잠자코 있을 턱이 없고, 또 그렇게 되면 영국도 전쟁에 휘말릴 것이 뻔했기 때문이다. 1938년 9월 15일, 평소 비행기 타는 것을 싫어하던 체임벌린은 이번만큼은 다급한 나머지 비행기를 타고 곧장 독일로 날아갔다. 사실 당시의 정세는 영국과 프랑스에 매우 유리했다. 체코슬로바키아는 150만 명에 달하는 육군을 보유하고 있었다. 병력 면에서 그동안 베르사유 조약에 묶여 군사력을 키울 수 없었던 독일을 훨씬 능가하고 있었던 것이다. 게다가 체임벌린이 출발하기 전에 독일의 일부 육군 장령들이 독일 주재 영국 대사에게 은밀히 의사를 타진해 왔다. 영국이 강경하게 나온다면 쿠데타를 일으켜 나치 정부를 전복시킬 것이라는 내용이었다. 즉, 독일에 대한 체임벌린의 태도에 따라 히틀러의 운명이 갈리게 된다는 의미였다. 그러나 약소국을 희생양으로 삼을지언정 독일과 무력 충돌을 피하고 싶었던 체임벌린은 이를 무시했다.

뮌헨에서 히틀러를 만나고 돌아온 체임벌린은 비행기에서 내리자마자 열정적인 연설을 했다. 그가 손에 들고 흔드는 것은 평화를 상징하는 '평화선언서'였다.

9월 29일, 체임벌린은 정작 당사국인 체코슬로바키아를 빼놓은 채 프랑스 총리 에두아르 달라디에, 무솔리니, 히틀러와 함께 뮌헨 회담을 열었다. 이들은 밤샘 협상 끝에 수데텐란트를 독일에 평화적으로 양도한다는 내용의 뮌헨 협정을 체결했다. 4개국 대표는 뮌헨 협정을 체결한 이후에야 회의장에 체코슬로바키아 대표를 불러들였다. 그리고 엄숙한 표정으로 협정 내용을 선포했다. 이 소식을 전해들은 체코슬로바키아의 베네슈 대통령은 두 강대국의 태도에 대해 "우리는 치사한 배반을 당했다."라고 분노했다. 이에 달라디에 프랑스 총리는 엄숙한 표정으로 이렇게 달랬다. "히틀러는 신용을 지키는 사람이다. 수데텐란트를 얻고 나면 앞으로 다른 요구는 하지 않을 것이다." 체임벌린은 마치 독일의 외무장관처럼 "체코슬로바키아는 이 협정서 내용의 수정을 요구할 권리가 없다."라고 덧붙였다.

체임벌린과 달라디에는 베네슈 대통령에게 영국과 프랑스의 공동 제안을 수락하지 않는다면 단독으로 독일과 싸우게 될 것이라고 경고까지 했다. 결국 약소국이었던 체코슬로바키아는 협정서에 서명할 수밖에 없었다. 뮌헨 협정 후 체임벌린은 히틀러에게 평화 선언서를 제안했다. 영국과 독일 양국이 서로 전쟁하지 않는다는 내용의 선언서에 히틀러는 흔쾌히 서명했다. 히틀러가 서명한 평화 선언서를 들고 귀국한 체임벌린은 영국 국민의 열렬한 환영을 받았다. 체임벌린은 선언서를 흔들며 "여기 우리 시대의 평화가 있다."라고 외쳤다. 당시 〈런던 타임스〉는 "전장에서 전리품을 가지고 돌아온 정복자 그 누구도 이보다 더 고귀한 월계관으로 장식된 사람은 없었다."라고 극찬했다.

영국인들은 뮌헨 회담으로 전쟁의 위협에서 벗어났다고 환호했으나, 평화에 대한 환상은 오래가지 못했다. 1939년 3월 15일, 독일은 프라하에 입성했다. 그리고 바로 다음날 히틀러는 보헤미아와 모라비아를 독일에 병합시킨다고 선언했다. 영국인들이 받은 충격은 엄청났다. 여론의 절대적 지지를 받던 체임벌린의 유화 정책이 불과 6개월 만에 실상을 드러낸 것이다. 이어 9월 1일, 히틀러는 150여만 명의 군사를 이끌고 폴란드 국경을 침략했다. 9월 4일, 영국과 유럽 국가들이 독일과의 전쟁을 선포함으로써 마침내 제2차 세계 대전이 시작되었다. 체임벌린은 의회에서 침통한 표정으로 이렇게 연설했다.

"오늘은 우리 모두에게 가슴 아픈 날입니다. 하지만 그 누구도 나만큼 비통한 사람은 없을 것입니다. 한평생 공직에 몸담아 오면서 이루었던 모든 성과와 나를 지탱해 준 신념이 단 하루 만에 무너지고 말았습니다. 하지만 나는 나치주의가 궤멸하고 유럽이 다시금 해방되는 그날을 반드시 보고야 말 것입니다."

체임벌린은 의회 연설에서 히틀러가 궤멸하고 유럽에 평화가 오는 날을 반드시 지켜볼 것이라고 단언했지만 끝내 그날은 오지 않았다. 1940년 11월 9일, 체임벌린은 평화의 날을 보지 못하고 회한과 절망 속에서 숨을 거두었다.

10 덩케르크 탈출 작전

The United Kingdom

인류 전쟁사상 대부분의 전략적 후퇴는 결국 포기와 패배로 직결된다. 1940년, 영국은 덩케르크에 고립된 병사 30만 명을 결코 포기하지 않았다. 사지에 몰린 영국군 역시 삶에 대한 희망의 끈을 놓지 않았다. 포기를 모르는 집념과 희망 때문에 기적과 같은 탈출이 성공적으로 이루어졌고 이는 4년 뒤의 노르망디 상륙 작전으로 이어졌다.

시기 : 1940년 5월 26일~6월 4일
인물 : 윈스턴 처칠Winston Churchill, 아돌프 히틀러Adolf Hitler, 헤르만 괴링Hermann Goring

덩케르크의 위기

1939년 9월 1일, 독일군 150만 명은 독일군 참모부에서 세운 '백색 작전'에 따라 폴란드를 기습 침공했다. 폴란드군은 죽음을 불사하며 물밀듯이 밀려드는 독일군에 맞서 싸웠다. 당시 서부 전선에는 100여 개 사단의 프랑스군과 수십만 명의 영국 원정군이 마지노선을 치고 평화로운 시간을 보내고 있었다. 연애편지를 쓰거나 축구를 하거나 커피를 마시며 음악을 듣는 병사들은 전쟁과는 전혀 상관없는 딴 세상에 와 있는 사람들 같았다. 영국과 프랑스 수뇌부는 독일이 폴란드를 점령하고 나서 계속 동쪽으로 진격해

한눈에 보는 세계사
1940년 : 한국광복군 창설

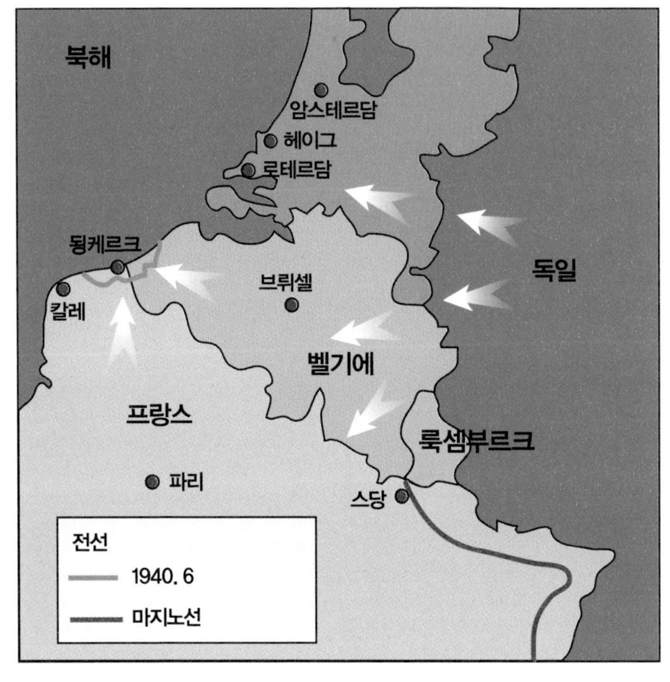

됭케르크 철수 설명도

소련과 전투를 벌이기를 바랐다. 그러나 이는 허황한 꿈에 불과했다. 1940년 5월 10일, 독일군 A와 B 군단이 136개 사단과 탱크 3,000여 대를 끌고 서부 유럽 지역을 향해 진격했다. 영국군과 프랑스군이 독일 B군단의 양동 작전에 휘말려 우왕좌왕하는 동안 독일 A군단이 공격을 가해 왔다. 전혀 예상치 못했던 아르덴 삼림 지대를 통과하여 영국군과 프랑스군을 측면 공격한 것이다. 5월 14일, 네덜란드가 독일에 투항했고, 17일에는 룩셈부르크가 함락됐다. 5월 19일, 7개 기갑사단으로 구성된 독일군이 영국 해협으로부터 20km 떨어진 곳까지 돌격해 왔다. 이때 영국군과 프랑스군 40개 사단이 프랑스 북부의 됭케르크에 고립되고 말았다. 기세등등한 히틀러는 됭케르크에 고립된 영국군과 프랑스군을 한 명도 남기지 않고 전멸시키겠다고 호언장담했다.

5월 24일, 독일의 기갑부대가 포위망을 좁혀 들어가며 됭케르크를 향해 전속 질주하던 도중에 갑자기 히틀러의 공격 중단 명령이 떨어졌다. 사실 이때의 공격 중단 명령은 오늘날까지도 수수께끼로 남아 있다. 훗날 군사학자들은 이때의 공격 중단 명령은 '대단히 어리석은 결정'이었다고 평가했다. 바로 이 명령 덕분에 영국군은 탈출 작전을 성공적으로 완수할 수 있었기 때문이다. 일부 학자들은 당시 히틀러의 명령이 매우 합리적이었다고 주장하기도 한다. 당시 독일군 기갑부대는 2주일 내내 쉬지도 못하고 공격 작전을 수행하느라 지칠 대로 지친 상태였다. 게다가 됭케르크 지역 곳곳에 형성된 복잡한 운하와 도랑은 탱크를 질주하는 데 커다란 걸림돌이 되고 있었다. 공격 중단 명령이 옳은지 그른지를 떠나서 애초 이 명령은 당시 독일군 공군 총사령관으로 있던 괴링과 작전부장 알프레드 요들Alfred Jodl의 건의 아래 이루어졌다. 전쟁에서 큰 공로를 세우기에 급급했던 괴링은 독일 육군이 연합군을 궤멸하고 승리의 영광을 차지하는 것을 가만히 두고 볼 수가 없었다. 그는 히틀러에게 공군의 화력만으로도 포위망에 갇힌 연합군을 충분히 분쇄할 수 있다고 강력히 주장했던 것이다. 게다가 알프레드 요들이 이끄는 작전부는 영국의 해상 운송 능력을 매우 우습게 얕잡아봤다. 기갑부대가 연합군과의 전투로 손실되는 것을 막고 싶었던 히틀러는 이들의 요청에 결국 공격 중단 명령을 내렸다. 이유야 어찌 됐든 그 명령 덕분에 영국군은 본국에 구조 요청을 할 수 있는 시간적 여유를 벌 수 있었다. 영국 원정군의 사령관은 영국 정부에 급전을 보내 됭케르크로 함대를 급파해 구출 작전을 펼쳐야 한다고 요청했다. 그리고 독일군의 공격에 대비해 서둘러 방어선을 구축했다.

다이너모 작전 개시

사실 5월 19일 영국 정부는 서부 유럽 전선의 패배를 예감하고 이미 해군부에 지시를 내려 원정군의 철수 계획을 세우던 중이었다. 해군 중장 버트람 램지가 철수 작전의 총지휘를 맡았다. 5월 26일, 작전명 '다이너모Dynamo'라고 명명한 철수 작전이 개시되었다. 사실 철수 작전에 따라 영국 정부는 됭케르크, 칼레, 불로뉴 3개 항구를 이용해 날마다 병사 1만여 명을 영국 본토로 실어 나를 계획이었다. 그러나 독일 공군의 공격으로 칼레

1940년 5월 27일, 독일 공군 제2, 제3 항공대가 총출격했다. 이들은 됭케르크 항과 해안 지역을 집중적으로 폭격하여 폭탄 1만 5,000개와 연소탄 3만 개를 투하하여 됭케르크 지역 전체를 평지로 만들었다.

와 불로뉴는 이미 독일군에게 함락된 상태였다. 영국-프랑스 연합군의 수중에는 오로지 됭케르크 항구만이 남아 있었다. 하지만 이마저도 여의치 않았다. 됭케르크는 프랑스 3대 항구 가운데 하나로 엄청난 규모를 자랑했지만, 이미 독일 공군의 집중 폭격으로 8km에 달하는 부두가 완전히 파괴된 상태였다. 정박 시설이 없기 때문에 영국 함대가 해안에 접근하는 것은 불가능했다. 결국 영국 병사들은 30명 혹은 50명씩 팀을 나누어 근해에 정박해 있는 군함까지 작은 배를 타고 가야 했다. 이로 말미암아 철수작전이 크게 지체되었다. 5월 26일 밤부터 5월 27일까지 철수 작전이 진행되었지만 겨우 9,000여 명만이 철수했다. 이런 속도로는 고립된 병사 40만 명 가운데 3분의 2가 독일군에 포로로 잡힐 가능성이 컸다.

발등에 불이 떨어진 영국 정부는 국내의 모든 선박에 총동원령을 내렸다. 동원령이 떨어지자 전국의 어선, 화물선, 소형 선박, 심지어 호화 요트까지 앞다투어 구출 작전에 자원했다. 배가 두둑한 은행가나 금테 안경을 둘러쓴 외과 의사, 아직도 소년티를 떨치지 못한 앳된 청년들, 이미 환갑의 나이가 넘은 어부들이 지원병으로 자원했다. 그들은 어뢰와 폭탄 공격의 위험에도 아랑곳하지 않고 됭케르크를 향해 출발했다. 소형 선박들의 대활약으로 5월 28일 하루 동안에 병사 1만 7,000명이 철수에 성공했다. 그 가운데 해군부 지도실 주임은 네덜란드 어선을 이용해 4일 동안 병사 800여 명을 구출하기도 했다. 그러나 전 국민의 적극적인 도움으로 이루어지던 철수 작전도 그리 오래가지 못했다. 5월 29일, 독일군 정찰기가 영국군의 철수 현황을 파악한 뒤 독일 공군의 대대적인 공습이 이루어졌기 때문이다. 독일 공군은 수천 톤에 달하는 폭탄을 투하하며 무차별 공격을 가했다. 독일군의 기갑부대 역시 됭케르크 항을 향해 포위망을 좁혀 들어왔다. 해안에 모여 있던 영국 병사들은 승선 속도를 올리며 철수에 박차를 가했다. 그 결과, 이날 하루 동안 병사 4만 7,000명이 철수에 성공했다.

5월 30일, 됭케르크 항구 전체가 짙은 안개로 뒤덮였다. 안개로 독일 공군이 출격을 못하는 틈을 타서 연합군 5만 3,000명이 철수했고, 5월 31일에는 6만 8,000명이 철수했다. 6월 1일, 날씨가 화창하게 개자 독일 공군이 또다시 맹렬한 폭격을 가했다. 영국 공군도 출격하여 방어 작전을 펼쳤지만 철수 작전에 참여했던 배 31척이 침몰하고 말았다. 일순간에 됭케르크 지역은 인간 지옥으로 변했다. 하늘에서는 포탄이 작렬하고 해안은 시신으로 뒤덮였다. 그러나 영국 원정군 사령관 알렉산더 장군은 미동도 하지 않았다. 그는 공중에서 연신 터뜨리는 독일 공군의 포탄에도 일말의 흔들림 없이 철수 작전을 차분하게 지휘했다. 굳건한 사령관의 모습에 용기를 얻은 병사들은 일심동체가 되어 일사불란하게 철수 작전을 진행하여 이날도 병사 6만 4,000명이 철수에 성공했다. 영국 공군의 피해가 심해지자 6

1940년 6월 3일, 마지막으로 탈출한 연합군이 영국 항구로 들어서고 있다.

월 2일에는 야간에 철수 작전을 진행하여 2만 8,000명이 탈출했다. 그리고 6월 3일 밤, 알렉산더 장군은 참모들과 함께 마지막 운송선에 올라탔고 병사 2만 6,000명이 영국으로 무사히 귀환했다. 이로써 연합군 총 33만 8,000여 명이 기적적으로 영국 본토로 철수했다. 6월 4일, 독일군 기갑부대가 됭케르크 시내로 진입하면서 프랑스군 4만 명이 포로로 잡힌 것을 끝으로 됭케르크 탈출 작전은 막을 내렸다.

위대한 희생의 가치

됭케르크 철수 작전은 5월 26일부터 6월 4일까지 총 9일 동안 진행됐다. 병사 총 33만 8,000명이 영국으로 철수했는데, 그 가운데 영국군이 21만 5,000명, 프랑스군이 9만 명, 벨기에군이 3만여 명이었다. 철수 작전 속도를 내기 위해 연합군은 대포 1,200문, 고사포 750문, 운송차 6만 3,000대, 오토바이 7만 5,000대, 탱크 700대를 됭케르크 해안에 버렸다. 전쟁사상 전무후무한 대철수 작전을 수행하는 과정에서 영국 해군과 공군, 그리고 영국 시민들은 참혹한 대가를 치렀다. 철수 작전에 총동원되었던 민간인 선박 200척과 구축함 수십 척이 됭케르크 해역에서 침몰했고, 전투기 조종사 100명이 목숨을 잃었다. 실로 참담한 대가를 치렀지만 오늘날의 관점에서 보면 충분히 가치가 있는 희생이었다. 첫째, 역사적으로 전무후무한 기적과도 같은 철수 작전은 영국인의 사기를 크게 진작시켰다. 둘째, 사지로부터 탈출에 성공한 병사들은 영국군의 중심축이 되어 시칠리아 전투, 노르망디 상륙 작전을 성공적으로 이끌었다. 영국 처칠 총리가 의회에서 "우리는 원정군을 소멸하려던 독일군의 계획을 철저히 와해시켰다. 이번 철수로 우리는 다음의 승리를 기약하게 되었다." 연설한 내용 그대로였다.

됭케르크에서 생환한 병사가 여자 친구와 입맞춤을 하고 있다.

맥을 잡아 주는 **영국사 중요 키워드**

기적의 배후

영국 해군과 공군의 죽음도 불사한 구출 노력이 됭케르크 철수 작전을 성공으로 이끌었지만 이 외에도 여러 가지 객관적인 요인이 있었다. 첫째, 됭케르크 지역의 흐린 날과 짙은 안개는 영국군의 수호신이 되었다. 나쁜 기상 조건은 독일 공군의 출격에 상당한 영향을 미쳤다. 5월 27일과 5월 29일, 6월 1일에 대규모 폭격을 가한 것 이외에는 날씨 때문에 출격할 수 없었다. 둘째, 6월은 영국 해협에 돌풍과 풍랑이 심한 시기였지만 됭케르크 철수 작전을 진행하는 동안에는 바다가 이상하리만큼 잔잔했다. 덕분에 선박들이 짧은 시간에 순조롭게 철수 작전을 진행할 수 있었다. 셋째, 됭케르크 해안의 드넓은 모래사장은 영국군에 행운을 가져다주었다. 독인 공군이 투하한 폭탄 대부분이 모래사장으로 떨어져 살상력이 대폭 줄어든 덕분에 많은 병사가 목숨을 유지할 수 있었다.

The United Kingdom

11 영국 공중전

1940년 7월, 전쟁사상 최대 규모의 공습이 영국 본토를 강타했다. 그러나 광기에 사로잡힌 괴링의 야욕은 다우딩Hugh Dowding의 뚝심에 무릎을 꿇었고, 유럽 전역을 휩쓸던 독일 전투기 BF-109는 영국 전투기 스피트파이어의 벽에 부딪혔다. 마침내 영국, 프랑스, 폴란드의 공군 조종사들은 죽음도 불사하는 희생정신으로 영국 침공을 위한 히틀러의 '바다사자 작전'을 철저히 무너뜨렸다. 이에 처칠은 "전쟁사상 이처럼 적은 사람이 이처럼 많은 사람을 구한 적이 없다."라고 극찬했다.

시기 : 1940년 8월~1941년 5월
인물 : 휴 다우딩Hugh Dowding, 헤르만 괴링Hermann Goring

국가를 위한 희생

1940년 6월, 뒹케르크 철수 작전이 성공적으로 이루어졌지만 이내 영국 본토 공습이 시작됐다. 영국 국민으로서는 처음으로 겪는 혹독한 시련이었다. 당시 영국 본토의 육군 병력은 정규군 50만 명과 긴급 소집된 예비군 200만 명이 전부였고, 무기라곤 화포 500문과 탱크 200대뿐이었다. 공군의 상황도 크게 다르지 않았다. 유럽 원정에서 독일군에 대패하면서 1,000여 대 이상의 전투기가 파괴되었다. 남아 있는 전투기 700대와 폭격기 500대로는 도시 하나를 방어하기도 어려웠다. 처칠은 당시를 회상하며 "그때

한눈에 보는 세계사
1940년 : 한국광복군 창설

독일군 기갑사단 두 개만 상륙했어도 우리는 엄청난 재앙을 겪었을 것이다."라며 한탄했다.

이처럼 병력 면에서 절대적인 약세에 처했지만 영국인들은 결코 나치에게 굴복하지 않았다. 히틀러가 스웨덴 국왕을 통해 평화 협상을 제의했지만 런던이 불타는 한이 있더라도 굴욕적인 평화를 받아들일 수 없다고 단호히 거절했다. 영국 거리 곳곳에는 "국가를 위해 이 한 몸 바쳐 투신하라!"라는 애국심과 투쟁을 호소하는 처칠의 구호가 나붙었다. 공장과 상점들은 평상시처럼 문을 열었고, 노동자와 상인들은 여느 때처럼 산업 전선에 뛰어들었다. 심지어 BBC 방송 아나운서는 라디오에서 "독일 원수 각하! 우리는 당신의 평화 협상 제안을 당신의 더러운 주둥이에 처넣어 버릴 것이다!"라고 독설을 퍼부었다. 부족한 전투기를 만들기 위해 영국 국민은 자발적으로 가정에서 쓰던 주전자와 냄비, 세숫대야 등을 모아서 녹인 알루미늄을 비행기 제조 공장으로 보냈다. 수많은 영국 청년이 항공 학교에 자원했으며, 영국으로 망명했던 폴란드 공군 조종사 135명은 폴란드 중대를 조직하고 나치에 저항하기 위해 동참했다.

영국군의 고사포 공격에 격추된 독일군 폭격기의 잔해

영국군과 독일군의 병력 차이

영국이 평화 협상을 거부하자 분노한 히틀러는 영국 침공을 위한 '바다사자 작전'을 개시했다. 독일 공군 제2, 제3, 제5 항공대의 전투기 3,000대를

영국 공중전을 소재로 삼아 영화화한 〈배틀 오브 브리튼(Battle of Britain)〉의 한 장면

출격시켜 영국 공군을 궤멸하여 제공권을 확보한 뒤 40개 사단을 투입하여 영국 본토에 상륙하는 작전이었다. 독일 공군 사령관 괴링은 '바다사자 작전'의 절대적인 지지자였다. 그는 히틀러에게 앞으로 한 달 안에 런던 상공에 독일 전투기만 날아다니게 할 것이라고 호언장담했다.

당시 영국의 전투기 지휘 사령관은 휴 다우딩 장군이었다. 이미 예순 살이 넘은 노장에게는 전투기 800대와 방공포 2,000문이 전부였지만 그에게는 살인 병기가 두 개 있었다. 하나는 스피트파이어와 허리케인 전투기였다. 특히나 7.62mm 기관총 8정을 탑재한 스피트파이어의 성능은 유럽 대륙을 초토화한 독일 전투기 BF-109와 맞먹었다. 또 하나는 영국 본토 전체에 깔아 놓은 레이더망이었다. 신무기 레이더는 독일 공군의 비행기가 노르웨이나 프랑스 비행장에서 이륙하면 비행기의 수량과 방향, 고도와 거리까지 정확한 수치로 탐지할 수 있었다. 레이더로 탐지한 정보를 바탕으로 영국군은 유리한 작전을 펼치며 독일군을 효과적으로 공격할 수 있었다. 다우딩은 이 살인 병기로 독일군의 침공을 막아낼 수 있으리라 확신했다.

처참한 '독수리의 날'

1940년 8월 13일, 독일 공군은 작전명 '독수리의 날' 작전을 개시했다. 폭격기 1,485대가 영국 남부의 비행장 일곱 군데를 기습 공격한 것이다. 그러나 전투기의 엄호가 부족한 상태에서 무겁고 둔한 독일군 폭격기는 영국군의 날쌘 전투기 스피트파이어와 허리케인의 먹잇감에 불과했다. 하루 동안 영국 공군은 독일 폭격기 47대를 격추시켰으며, 80여 대를 파손시켰다. 이에 비해 영국군은 허리케인 12대와 스피트파이어 1대만이 격추되었다. 8월 15일, 독일 공군의 3개 항공대가 총 출격했다. 전투기 975대와 폭격기 622대가 영국 남부와 북부 지역에 무차별 공격을 가했다. 격렬한 전투 끝에 독일군은 전투기 75대가, 영국군은 전투기 34대가 격추됐다. 이날은 영국 공중전이 시작된 이래 가장 치열한 전투가 벌어진 날로서 영국인들에게 '검은 목요일'이라고 불리게 되었다. 이날 이후 며칠 동안 기상이 악화되면서 독일 공군은 산발적인 공격만을 가해 대규모 공중전은 미뤄졌다. 그러나 8월 23일, 독일 공군은 공군 기지 12곳과 레이더 기지 6곳을 파괴하는 대신 3분의 1의 폭격기가 격추되는 막대한 피해를 입었다. 이에 화가 머리끝까지 치민 괴링은 모든 병력을 총동원하여 영국 공군을 집중적으로 공격하기로 했다.

1940년 8월 24일부터 시작해서 괴링은 영국 전투기 부대를 중점적으로 공격을 퍼부었다. 이후 10일 연속 독일 공군은 하루 1,000대의 공격기를 출격하여 지속적인 공격을 가했다. 수적으로 열세였던 영국의 피해는 실로 심각했다. 9월 6일까지 영국군은 전투기 400여 대가 격추당하고 조종사 103명이 전사했으며 128명의 부상자가 발생하여 공군의 작전 수행력이 30% 이상 줄어들었다. 그뿐만 아니라 전략상 가장 중요한 레이더 기지 7곳이 독일군의 맹렬한 공격으로 레이더망 전체가 와해되고 말았다.

일주일 내내 이어진 공습으로 런던은 불바다로 변했다. 엘리자베스 공주 부처가 거리로 나와 부서진 가옥과 건물을 시찰했다. 이는 영국 국민의 사기를 크게 진작시켰다.

런던 대공습

영국의 운명이 바람 앞에 촛불처럼 위태롭기 짝이 없는 매우 긴박한 순간에 드라마틱한 사건이 발생했다. 1940년 8월 말, 영국의 폭격기 81대가 베를린을 야간 공습했다. 이 공습으로 특별한 성과는 거두지 못했지만, 기고만장한 히틀러와 괴링의 자존심을 바닥까지 떨어뜨리는 데에는 성공했다. 특히 괴링은 평소 베를린 상공에 영국 비행기 한 대라도 기웃거리면 자신을 바보 멍청이라고 불러도 좋다고 호언장담했던 인물이었다. 히틀러와 괴링은 영국 공군을 초토화하려던 애당초 작전 계획을 수정하여 런던에 보복성 공격을 가하기로 했다. 이는 궤멸 직전의 영국 공군이 기사회생할 수 있는 시간적 여유를 주었다. 영국 공군은 이때를 틈타 전투기를 추가로 생산하고 레이더 기지를 복구했다.

9월 7일, 독일 공군은 폭격기 625대와 전투기 648대를 이끌고 런던을 공습했다. 불과 한 시간 동안에 300여 톤의 폭탄과 연소탄이 투하되면서 런던은 불바다로 변했다. 자욱한 포탄 연기가 햇볕을 가렸고, 사방에서는 폭발소리와 소방차 사이렌 소리, 시민의 울부짖음과 부상자들의 신음이 터져 나왔다. 훗날 집계에 따르면, 이날 런던 대공습으로 주택 1만여 채가 파괴되었고, 성 마틴 성당과 버킹엄 궁전의 일부가 파괴되었다고 한다.

독일군의 공습은 일주일 내내 계속됐다. 심지어 하루에 60여 차례나 폭격이 이어지기도 했다. 그러나 영국 국민은 독일군의 야만적인 공격에 전혀 굴복하지 않고 자기들만의 방식으로 투쟁했다. 시민들은 소방대와 포탄 제거반에 자원했고, 상점은 평소처럼 영업을 계속했으며, 트라팔가르 광장에서는 음악회를 개최하기도 했다. 의연하고 투철한 영국 시민의 모습에 영국 공군의 사기가 크게 올랐다. 9월 15일, 영국 공군은 회심의 복수전을 펼쳤다. 영국 전투기 부대는 독일 폭격기 185대를 격추해 독일 공군에 심각한 타격을 입혔다. 이날 영국 공군은 폭격기 26대만을 잃었다. 훗날 영국인들은 9월 15일을 '브리튼 공중전의 날'로 제정하고 이날의 공습을 기념하게 되었다. 9월 15일의 전투로 독일 공군이 힘을 못 추스르게 되자 히틀러는 영국 침공 작전을 포기할 수밖에 없었다. 제공권을 장악하지 못한 이상 상륙 작전은 실패할 것이 불을 보듯 뻔했기 때문이다. 대신 공격 표적을 소련으로 돌렸다. 독일은 소련 침공 계획을 숨기기 위한 연막탄의 일환으로 1940년 10월부터 1941년 5월까지 런던을 비롯한 여러 도시에 대규모 야간 공습을 지속적으로 진행했다.

독일군과의 공중전에서 영국 전투기 915대가 격파되고, 영국 국민 14만 7,000명이 목숨을 잃었으며, 가옥 100만 채가 파괴됐다. 그러나 영국 국민이 보여준 불굴의 정신은 히틀러의 영국 침공 계획을 실패로 돌아가게 하면서 값진 승리를 거두었다.

절대쌍벽을 이룬 전투기

영국 공중전에서 독일 공군의 주력기는 BF-109로, 7.92mm 기관총 2정과 20mm 포탄 2문을 탑재한 전투기였다. 1,100마력의 엔진을 장착하여 기동성이 매우 뛰어나서 폴란드와 노르웨이, 프랑스를 침공할 때는 그야말로 하늘의 신과도 같은 위력을 발휘했다. 그러나 영국군의 스피트파이어 역시 유선형의 동체에 시야각이 뛰어난 조종석과 우수한 성능의 엔진을 갖췄다. 굳이 두 전투기를 비교한다면, 스피트파이어는 기동성이 뛰어난 반면에 BF-109는 상승력과 가속력이 매우 뛰어났다. 그러나 BF-109는 유럽 대륙에서 영국까지 날아와 전투를 벌이는 탓에 연료상의 문제로 전투 시간을 20분 이상을 초과할 수 없었다. 이렇듯 제한된 비행시간 문제로 결국 스피트파이어는 BF-109를 격파하고 영국의 '수호신'이 되었다.

12 타란토 공습

The United Kingdom

유럽 지도를 펼쳐보면 여성들이 신는 긴 부츠 모양의 이탈리아 반도를 발견할 수 있다. 타란토 항은 바로 그 구두의 뒤꿈치와 구두 밑창이 만나는 곳에 해당하는, 움푹 패인 만에 자리하고 있다. 1940년, 영국 지중해 함대의 소드피시 뇌격기 21대가 이탈리아 해군 함대를 공습했다. 인류 역사상 최초로 오직 항공모함 함재기만을 이용한 해상 공격이 시작된 것이다.

시기 : 1940년
인물 : 커닝엄Andrew B. Cunningham, 리스터Wilhelm Lyster

기발한 아이디어

이탈리아 반도 동북부에 있는 타란토 항은 전략상 매우 중요한 항구였다. 이곳에 함대를 주둔시킨다면 지중해 동부는 물론 북아프리카 지역까지 통제할 수 있었다. 무솔리니는 정권을 잡자마자 타란토 항을 '지중해 상의 보루'로 여기고 해군 주력 함대의 기지로 삼았다. 1940년 6월 22일, 프랑스 페탱Petain 총리가 독일과 굴욕적인 정전 협정을 체결했다. 이로써 유럽에서는 오로지 영국만이 독일 나치와 대립각을 세우는 셈이 됐다. 프랑스 국민이 망국의 치욕에 비통해하고, 이탈리아는 맹방인 독일의 승리에 축배를

한눈에 보는 세계사
1940년 : 한국광복군 창설

영국 해군 병사가 군함 위에서 해면을 살펴보고 있다. 독일 잠수정이 감히 지중해를 기웃거리지 못할 만큼 위력을 뽐내던 영국 해군이었을지라도 바닷속 상어를 무시하지는 못했을 것이다.

들고 있을 즈음, 영국 지중해 함대를 지휘하던 커닝엄 장군은 불안과 초조감에 휩싸이지 않을 수 없었다. 사실 전쟁 전에 영국과 프랑스는 한 가지 협정을 맺었다. 즉, 영국 해군은 대서양에서 독일의 잠수정 부대와 교전을 벌이며 해상 교통로를 보호하는 대신 프랑스는 이탈리아 해군을 상대하며 지중해 해상권을 지키기로 했던 것이다. 그런데 이제 프랑스가 독일에 투항한 이상 이탈리아 해군을 견제하는 일도 영국 해군의 몫이 되고 말았다. 사실 이탈리아 해군은 영국 해군에 대적할 만한 상대가 아니었다. 그러나 협정을 맺은 뒤로 프랑스가 지중해 방어를 전담했던 터라 현재 지중해에 주둔하는 영국 함대는 항공모함 1척, 전열함 3척, 순양함 7척, 구축함 26척이 고작이었다. 반면에 타란토에 주둔하는 이탈리아 함대는 중형 전열함 6척, 순양함 19척, 구축함 100척을 보유했다. 군사력 면에서 크게 열세였던 영국은 불안함을 떨칠 수 없었다. 영국 해군은 즉시 본국의 항공모함 일러스트리어스Illustrious호와 전열함 글로리어스Glorious호, 구축함 3척을 지중해 지역으로 급파했다.

1940년 가을, 이탈리아가 그리스를 침공하려는 움직임을 보이자 영국은 동맹국 그리스를 위해 이탈리아 해군에게 제재를 가할 필요가 있었다. 커닝엄은 이탈리아 해군을 바다로 유인하여 해상에서 교전을 벌일 계획으로 소규모 함대를 출격시켰다. 그러나 이탈리아도 만만한 상대는 아니었다. 이탈리아 해군 사령관은 경험이 풍부한 노장이었다. 항공모함도 갖춰져 있지 않고, 공군의 지원도 쉽게 요청할 수 없는 상태에서 섣불리 영국과 교전을 벌이는 일은 어리석은 짓이라는 사실을 잘 알고 있었다. 유인책을 써도 이탈리아 해군이 타란토 항에 주둔한 채 꿈쩍도 하지 않자 이탈리아 함대와의 일전을 기다리던 영국 함대는 초조해지기 시작했다. 이때 지중해 함대의 항공모함 전대를 이끌고 있던 리스터Lyster 소장이 커닝엄 장군에게 한 가지 제안을 했다. 해군 항공대를 이용해 이탈리아 해군 기지가 있는 타란토 항을 선제공격하자고 제안한 것이다. 항공모함 함재기로만 이루어진 함대 공격은 당시로써는 파격적인 시도였다. 커닝엄 장군의 눈이 반짝거렸다. 마땅한 대안이 없던 차에 커닝엄은 즉각 실행을 명령했다. 리스터 소장의 지휘 아래 타란토 항 공습 계획이 시작되었다. 이때만 해도 두 사람은 타란토 항 공습 이후 함재기가 통치하는 새로운 해양 시대를 열게 될 것이라고는 예상하지 못했다.

공습 준비

당시 지중해 함대 휘하에는 일러스트리어스호와 이글Eagle호 두 척의 항공모함이 있었다. 항공모함에는 소드피시 뇌격기 70여 대가 탑재되어 있었다. 타란토 항을 공습하기에는 충분한 화력이었다. 그러나 리스터 소장에게는 항공기 공습에 앞서 먼저 해결해야 할 문제가 있었다. 첫째, 먼저 타란토 항내 구조와 선박 함선의 규모에 대한 자세한 정보가 필요했다. 둘째, 항공모함에 탑재된 소드피시 뇌격기는 날개 2장을 상하로 배치한 구식 복엽기로 성능이 매우 뒤떨어졌다. 그로부터 1년 후에 진주만을 공격한 일본 97식 함상 공격기보다 한 세대 전의 것이었다. 공격기의 최대 항속 거리가 700여km에 불과하다는 점은 치명적인 단점이자 가장 큰 두통거리였다. 항공모함이 이탈리아 해군에게 발각되지 않으려면 먼바다에서 정박한 채 공격기를 출격시켜야 했기에 이보다 더 먼 항속 거리가 필요했던 것이다.

리스터 소장이 고민에 빠져 있는 동안 영국 정찰기가 맡은 임무를 훌륭히 수행하고 돌아왔다. 정찰기는 타란토 항의 전경을 성공적으로 촬영했다. 사진에는 이탈리아 해군의 전열함과 방공화포의 위치가 상세하게 찍혀 있었다. 이어서 항공모함의 엔지니어가 또 다른 희소식을 가져왔다. 본래 3인승인 소드피시 뇌격기의 기체를 2인승으로 개조해서 새로 확보한 공간에 연료를 싣는 방법을 찾은 것이다. 덕분에 항속 거리 문제가 간단히 해결되었다. 모든 문제가 원만하게 해결되자 리스터 소장은 커닝엄 장군에게 타란토 항을 공습하는 구체적인 계획을 세워서 보고했다. 커닝엄 장군의 승인 아래 '심판Judgement'으로 명명된 타란토 공습 작전 개시는 트라팔가르 해전 기념일인 10월 21일로 결정됐다. 이탈리아 대공화포를 피하고 공격 효과를 최대한 높이기 위해 야간 공습으로 이루어질 계획이었다. 항공모함 일러스트리어스호와 이글호 함재기의 조종사들은 결전의 날을 위해 남은 시간 동안 마지막 훈련에 임했다. 조종사들은 공중에서 직강하와 급상승, 포탄 투하 등의 공격 연습을 반복적으로 훈련하며 결전을 기다렸다.

그러나 출격을 앞둔 가장 긴장된 순간에 뜻밖의 사고가 발생했다. 공습에 참가 예정이었던 소드피시 기체에 화재가 난 것이다. 엔지니어가 소드피시 기체에 연료 상자를 부착하는 과정에서 실수로 넘어지면서 갑판의 전원 스위치에 부딪혔다. 순간 보관하고 있던 항공유에 불꽃이 일어나면서 순식간에 큰불이 난 것이다. 황급히 화재를 진압했지만 소드피시 두 대가 불에 타고 말았다. 설상가상 이번에는 항공모함 이글호에 심각한 기계 고장이 발생했다. 연식이 20년이 넘은 항공모함을 수리하는 데는 많은 시간이 필요하여 타란토 항 공습에 참여할 수 없게 되었다. 이렇듯 예기치 못한 사건이 연달아 발생했지만 커닝엄 장군과 리스터 소장은 공격 계획을 포기하지 않았다. 대신 공격 작전은 부득이하게 11월 11일로 늦춰졌다. 작전에서 빠지게 된 이글호에 탑재되었던 소드피시 5대가 일러스트리어스호로 옮겨지면서 공격 편대는 총 24대로 편성되었다. 그러나 작전 이틀 전 또다시 소드피시 3대가 엔진 결함으로 불참하게 되면서 최종 공격 편대는 21대로 이루어졌다.

1934년 6월 14일, 무솔리니가 로마에서 동맹국의 히틀러를 친절히 접견하고 있다.

공습 개시

11월 6일 오후 1시, 커닝엄 장군과 리스터 소장이 이끄는 지중해 항공대가 이집트 알렉산드리아 항을 빠져나갔다. 11일 오전, 정찰기가 이탈리아 군함이 타란토 항에 집결되어 있으며 출항할 기미가 보이지 않는다고 보고해왔다. 계획에 따라 공격을 진행할 수 있다는 뜻이었다. 11일 밤 8시, 공격 편대를 실은 일러스트리어스호와 순양함 4척, 구축함 4척이 예정된 공

격 지점으로 이동했다. 공습은 시간차 공격으로 두 번에 걸쳐 단행하기로 했다. 1차 공습에는 소드피시 12대가 참가했다. 그 가운데 6대는 어뢰를, 4대는 폭탄을, 나머지 2대는 조명탄을 적재했다. 8시 35분, 마침내 1차 공습대가 출격했다. 11시 3분에 조명탄을 실은 소드피시 두 대가 2,300m 상공에서 조명탄을 투하하자 나머지 소드피시 10대는 방공포가 밀집된 곳을 저공비행하며 연달아 어뢰 4발과 포탄 11발을 투하했다. 이탈리아 전열함은 연달은 공습에 속수무책으로 격파되었다.

그로부터 30분 뒤, 이번에는 소드피시 8대로 이루어진 2차 공습대가 출격했다. 11시 10분 2차 공습대가 타란토 상공에 출현했다. 타란토 항은 소드피시가 투하한 조명탄과 어뢰의 공격으로 불야성을 이루었다. 이탈리아 포병은 영국 공습기를 향해 무작정 대포를 쏘아 올렸다. 소드피시는 여러 대가 대열을 이루며 거침없는 공격을 퍼부었다. 조명탄이 힘을 빌려 이탈리아 함대를 향해 치명적인 공격을 가했다. 도망칠 길이 없었던 이탈리아 전열함은 속수무책으로 공격을 당할 수밖에 없었다. 1차 공습에서 이미 만신창이 된 이탈리아 함대는 또다시 전열함 3척과 순양함 2척을 잃었다. 11월 12일 새벽 1시, 1차 공습에 나섰던 공습대가 일러스트리어스호로 귀환하고, 한 시간 뒤에는 2차 공습대가 귀환했다. 항모 갑판은 승전을 자축하는 승무원들 환호성으로 가득 찼다.

지중해 제국을 건설하려던 무솔리니(Benito Mussolini)의 야심은 타란토 항 공습과 엘알라메인 전투의 패배로 수포로 돌아갔다.

타란토 공습에서 영국 해군은 비록 2대의 소드피시가 격추되었으나 어뢰 11발과 포탄 50여 발로 이탈리아 해군의 전열함 3척, 순양함 1척과 해군기지를 파괴했다. 그야말로 완벽한 승리를 거둔 셈이었다. 이글호가 선체

고장을 일으키지 않았더라면 좀 더 많은 소드피시가 출격하여 타란토 항은 이탈리아 해군의 무덤으로 변했을지도 모른다. 타란토 공습으로 이탈리아는 엄청난 물리적 피해를 입었지만 정신적인 충격은 그보다 컸다. 지중해 함대 모항을 타란토에서 그보다 북쪽인 나폴리 항으로 옮겨야만 했으며, 대파된 타란토 항 역시 수개월 동안 항구 구실을 못했다. 지중해 해상권을 독차지하려던 이탈리아의 야심은 수포로 돌아가고 영국에 제해권을 빼앗기고 말았다. 미국의 언론들은 "영국인의 강력한 펀치에 이탈리아 해군이 KO패 당했다!"라고 타란토 항 공습을 대서특필했다. 아이러니하게도 영국의 성공적인 타란토 공습은 일본의 새로운 야심을 부추겼다. 일본은 영국과 이탈리아에 주재하는 일본 대사관을 통해 타란토 전투와 관련된 기밀을 수집하기 시작했다. 그 결과, 1941년 12월 7일, 미국 하와이의 진주만에서 '타란토 공습'의 업그레이드판이 재현되었다.

맥을 잡아 주는 **영국사 중요 키워드**

배후 이야기

영국 해군이 공습하기 전에 이탈리아의 타란토 항은 비교적 완벽한 방어 시설을 갖추고 있었다. 항구 주위에는 고사포 21기와 탐조등 시설 20여 기가 갖춰져 있었다. 또한 타란토 외항과 내항의 주요 지점에는 항공기들의 진로를 방해하기 위해 강철 케이블에 매달린 방공 기구들이 여기저기에 떠 있고 어뢰 방어 그물도 설치되어 있었다. 그러나 이러한 방어 시설은 주로 그리스에 주둔하던 영국 폭격기 부대를 겨냥한 것이었다. 이탈리아 해군은 영국 해군이 항공모함을 이용해 근접거리까지 다가와 함재기와 어뢰로 공습할 것이라고는 전혀 예상하지 못했다. 이 때문에 치명적인 실수를 저지르고 말았다. 첫째, 이탈리아 군함 주변에 설치한 어뢰망은 영국 잠수정의 공격에 대비한 것으로 깊이가 8m에 불과했다. 이를 꿰뚫은 영국 함재기는 10m 깊이로 어뢰를 투하함으로써 어뢰 망을 뚫을 수 있었다. 둘째, 항구 상공에 매달아 놓은 방공 기구는 공습을 앞둔 영국군에 큰 골칫거리였다. 그런데 11월 3일 태풍이 몰아치면서 방공 기구 4분의 3이 파손됐지만 이탈리아군은 이를 무시한 채 일주일이 지나도록 수리하지 않아 영국 전투기의 공습을 허락하는 꼴이 되고 말았다.

The United Kingdom

13 엘 알라메인 전투

1942년 10월, 영국군과 독일-이탈리아 동맹군은 북아프리카 지역의 주도권을 차지하고자 격렬한 전투를 벌였다. 바로 이집트 알렉산드리아 남서쪽 100km 지점에 있는 육상 교통의 요충지로 이집트와 리비아를 잇는 길목인 엘 알라메인에서 일어난 전투였다. 몽고메리는 철통 같은 수비력으로 사막의 여우라 불렸던 롬멜의 전차 부대를 격파했다. 윈스턴 처칠 총리가 "우리는 엘 알라메인의 승리 이후 두 번 다시 패배를 맛본 일이 없었다."라고 평가할 정도로 이 전투는 제2차 세계대전의 분수령을 마련한 중요한 싸움이었다.

시기 : 1942년
인물 : 버나드 몽고메리Bernard Law Montgomery, 에르빈 롬멜Erwin Johannes Eugen Rommel

아프리카로 파견되다

1940년 독일군은 파죽지세의 기세로 서유럽을 휩쓸며 승승장구했다. 동맹국의 승리는 이탈리아 무솔리니를 흥분의 도가니 속으로 밀어 넣었다. 야심만만한 무솔리니는 히틀러가 동에 번쩍, 서에 번쩍하며 유럽 대륙을 정복하는 것을 가만히 군침 흘리며 구경만 하고 있을 수는 없었다. 특히 독일의 영국 본토 공습으로 영국의 지배력이 약화되었으리라고 판단한 무솔리니는 영국의 식민지인 소말리아와 이집트에 대한 침공 계획을 구체적으로 세우기 시작했다. 1940년 8월, 이탈리아군 40만 명이 소말리아와 이탈리아

한눈에 보는 세계사
1940년 : 한국광복군 창설

를 향해 진격했다. 당시 북아프리카의 영국 주둔군은 10만 명에 불과했다. 그러나 전투력이 보잘것없던 이탈리아군은 영국군의 반격에 사상자와 포로가 수만 명 발생하면서 거의 괴멸 상태에 빠지고 말았다. 무솔리니는 결국 동맹국 독일에 구원 요청을 했다.

히틀러는 마흔아홉 살의 롬멜을 사령관으로 삼아 2개 기갑사단으로 구성된 독일 아프리카 군단을 파병했다. 롬멜은 히틀러의 기대를 저버리지 않았다. 롬멜은 이탈리아군이 2년 동안 포위하고도 함락하지 못한 투브루크Tubruq 거점 항구를 단번에 함락시켰다. 6월 22일, 롬멜이 기갑사단을 이끌고 이집트 알렉산드리아 항을 불과 65km 앞둔 지점까지 진격해 들어갔다. 아프리카 전선의 소식은 영국 의회를 암울한 먹구름으로 뒤덮었다.

엘 알라메인 전투에서 검은색 베레모와 모자에 단 두 개의 휘장은 몽고메리의 상징이었다.

초조함에 휩싸인 처칠 총리는 심사숙고 끝에 롬멜에 대적할 상대를 결정했다. 그는 됭케르크 철수 작전에서 훌륭한 공적을 세운 알렉산더 해럴드 장군을 중동군 총사령관으로 임명하고, 버나드 몽고메리Bernard Law Montgomery를 영국군 정예 부대인 제8군단 사령관으로 임명했다. 이는 매우 탁월한 선택이었다. 훗날 두 사람은 제2차 세계대전을 승리로 이끄는 데 가장 큰 공훈을 세우면서 번갈아 원수로 임명됐다. 몽고메리는 샌드허스트 육군사관학교를 졸업하고 제1차 세계대전에 종군했다. 1940년 됭케르크 철수 작전에서는 제3보병사단의 사단장을 맡았다. 뛰어난 지휘력을 발휘하여 독일군에게 포위되었던 제3보병사단을 무사히 철수시킨 뒤에는 제5군 군단장에 임명됐다. 됭케르크 철수 작전의 두 영웅이 이제는 나치의

1942년 11월 12일, 몽고메리가 자신의 주둔지에서 생포한 독일 아프리카 군단의 포로를 순시하고 있다.

마수에서 북아프리카를 구하기 위해 출격에 나선 것이다. 두 사람은 눈부신 활약으로 처칠의 혜안이 뛰어났음을 증명했다.

첫 번째 전투

1942년 8월 12일, 운송기로 카이로에 도착한 몽고메리는 곧장 상급 사령관 알렉산더를 찾아갔다. 두 사람은 논의 끝에 먼저 8군단의 병력 강화에 집중하기로 했다. 또한 알렉산더는 몽고메리 장군에게 능력 없는 지휘관을 대폭 물갈이할 수 있는 권한을 주었다. 8월 13일, 몽고메리는 차를 타고 제8군단의 사령부에 도착했다. 차에서 내려 주변을 둘러보던 그는 망치로 머리를 얻어맞은 기분이었다. 황량한 사막 한가운데에 여기저기 병사들의 천막이 어지럽게 세워져 있었다. 병사들은 잔뜩 힘이 빠진 채 물자를 운반하고 있었고, 지휘관들은 삼삼오오 모여 철수 시기를 놓고 잡담을 나누고 있었다. 패배 의식에 젖어 전투력을 상실한 병사들로서는 도저히 전투에서 이길 수 없다는 사실을 몽고메리는 잘 알고 있었다. 지금 가장 급선무는 병사들의 사기를 진작시키는 것이었다. 이후 수개월 동안 몽고메리는 일부 참모와 부대장을 과감히 교체했고, 병사들을 다독거리면서 사기를 진작시키는 데 주력했다. 점차 시간이 지나면서 검정 베레모에 육군과 기갑부대 휘장을 단 몽고메리는 병사들의 눈에서 승리의 희망을 엿볼 수 있게 되었다.

부대를 정돈하고 병력을 보충하는 동안 몽고메리는 독일군이 곧 진격할 것이라는 정보를 입수했다. 몽고메리는 독일군이 방어선 남쪽에서부터 공격할 것을 예상하고 남부 지역에 있는 알람 엘 할파 능선에 지뢰 수십만 개를 묻었다. 그리고 독일군이 함정에 걸려들기를 조용히 기다렸다. 8월 31일, 과연 독일군이 방어선 남쪽으로 진격했다. 롬멜의 탱크는 영국군이 매설한 지뢰밭을 향해 곧장 진격해 왔다. 독일군이 지뢰밭으로 들어오자 매복해 있던 영국 포병대가 맹렬한 포격을 가했다. 순간 사방에서 지뢰가 터지면서 독일군 제21기갑 사단장이 목숨을 잃었다. 예상치 못한 지뢰 공격에 큰 타격을 입은 독일군은 결국 퇴각하고 말았다. 영국 제8군단의 참모가 마침 낮잠을 자고 있던 몽고메리를 깨웠다. 이제 막 날아온 승전보를 알려 주기 위해서였다. 잠이 덜 깬 몽고메리는 눈을 비비며 “잘했군!”이라고 한마디만을 내뱉고는 다시 곯아떨어졌다. 이 전투에서 독일군은 3,000여 명이 전사하고 탱크 40여 대가 파괴되었다. 반면에 영국군은 2,000여 명이 전사하고 탱크 60여 대가 파괴되었다. 전투 결과를 보고받은 몽고메리는 매우 만족스러운 듯 이렇게 말했다. “롬멜이 공을 던졌으니 이번에는 우리 차례다.”

피에 젖은 엘 알라메인 전투

어느새 시간이 훌쩍 지나 10월 중순이 되었다. 그동안 꾸준히 병력을 보충하여 몽고메리의 제8군단은 탱크 1,400대, 전투기 1,300대, 병사 23만 명으로 보강되었다. 반면에 롬멜의 아프리카 군단은 탱크 540대, 전투기 350대가 전부였으며, 9개 사단 가운데 절반은 전투력이 변변찮은 이탈리아 병사들로 이루어졌다. 설상가상 탄약과 연료가 부족한 상황이었기 때문에 수비 위주의 전략을 펼칠 수밖에 없었다. 모든 면에서 공격 조건을 갖추기 어려워지자 롬멜은 공격 위주에서 수비 위주로 전술을 바꿀 수밖에 없었다. 롬멜은 엘 알라메인을 사수하기로 마음먹고 독일군 방어선 전면 60km 구간에 지뢰 50만 개를 매설해 폭 8km의 지뢰밭을 만들었다. 영국군이 전진하기 위해서는 반드시 돌파해야 하는 구간이었다. 롬멜은 지뢰밭 뒤의 방어선에는 기갑부대를 배치했다. 지뢰밭을 통과하느라 만신창이 된 영국군에게 포격을 가해 전멸시킬 계획이었다. 그러나 롬멜은 계획을 시행하기도 전에 병에 걸리는 불운을 맞았다. 그는 지휘를 시투메 대장에게 맡기고 독일로 귀국해야 했다.

이처럼 독일군에게는 계속해서 불운이 따르는 반면에 영국군은 반격 준비를 순조롭게 진행하고 있었다. 먼저 남부 전선에서 위장 공격을 준비했다. 가짜 탱크와 화포 수천 개를 만들어 놓고, 호들갑을 떨며 송유관을 매설하고 남부로 진격하는 시늉을 했다. 독일군이 남부 전선에 관심을 집중시키고 있는 동안 영국군 주력 부대는 북부 전선을 향해 비밀리에 진격하고 있었다. 영국군의 위장술에 독일군은 감쪽같이 속아 넘어갔다. 독일군은 12월 이전까지는 대규모 공세가 일어나지 않을 것으로 판단하고 경계를 소홀히 했다. 10월 23일 밤 9시 40분, 영국군이 화포 1,200문을 쏘아대면서 기습 공격을 감행했다. 영국군은 약 15분 동안 무차별 포격을 가한 뒤 전면 공격에 나섰다. 그러나 독일군이 깔아 놓은 폭 8km의 지뢰밭을 통과하면서 예상 밖의 큰 타격을 입었다. 지뢰 사이에 묻어 둔 대형 폭탄들이 폭발해 한꺼번에 1개 소대의 병사들이 흔적도 없이 날아가 버리거나 선두에 섰던 장교들이 모두 전사하는 참사가 속출한 것이다. 엘 알라메인 전 지역이 아비규환으로 변한 가운데 공격하는 영국군이나 방어하는 독일군이나 어느 쪽도 승리를 장담할 수 없는 상황이 벌어졌다. 영국군의 유일한 성과라고는 롬멜 장군 대리로 독일군 사령관직을 수행하던 시투메 대장이 전사하는 바람에 독일 아프리카 군단의 지휘 계통에 혼란을 일으킨 것뿐이었다. 10월 25일, 히틀러의 명령으로 오스트리아에서 요양 중이던 롬멜이 북아프리카 전선으로 복귀했다.

첫 번째 공격에서 영국군은 6,000명이 전사하고 탱크 130대를 잃었지만 몽고메리는 좌절하지 않았다. 그는 곧장 전열을 재정비했다. 제13장갑군단의 제7기갑사단을 북부 전선으로 이동해 총 3개의 기갑사단을 배치하여 수비를 강화했다. 10월 28일, 영국군은 북부 전선에서 또다시 맹공을 퍼부었다. 그날 밤, 영국군의 탱크 부대가 독일군의 방어선을 뚫자 롬멜은 신

노르망디 상륙 작전에서 몽고메리(오른쪽)와 연합군 총사령관 아이젠하워(왼쪽)가 함께 탄 모습

속하게 제21기갑부대를 출동시켜 반격했다. 이틀 동안 치열한 격전이 벌어졌다. 영국군 기갑부대는 독일의 아프리카 군단과 비교하면 턱없이 경험이 부족했지만 대신 물량 공세로 밀어붙였다. 독일군 탱크 한 대에 영국군 탱크 4대가 가세하여 공격을 퍼부은 셈이었다. 11월 2일, 영국군의 물량공세에 패배를 직감한 롬멜 장군은 철수를 결정했다. 이때 히틀러는 전보를 보내 "마지막 대포 하나, 병사 한 명까지도 전투에 투입하라!"라며 전선을 사수할 것을 강력하게 지시했다. 히틀러의 명령에 따를 것인지 아니면 병사들의 목숨을 구할 것인지 롬멜이 결정을 내리지 못하고 머뭇거리는 사이, 남부전선에 배치되어 있던 영국 제13기갑부대가 독일군의 방어선을 뚫었다. 독일 아프리카 군단의 궤멸은 이제 시간문제였던 것이다.

11월 4일 오후 3시 30분, 롬멜은 결국 전선을 사수하라는 히틀러의 명령을 어기고 휘하 부대에 후퇴 명령을 내렸다. 독일군은 이탈리아 군대가 비축하고 있던 물과 기름, 식량을 모조리 빼앗았다. 보급품이 바닥난 이탈리아의 4개 사단은 결국 영국군에게 투항할 수밖에 없었다. 후퇴를 하면서도 롬멜 장군은 잔존 병력을 유지하는 한편, 샬롬파 할파야 고개 매복전에서는 추격해 오는 영국군에게 큰 피해를 입혔다. 그러나 11월 8일, 연합군에 가담한 미군이 모로코와 알제리에 상륙하자 전세가 크게 기울었다. 11월 12일 롬멜 장군은 이집트에 주둔하고 있던 독일군의 전면적인 철수를 지시했다. 이로써 엘 알라메인 전투가 종료됐다.

엘 알라메인 전투에서 몽고메리는 보급 부족에 시달리는 독일군을 물량공세로 밀어붙여 승리를 쟁취했다. 12일 동안 펼쳐진 전투에서 영국군은 병사 1만 3,000명이 사망하고 탱크 500대가 파괴됐다. 반면에 독일-이탈리아 연합군은 2만 명이 사망하고 3만 명이 포로로 잡혔으며, 파괴된 탱크와 장갑차가 350대에 달했다. 엘 알라메인 전투의 승리로 영국은 환희의 도가니에 빠졌고, 처칠 총리는 직접 아프리카로 날아와 8군단 병사들을 위로했다. 처칠 총리는 시가를 입에 물고서 병사들을 향해 이렇게 말했다.

"전쟁이 끝나고 나서 누군가가 제군들에게 전쟁 중에 무엇을 했느냐고 묻거든 제8군단의 일원이었다고 딱 한마디만 하라. 그것만으로 영광을 누릴 수 있을 것이다!"

엘 알라메인 전투를 승리로 이끈 몽고메리는 이후 노르망디 상륙 작전에서는 영국군 총사령관으로서 활약했다. 제2차 세계 대전이 끝난 뒤 육군 원수로 진급했고, 백작의 작위를 받았다.

맥을 잡아 주는 **영국사 중요 키워드**

군수품이 전투에 미치는 영향력

사막 작전에서 가장 중요한 것이 무엇일까? 그것은 탱크도, 전투기도 아닌 보급품이다. 엘 알라메인 전투에서 영국 공군은 제공권을 확보하여 독일군의 보급선대에 지속적인 공격을 가했다. 연료와 식료품, 탄약 등의 보급이 끊긴 독일의 아프리카 군단에는 겨우 탱크 210대와 연료 7일분, 탄약 9일분만 남아 있었다. 반면에 영국군은 10월 한 달 동안 10만 톤에 이르는 물량을 보급받았다. 그 가운데 포탄 100만 발과 미제 탱크 200대는 전투를 승리로 이끄는 데 결정적 역할을 했다. 그래서 롬멜은 "전투가 시작되기 전에 이미 군수품에서 승부가 가려졌다."라며 한탄했다.

The United Kingdom

14 처칠 총리

제2차 세계대전 당시 영국 총리 윈스턴 처칠은 스탈린Joseph Stalin, 루스벨트Franklin Roosevelt와 함께 세계적인 3대 거두로 꼽혔다. 그는 가장 위급한 순간에 내각의 수반이 되어 강인한 의지력과 두려움 없는 추진력으로 영국인의 사기를 진작시키며 나치와의 전쟁에서 대승리를 거두었다. 2002년 영국 BBC 방송국에서 주최한 '가장 위대한 영국인 100인' 선정에서 처칠은 엘리자베스 여왕과 웰링턴 공작을 제치고 1위를 차지했다.

시기 : 1940~1945년
인물 : 윈스턴 처칠Winston Churchill

명문가의 후예

1874년 11월 30일, 윈스턴 처칠은 옥스퍼드셔 블레넘 궁에서 태어났다. 그 다음 날, 영국의 저명한 일간지 〈템스 위크〉에는 랜돌프 처칠 경의 부인이 어젯밤에 건강한 사내아이를 출산했으며, 현재 산모와 아이는 매우 건강하다는 기사가 실렸다. 당시 영국에서 다섯 손가락 안에 드는 일간지였던 〈템스 위크〉가 처칠의 출생 기사를 실은 데에는 그만한 이유가 있었다. 처칠 가는 일반 보통 가문이 아니었다. 영국에서 가장 존귀한 가문은 왕실이며, 왕실 아래로는 국왕이 책봉한 20명의 공작이 있었다. 처칠 가문은 그

한눈에 보는 세계사
1940년 : 한국광복군 창설
1945년 : 8·15 광복 / 국제연합 성립

중 일곱 번째 서열에 해당하는 말버러Marlborough 공작 가문이었다. 처칠의 조상 존 처칠은 스페인 왕위 계승 전쟁에서 세운 공적으로 국가로부터 블레넘 궁을 하사받았다. 또한 그의 부친 랜돌프 처칠은 제7대 말버러 공작의 셋째 아들이자 보수당 정치가로서 재무장관과 보수당 당수를 역임한 인물이었다. 그뿐만 아니라 그의 어머니 제니 제롬은 미국인으로서 뉴욕의 은행가이자 한때 〈뉴욕 타임스〉의 대주주였던 레너드 월터 제롬의 딸이었다. 이처럼 유서 깊은 명문가였던 만큼 윈스턴 처칠의 탄생은 세간의 화제가 됐던 것이다.

처칠은 어린 시절부터 여느 아이와는 달랐다. 호기심이 많아 보모를 귀찮게 할 만큼 끝없는 질문을 쏟아 내기 일쑤였고, 갖고 싶은 물건은 반드시 손에 넣어야 직성이 풀릴 만큼 고집스러운 아이였다. 아이가 점차 자라자 랜돌프와 제니는 아들의 교육 문제에 크나큰 관심을 갖고 계획을 세웠다. 1881년 처칠은 잉글랜드의 귀족 학교에 입학했다. 평소 호기심이 많고 산만했던 처칠은 학교생활에 쉽게 적응하지 못했다. 감수성이 풍부했던 처칠은 공부는 뒷전으로 한 채 셰익스피어의 연극 대사를 줄줄 외우고 다녔다. 1888년 처칠은 12세의

말버러 공작 존 처칠은 윈스턴 처칠의 선조였다.

나이에 명문 해로Harrow 학교에 입학했다. 처칠은 문학과 역사에 소질이 있어서 독서를 즐긴 것 외에는 딱히 학과 공부에 흥미가 없었다. 성적은 하위권을 맴돌았고, 짓궂은 장난으로 선생님의 미움을 받았다. 아들이 공부를 등한시하자 어머니 제니는 근심에 휩싸였다. 하루는 아들의 머리를 어루만지며 물었다.

"윈스턴, 넌 커서 뭐가 되려고 하니?"

처칠은 초롱초롱 눈망울을 빛내며 말했다.

"당연히 군인이죠!"

1893년 8월 처칠은 꿈에 그리던 샌드허스트 육군사관학교에 진학했다. 그는 우수한 성적으로 학교를 졸업하고 1895년에 제4경기병 연대에 입대했다. 그 후에는 군인 겸 종군 기자로 활동하면서 쿠바, 인도, 수단 등을 돌아다녔다. 1899년에 보어 전쟁이 발발하자 처칠은 〈모닝 포스트〉지 특파원으로 남아프리카로 파견됐다. 그는 영국 육군 장교들과 동행하며 보어 전쟁을 취재했다. 그러다 우연히 전투에 휘말려 보어 인의 포로가 되고 말았다. 다행히 포로수용소에서 탈출에 성공한 그는 영국으로 무사히 귀환했다. 영국 신문들은 그의 탈출 소식을 대대적으로 보도했다. 매스컴의 관심을 한몸에 받으면서 윈스턴 처칠은 젊은이들의 우상이 되었다. 이때부터 처칠은 정치가의 꿈을 키우기 시작했다. 1900년 10월에 처칠은 하원 의원으로 당선되면서 55년에 걸친 화려하고도 긴 정치 생애가 시작되었다.

정치적 좌절

아버지 랜돌프가 보수당 당수였던 만큼 처칠은 보수당원 신분으로 정계에 입문했다. 그러나 독자적인 정치적 주장이 강했던 그는 보수당의 경제 정책을 끊임없이 비판하다가 결국에는 보수당에서 제명되고 말았다. 그러나 완강한 처칠은 고개를 숙이지 않았다. 그는 오히려 자유당으로 이적했다.

그 후 제1차 세계대전이 발발하면서 처칠은 해군 장관과 군수 장관을 역임했다. 이때 처칠의 주도 아래 영국 군수부는 신식 무기인 전차를 개발했다. 제1차 세계대전이 끝난 뒤 다시 보수당으로 당적을 옮긴 처칠은 재무장관에 임명됐다. 재무장관은 총리직 다음으로 높은 직위였다. 한때 해로 학교에서 공부 못하는 열등생으로 손가락질 받던 그가 영국 정계를 쥐락펴락하는 거물로 우뚝 선 것이다. 그러나 이러한 영광은 그리 오래가지 않았다. 1929년 선거에서 노동당이 승리를 거두면서 해임되고 말았다. 그 후 10여 년 동안 그는 하원 의원의 맨 끝자리를 차지하며 정세의 변화를 관망해야 했다.

1943년 2월 3일부터 4일까지 처칠은 북아프리카로 건너와 제8군단을 직접 시찰했다. 몽고메리와 함께 스코틀랜드 사단과 뉴질랜드 사단을 둘러보고 있다. 한 치의 흐트러짐도 없이 질서정연하고 용맹스러운 병사들의 모습에 처칠은 깊은 인상을 받았다.

1933년 1월 30일에 아돌프 히틀러가 독일 총통으로 선출되었다. 이후 수년 동안 독일의 군사력이 급속히 팽창했다. 독일 육군이 10만 명에서 55만 명으로 늘었고, 공군은 영국 공군의 3분의 2 수준까지 향상됐으며, 해군 역시 3만 톤급 전열함을 건조하기 시작했다. 이렇듯 독일이 하루가 다르게 군사력을 확장하고 있었지만 이에 아랑곳하지 않고 영국과 프랑스 정부의 수뇌부는 오히려 군축 회의를 개최했다. 독일의 숨겨진 야욕에 주의를 기울이는 이는 오로지 윈스턴

처칠 한 사람뿐이었다. 예측할 수 없는 미래에 대한 근심으로 그는 의회에서 수차례에 걸쳐 호소했다. 독일이 매달 대량의 철광석과 군용 자재를 구입하는 것을 경계해야 한다고 강조했지만 그에게 돌아오는 것은 비난과 조소뿐이었다. 1937년 5월에 보수당 출신의 체임벌린이 새로 총리직에 오르자 처칠과 보수당 지도부와의 골은 더욱 깊어졌다. 설상가상 평화를 외치며 매번 히틀러의 뜻에 영합하던 체임벌린이 급기야 체코슬로바키아를 희생양으로 삼아 뮌헨 협정을 체결했다. 이에 처칠은 '전면적이며 완전한 패배'라며 신랄한 비판을 퍼부었다.

"강도가 총을 겨누고 1파운드를 달라고 해서 줬더니 도리어 2파운드를 내놓으라고 협박했다. 결국 강도와 협상한 끝에 먼저 1파운드 10실링을 건네주고 나머지는 분기로 나눠서 준다는 소리인가?"

참으로 절묘한 비유가 아닐 수 없다.

위기의 구원투수

1939년 9월 1일에 독일이 폴란드를 침공하면서 제2차 세계대전이 발발했다. 히틀러에 대한 환상이 깨진 체임벌린은 독일에 선전포고를 했다. 처칠 역시 해군 장관에 임명되어 다시금 최고 정책결정권자가 되었다. 9월 3일 오후 처칠이 해군본부로 들어서자 과거 그의 수하에서 근무했던 해군 장성들이 "윈스턴이 돌아왔다!"라고 환호성을 지르며 반겼다. 처칠이 해군을 정비하고 전투 태세를 갖추는 동안 유럽의 정세는 나날이 악화됐다. 영국과 프랑스가 마지노선을 구축하고 미적거리는 동안 독일은 폴란드를 점령했다. 1940년 5월 10일에 독일이 프랑스를 침공했다. 독일과의 평화적 협상을 호언장담했던 체임벌린이 외교 문제에 책임을 지고 사임했다. 그는 국왕 조지 6세에게 사직서를 제출하면서 후임자로 처칠을 추천했다. 5월 10일 오후 6시, 조지 6세는 처칠을 궁으로 불러들여 새로운 전시 내각을 구성할 권한을 주었다. 마침내 처칠이 그토록 바라던 순간이 다가왔다. 처칠은 과거의 적대 관계를 뛰어넘어 노동당과 자유당이 참여한 거국 내각을 세웠다. 5월 13일, 영국 하원은 새로운 내각에 대한 신임안 투표를 했다. 투표가 시작되기 전에 처칠은 의회에서 다음과 같은 격정적인 연설을 했다.

1944년, 처칠과 연합군 총사령관 아이젠하워가 연합군의 서부 전선 전황에 대해 논의하고 있다.

"나에게는 피와 수고와 눈물과 땀 외에는 내놓을 것이 아무것도 없습니다. 우리는 지금 가장 심각한 시련을 앞두고 있습니다. 길고 긴 투쟁과 고통의 세월이 우리 앞에 놓여 있습니다. 여러분은 당신의 정책은 무엇이냐고 물을 것입니다. 이에 저는 하느님께서 주신 우리의 모든 힘과 능력을 총동원하여 육상과 바다, 하늘에서 전쟁을 수행하는 것이라고 대답하겠습니다. 추악한 인간의 범죄 목록에서도 유례가 없는 저 극악무도한 독재자를 상대로 전쟁을 수행하는 것이 바로 우리의 정책이라고 말입니다. 여러분은 또 우리의 목표는 무엇이냐고 질문할 것입니다. 이에 저는 한마디로 답할 수 있습니다. 그것은 승리입니다. 승리에 이르는 길이 제아무리 멀고 험해도 승리 없이는 영국 제국의 생존도 없기 때문에 어떤 대가를 치르더라도 반드시 승리를 쟁취할 것입니다."

비장한 연설을 마치면서 처칠은 오른손을 높이 치켜들어 중지와 검지로 승리의 V자를 표시했다. 이때부터 승리의 V 자 사인은 처칠의 상징이 됐다. 그의 연설이 끝나자 의회에는 뜨거운 박수소리가 울려 퍼졌다. 의원 381명 전원이 내각 신임 투표에서 지지표를 던졌다. 독일의 히틀러는 처칠이 신임 총리로 선출되었다는 소식에 "드디어 전쟁이 시작되었구나!"라고 한숨을 내뱉었다. 총리 자리에 오른 처칠의 눈앞에는 난관이 첩첩산중이었다. 설상가상으로 독일군이 아르덴 삼림 지대를 돌파하면서 프랑스군은 전멸하다시피 했고, 영국 원정군과 프랑스군 30만 명이 됭케르크에 포위된 상태였다. 처칠은 해군 본부에 긴급 지시를 내렸다. 영국 왕실해군은 영국 국민의 적극적인 지원 아래 됭케르크 철수 작전을 성공적으로 이끌며 영국군 30만 명을 구출했다. 6월 4일, 처칠은 하원에서 됭케르크 철수 작전을 보고하면서 특유의 자신감에 찬 어조로 명연설을 했다.

'으르렁거리는 사자'라고도 불리는 처칠의 사진 중에 가장 유명한 사진이다. 1941년 1월 27일, 캐나다 사진작가 유서프 카쉬가 처칠을 촬영할 당시였다. 카쉬가 재떨이를 내밀어도 처칠이 시가를 내려놓지 않자 카쉬는 정중하게 "용서하십시오, 총리 각하."라고 말하고는 그의 입에서 시가를 뺏어내듯 잡아채 버렸다. 졸지에 시가를 빼앗긴 처칠이 그를 잡아먹을 듯 화를 터뜨리자 카쉬는 그 순간을 놓치지 않고 셔터를 눌렀다.

"우리는 끝까지 싸울 것입니다. 프랑스 땅에서 싸우다 안 되면 바다에서 싸울 것이고, 바다에서 싸우다 안 되면 더 굳센 결의로 힘을 내서 공중에서 싸울 것입니다. 우리는 무슨 대가를 치르더라도 우리 섬나라 영토를 방어할 것입니다. 우리는 바닷가 모래밭에서 싸울 것이고, 저자들이 상륙할 때 싸울 것이며, 벌판에서 거리에서 산속에서 싸우더라도 죽어도 항복하지 않을 것입니다. 설사 우리 섬 전체가 정복되고 국민이 기아에 시달린다고 해도 절대 항복하지 않을 것입니다."

그 후 수개월 동안 처칠은 혼신의 힘을 다해 정무에 매달렸다. 아침 8시에 집무실에 출근하여 비서를 데리고 해군 본부와 육군 본부를 분주히 오가며 사무를 처리했고, 오후에는 런던의 전투기 제조 공장을 방문하여 진척 과정을 살폈다. 밤에는 참모와 후방 병참보급을 책임지는 담당자들과 연달아 회의를 열었다. 그리고 새벽 3시가 돼서야 겨우 잠자리에 들었다. 전시 내각을 꾸려가는 동안 처칠은 단 한 순간도 손에서 시가를 놓지 않았다. 하루에 15개에서 30개에 이르는 시가를 태우며 조국 수호에 골몰했다.

격정의 세월

1940년 8월, 독일의 영국 공습이 시작됐다. 영국과 독일은 인류 역사상 최초의 대규모 공중전을 벌였다.

처칠은 과감히 작전 지휘권을 공군 지휘관에게 넘긴 뒤 자신은 독일 폭격기가 폐허로 만든 도시 시가지를 시찰하고 열정적인 연설로 국민의 사기를 진작시키는 데 주력했다. 방공호나 지하실에 숨어 독일 공군의 공습이 끝나기를 기다리는 법이 없었다. 고집스럽고 냉철하기로 유명한 처칠도 독일 공군의 무차별 공습으로 폐허가 된 런던 시내를 돌아다니며 처참한 광경에 수차례 눈물을 흘렸다. 그의 노고에 감사의 뜻으로 여공이 시가 한 개비를 건네주었을 때도, 독일 공군과의 전투에서 목숨을 잃은 공군 조종사의 유서를 읽었을 때도, 굶주린 시민이 새 모이로 배고픔을 달래는 모습을 보았을 때도 그는 하염없이 눈물을 흘렸다. 마침내 영국 공군은 독일 공군의 공습을 막아내면서 히틀러의 영국 상륙 작전은 무기한 연기되었다. 독일과 영국의 공중전은 영국의 승리로 끝이 난 것이다.

독일의 침공 작전을 와해시켰지만, 전반적인 전세는 영국에 여전히 불리한 상황이었다. 처칠은 절체절명의 위기에 빠진 영국을 구해 줄 우방국의 도움이 필요했다. 처칠은 미국의 원조가 그 무엇보다 절실했다. 처칠의 어머니가 미국 태생이었기 때문에 예전부터 처칠은 자신을 "절반은 미국인이다."라고 말하고 다닐 정도로 미국에 대한 감정이 남달랐다. 그의 눈에 미국은 거대한 연료통이었다. 반파시스트 전쟁에 필요한 무궁무진한 원동력을 제공해 줄 수 있는 유일한 희망이었던 것이다. 처칠은 미국의 프랭클린 루스벨트 대통령과 사적인 서신을 교환하며 밀접한 협력 관계를 구축했다. 미국이 고립주의 정책을 포기할 수 있도록 유럽 대륙이 나치의 군화에 짓밟히는 비참한 상황을 자세히 알려 주었다. 마침내 처칠은 미국으로부터 수십 대의 구축함과 전투기 구매에 성공했다. 같은 해 8월 처칠은 해외에 있는 영국 해군 기지 여러 곳을 미국에 빌려 주는 대신 가장 필요했던 구축함 50대를 얻을 수 있었다. 이러한 교환은 얼핏 보면 밑지는 장사 같았지만 실상은 미국을 전쟁에 끌어들이는 첫 걸음이었다. 1941년 3월에 루스벨트는 제1차 세계대전 이후로 지속되어 온 미국의 고립주의 정책을 포기하고 '무기 대여법'을 제정했다. 70억 달러에 달하는 무기와 탄약을 영국에 무상으로 원조하면서 국제 정세에 개입하기 시작했다. 영국과 소련은 이 법안 덕분에 최소 600억 달러의 원조를 받았다. 제2차 세계대전은 더욱 가속화되었다.

1941년 6월 22일 새벽에 독일군이 소련을 침공했다. 이 소식을 전해들은 처칠은 긴 안도의 한숨을 내쉬었다. 영국 편에 서줄 강력한 맹방이 하나 더 생긴 셈이었기 때문이다. 처칠은 즉각 미국과 소련을 포함한 '대연합'을 구축하기 위해 부단한 노력을 기울였다. 모두 알다시피 처칠은 공산주의를 극도로 경멸했다. 러시아에서 10월 혁명이 발생했을 때도 무력 개입을 해서라도 공산주의 혁명을 진압해야 한다고 주장했던 인물이었다. 그럼에도 독일이 소련을 침공하자 즉각 소련과 손을 잡으려고 한 이유는 무엇

1945년 얄타 회담에서 처칠, 루스벨트, 스탈린 세 거두가 함께 앉아 있다.

일까? 그의 대답은 이랬다.

"나에게는 오직 히틀러를 궤멸시켜야 한다는 한 가지 목표밖에 없다. 히틀러가 지옥을 침공한다면 나는 의회에서 지옥의 악마들을 구원하기 위한 연설을 할 것이다."

7월 12일에 영국과 소련은 공동작전 협정에 서명했고, 1942년 5월 25일에 양국은 정식으로 '영소 동맹' 조약을 체결했다.

1941년 12월 7일 일본이 함재기 400여 대로 진주만을 공습하여 미국 태평양 함대가 전멸했다. 이 소식에 처칠은 흥분을 감추지 못했다. 일본의 어리석은 행위로 이제 미국의 참전은 시간문제가 됐기 때문이다. 그날 밤 처칠은 전쟁이 발발한 이래 가장 편안한 잠을 잘 수가 있었다. 같은 해 12월 22일에 처칠은 군함을 타고 대서양을 건너 워싱턴으로 향했다. 워싱턴에 도착한 그는 프랭클린 루스벨트 대통령과 함께 우호 회담을 진행했다. 1942년 1월에 워싱턴에서 미국, 소련, 중국을 포함한 26개 연합국은 대서양 헌장을 기초로 '연합국 공동선언'을 발표했다. 각국의 군사력과 경제력을 총동원하여 상호 협력 체제를 이루면서 독일, 이탈리아, 일본의 야만적인 군대와 맞서 싸울 것이며, 적국과 단독 강화를 맺지 않겠다는 내용을 담고 있었다. 전략적으로 대세가 연합국 측으로 기울어지자 전쟁에서 승리를 거두는 것은 시간문제였다. 1942년 11월에는 몽고메리가 북아프리카에서 대승리를 거두었고, 1943년 10월에는 영국과 미국 연합군이 시칠리아 섬에 상륙했으며, 1944년 6월 6일에는 노르망디 상륙 작전에서 성공을 거두고, 1945년 4월에는 베를린이 함락되면서 소련군과 연합군이 엘베 강에서 맞닥뜨렸다. 그 결과 4월 30일에 히틀러가 자살하고, 5월 7일에 마침내 독일이 무조건 항복을 선언했다. 그다음 날인 5월 8일, 처칠은 대국민 연설을 통해 제2차 세계대전에서 영국이 승리했음을 선포했다.

전쟁 뒷이야기

전쟁이 승리로 끝나면서 처칠의 전시 내각도 마침표를 찍었다. 1945년 7월 5일에 치러진 총선거에서 보수당이 패배했기 때문이었다. 처칠과 보수당은 전쟁을 승리로 이끈 공로를 세웠기에 대선에서 승리를 거두는 것은 당연지사라고 자신만만했다. 그러나 선거 결과 보수당은 참담하게 패배했다. 영국 국민은 전쟁 지도자로서 처칠에게 환호를 보냈지만, 처칠의 보수적인 국내 정책보다는 노동당의 개혁 정책을 선택했다. 노동당이 과반수 의석을 차지하면서 노동당 당수 클레멘트 애틀리Clement Attlee가 신임 총리로 선출되었다. 7월 26일에 처칠은 정식으로 총리직을 사임했다. 1946년에 미국을 방문할 처칠은 웨스트민스터 대학에서 연설했는데, 이때 그가 언급한 '철의 장막'이라는 용어는 전 세계에서 냉전의 시작을 상징하는 정치적 용어로 널리 인용되었다. 1951년에 선거에서 보수당이 정권을 잡으면서 처칠은 또다시 총리로 선출되었으며, 1953년 12월 10일에는 노벨문학상을 받았다. 1955년 4월 5일에 처칠은 건강상의 이유로 총리직을 사임했다. 그리고 1965년 1월 24일, 처칠은 향년 95세의 나이로 숨을 거두었다. 그의 장례식은 왕족 외에는 금세기 최초로 국장으로 거행되었으며 세계 각국에서 조사를 보냈다. 그의 영구는 하원의장, 보수당, 자유당, 노동당의 당수와 해군, 육군, 공군 삼군 참모가 호위했다. 성대한 장례식이 끝난 뒤 그의 유해는 영국 국민의 애도 속에서 블레넘 궁 근처 교회 묘지에 부모님과 함께 나란히 묻혔다. 이로써 한 세기를 풍미한 위대한 영웅의 이야기가 막을 내렸다.

The United Kingdom

맥을 잡아주는 세계사

The flow of The World History

제 5 장 | 다시 피어나는 잉글랜드의 장미

1. 식민 제국의 붕괴
2. '철의 여인'의 개혁
3. 포클랜드 전쟁
4. 비운의 왕세자비 다이애나

The United Kingdom

1 식민 제국의 붕괴

빅토리아 시대에 영국은 '해가 지지 않는 나라'라고 불릴 만큼 세계 최강국으로 군림했다. 그러나 달도 차면 기우는 법, 영원히 쇠락하지 않는 국가가 어디 있겠는가? 제2차 세계대전이 끝나면서 아시아, 아프리카 등의 식민지에서는 해방 운동이 일기 시작했다. 마침내 식민 제국의 붕괴가 코앞으로 닥친 것이다.

시기 : 1940~1980년
인물 : 엘리자베스Elizabeth 2세

새로운 국왕의 즉위

1945년 9월 2일 미 해군 전함 미주리호 함상에서 일본 외상 시게미쓰 마모루重光葵와 육군 참모총장 우메즈 요시지로梅津 美治郎가 항복 문서에 조인했다. 이로써 6년에 걸친 제2차 세계대전이 독일, 이탈리아, 일본의 패배로

한눈에 보는 세계사

1945년 : 8·15 광복 / 국제연합 성립
1947년 : 인도·파키스탄 분리 독립
1948년 : 베를린 봉쇄
1949년 : 중화인민공화국 성립
1950년 : 6·25 전쟁 발발
1957년 : 소련, 인공위성 발사
1960년 : 4·19 혁명
1961년 : 5·16 군사 정변 / 베를린 장벽 건설
1964년 : 베트남전 발발
1966년 : 중국, 문화대혁명
1967년 : 중동 전쟁 시작
1969년 : 미국, 유인 우주선 달 착륙
1970년 : 제1차 석유 파동
1972년 : 한국, 유신헌법 확정
1975년 : 제2차 석유 파동
1977년 : 소련, 아프가니스탄 침공
1978년 : 이란·이라크 전쟁

막을 내렸다. 제2차 세계대전으로 말미암아 전 세계 70여 개국이 전쟁에 휘말렸으며 참전 군인 수가 1억 1천만 명에 달했다. 그 가운데 전사자가 1,690만 명이며, 민간인 사상자는 3,430만 명에 달했다. 또한 직접적인 경제 손실액은 무려 4조 달러에 달했다. 영국은 본토에서 지상전이 벌어지지는 않았으나 막대한 피해를 입었다. 병사 30만 명이 전사했으며 시민 10만여 명이 폭격에 목숨을 잃었다. 전쟁 비용으로 1,200여억 달러가 지출되면서 국가의 금 보유량이 바닥을 헤맸고, 해외 자산도 4분의 1을 매각했다. 영국의 국내 경제가 침체하고 국민의 생활이 궁핍해지면서 1950년대까지 식량 배급제가 시행되었다. 영국이 전쟁의 공포에서 벗어나 국가 재건에 힘을 쏟을 무렵, 국왕 조지 6세가 심장마비로 갑작스레 세상을 떠났다. 1952년 2월 6일에 조지 6세의 딸 엘리자베스 2세가 왕위에 올랐다. 처칠, 애틀리, 맥밀런 등 총리들은 엘리자베스 2세를 보좌하여 국가 재건에 최선을 다했지만 영국 제국의 쇠락을 막기에는 역부족이었다. 이러한 쇠락은 식민 제국의 붕괴에서 가장 두드러졌다.

1949년 인도 총리 네루가 인도 독립 2주년 기념회에 참석하고 있다.

영국의 최초의 식민지였던 북미 13개 주는 독립 전쟁을 통해 영국의 지배에서 벗어나 아메리카 합중국을 건설했다. 아일랜드 역시 오랜 세월에 걸친 끈질긴 투쟁으로 마침내 1921년 아일랜드 남부 26개 군이 자치권을 획득하면서 아일랜드 공화국으로 독립했다. 나머지 아일랜드 북부 6개 군은 지금까지도 영국의 지배를 받고 있다. 제1차 세계대전이 끝나자 영국의 해외 식민지들이 앞 다퉈 독립을 요구하기 시작했다. 이에 영국 의회는 '웨스트민스터 법령'을 통과시켰다. 대영 제국의 지배를 허용되는 대신 식민지 국가들을 영국과 동등한 지위의 영연방 국가로 인정한다는 내용의 법안이었다. 영연방 국가는 영국 국왕을 국가의 최고 수장으로 두되 자치권을 행사하는 독립 국가와 마찬가지였다. 이에 캐나다, 오스트레일리아, 뉴질랜드, 남아프리카공화국 등이 영연방 국가에 가입했다.

저항 운동의 물결

위에서 언급한 국가들은 백인이 통치하거나 혹은 영국 이민자들이 세운 국가이기 때문에 영국과는 매우 밀접한 관계를 유지하고 있었다. 설사 독립을 하더라도 영국의 이익을 크게 해치지 않았다. 그러나 아시아와 아프리카에 소재한 식민지들은 근본적으로 입장이 달랐다. 이들 식민지는 영국의 이익과 직접적인 관계를 맺고 있었기 때문에 단 하나의 국가라도 독립을 용인할 수 없었다. 제2차 세계대전이 끝난 뒤 식민지들의 독립 요구는 더욱 거세졌다. 영국의 해외 식민지 가운데 면적이 가장 크고 인구가 가장 많은 곳은 인도였다. 당시의 인도는 오늘날보다 훨씬 면적이 넓어서 남아시아 대륙 전체를 차지하고 있었다. 지금은 인도, 파키스탄, 방글라데시로 분리되었다. 1946년 2월 18일에 인도의 뭄바이에서 영국군 소속 인도 수병들이 반란을 일으켰다. 반란은 순식간에 전국적으로 번졌다. 상인들이 총파업을 하고 학생들이 수업 거부를 했다. 그들의 요구는 단 하나, 독립이었다. 전국적인 저항이 돌이킬 수 없는 상황에 이르자 인도 총독 마운트배튼은 인도와 파키스탄 분리독립안을 내놓았다. 인도를 종교 신앙에 따라 인도와 파키스탄 자치령으로 나눴는데, 파키스탄 인은 7,000만 명, 인도인은 2만 2,500명에 달했다. 1947년 8월 15일에 독립안이 정식으로 발효되면서 인도와 파키스탄은 각각 독립을 선언했다. 1950년 1월에 인도는 인도 공화국 수립을 선포했고, 1956년 3월에는 파키스탄 역시 공화국 수립을 선포했다. 그 뒤를 이어 미얀마, 말레이시아, 쿠웨이트, 바레인 등 아시아 지역의 여러 국가가 잇달아 독립을 선포했다.

아시아 국가들이 독립 투쟁을 벌이는 동안 아프리카의 영국령 식민지들도 자유를 위한 투쟁을 벌였다. 1960년에 가나와 나이지리아가 연달아 독립했으며, 1963년에는 동아프리카의 케냐가 독립을 선포했다. 케냐는 19세기 말엽 영국의 식민지가 된 후 모든 토지를 백인에게 몰수당했다. 이로 말미암아 백여 만 명이 넘는 케냐 인들이 1,000㎢의 협소한 땅에서 부대끼며 살아야 했다. 이들은 백인들에게 빼앗긴 농토에서 노동력을 착취당하며 1년에 200일 이상 중노동에 시달려야 했다. 그야말로 영국인들은 케냐 인의 피와 땀으로 배를 채웠던 것이다.

케냐의 흑단으로 만든 전통 목공예품으로 마사이족 남녀의 모습을 조각한 작품이다. 화려하고 생동감 있는 색상에서 케냐 인의 생활 정취가 느껴진다.

가혹한 폭압을 참지 못한 케냐 인은 결국 1952~1956년까지 '마우마우'라는 비밀 결사대를 조직하여 무력 투쟁을 벌였다. 영국 식민 당국은 비밀 결사대 마우마우를 흑인의 KKK단에 비유하며 피비린내 나는 테러조직이라고 멸시했다. 영국인들은 진압군 수만 명과 전투기, 대포를 동원했지만 역사적 대세를 돌이키기에는 역부족이었다. 1963년에 영국 정부는 케냐의 독립을 승인할 수밖에 없었다.

1970년에 이르러 한 세기를 풍미했

던 영국 제국은 더 이상 빅토리아 시대의 영광을 누릴 수 없게 되었다. 영국 제국의 판도는 나날이 위축되었다. 식민지라고는 고작 태평양, 인도양, 카리브 해의 일부 섬밖에 남지 않았다. 영국 군함이 유니언 기를 휘날리며 세계 4대양을 누비던 시절은 더 이상 돌아오지 않았다. 영국 총리 맥밀런마저 "싫든 좋든 식민지의 독립은 이미 정치적 현실이다."라고 탄식할 정도였다. 1997년 7월 1일에는 동방의 진주라고 불리던 홍콩마저 영국의 지배에서 벗어나 중국으로 주권이 반환되었다.

2 '철의 여인'의 개혁

The United Kingdom

1979년 5월 3일은 영국인들에게 매우 특별한 날이었다. 선거에서 보수당이 집권당인 노동당을 제치고 과반수 의석을 차지하면서 마거릿 대처가 총리로 선출된 것이다. 당시까지만 영국 역사상 최초로 여성 총리로 선출된 그녀가 이후 세 차례 연임에 성공할 줄은 누구도 예상하지 못했다. 11년간 장기 집권하며 '대처 시대'를 열 것이라고는 꿈에도 몰랐던 것이다.

시기 : 1979년
인물 : 마거릿 대처Margaret Hilda Thatcher

총리 즉위

1925년 10월 13일 영국 랭커셔 주의 그랜덤Grandom에서 마거릿 힐다 로버츠라는 여자 아이가 태어났다. 바로 훗날 영국의 정계를 쥐락펴락한 마거릿 대처였다. 마거릿의 아버지는 잡화점의 주인으로 정치와는 전혀 상관이 없는 인물이었다. 조상 3대가 신발 수선공이나 재봉사로 일했기에 정치에는 완전 문외한이었다. 마거릿은 형제가 일곱이나 되는 대가족이었기에 가정 형편이 넉넉하지 못했다. 마당도, 욕실도 없었고, 가구라고 해 봤자 벼룩시장에서 사온 것들뿐이었다. 그러나 마거릿 대처는 가난한 생활에 전혀 기

한눈에 보는 세계사
1977년 : 소련, 아프가니스탄 침공
1978년 : 이란·이라크 전쟁

1979년 5월 3일에 마거릿 대처가 총리 관저 앞에서 지지자들을 향해 감사의 뜻으로 손을 흔들고 있다.

죽지 않았다. 1943년 10월에 마거릿은 열여덟의 나이로 꿈에 그리던 옥스퍼드 대학에 장학생으로 입학했다. 옥스퍼드 대학은 역대 유명 정치가들을 배출한 정치 산실이었다. 세 번이나 총리를 지낸 보수당 당수 솔즈베리, 두 차례 총리로 선출된 노동당 당수 윌슨도 모두 옥스퍼드 대학 출신이었다. 마거릿은 이곳에서 정치에 흥미를 느끼고 정치가의 꿈을 키우게 되었다. 얼마 지나지 않아 그녀는 보수주의 학생연합회 회장으로 선출되었다.

대학을 졸업한 이후 화학을 전공했던 마거릿은 어느 플라스틱 회사의 화학 연구원으로 입사했다. 그러나 그녀는 직장 여성으로 안주하지 않았다. 1949년에 다트퍼드Dartford의 보수당 의원 후보로 지명되어 선거에 출마했다. 그러나 다트퍼드는 전통적으로 노동당의 표밭이었기에 스물다섯의 보수당 출신 마거릿에게는 처음부터 버거운 싸움이었다. 선거 결과는 예상한 그대로였다. 마거릿은 1950년과 1951년 선거에서 연거푸 고배를 마셨다. 1951년 12월에 마거릿은 법률 공부를 하던 중에 사업가 데니스 대처와 결혼했다. 이후 그녀는 '대처 부인'으로 불리게 되었다. 결혼 후 마거릿은 일마다 순조롭게 풀렸다. 남편의 든든한 외조와 경제적 지원 아래 마거릿은 변호사 자격증을 따고 법률가로 활동했다. 1959년에는 서른넷의 나이로 마침내 하원 의원에 선출되면서 본격적인 의정 활동을 시작했다. 1969년 10월에는 교육부 장관으로 임명되었고, 1975년 2월 4일에는 보수당의 새로운 당수가 되었다. 그로부터 4년 뒤에는 대선에서 보수당이 과반수 의석을 차지하면서 마거릿 대처는 영국 역사상 최초의 여성 총리로 선출됐다.

영국병

승리의 기쁨은 눈 깜짝할 사이에 사라졌다. 총리가 된 마거릿 대처와 그녀의 내각은 '영국병'이라는 심각한 문제에 맞닥뜨렸다. 이른바 영국병이란 제2차 세계대전 이후 경제 발전이 제자리걸음만 하면서 인플레이션에 빠진 영국의 경제 상황을 뜻하는 말이었다. 제2차 세계대전이 끝나자 집권당인 노동당은 복지 제도와 국유화 정책을 시행했다. 복지 제도는 국민에게 적잖은 이득을 가져다주었다. 그러나 과도한 복지 정책으로 재정 적자가

1986년 1월 20일에 프랑스 총리 미테랑이 공항에서 영국 총리 마거릿 대처의 방문을 환영하고 있다. 미테랑 총리와 대처 총리는 영국 해협의 해저 터널을 건설하기로 협의했다.

매우 늘어나면서 영국 정부에 크나큰 재정 부담이 되었다. 1950년 영국 정부의 복지 정책 비용은 103억 파운드 정도였지만, 1979년에 이르러서는 무려 500억 파운드로 급증했다. 복지 비용은 계속해서 늘어나고 경기 침체가 가중되는데 어떻게 재정 적자가 나지 않겠는가? 영국 정부는 채권을 발행하고 개인 소득세를 크게 인상했으나 이는 오히려 물가 상승과 인재의 국외 유출만 부채질했다. 설상가상으로 주요 기업들이 공기업으로 전환되면서 경쟁력이 약해졌고, 그 결과 경기 침체와 인플레이션이 발생해 실업률이 급격하게 상승했다.

마거릿 대처는 취임하자마자 개혁에 착수할 준비를 했다. 그러나 경제적 한파가 닥치면서 국민 총생산액이 4.6% 감소하고, 실업 인구는 300만 명에 달했다. 이런 상황에서 개혁을 단행하면 자칫 역효과를 초래하여 정치적 인기가 하락할 수도 있었지만, 마거릿 대처는 조금도 위축되지 않고 통화 억제와 긴축 정책을 과감히 단행했다. 정부 지출을 40억 달러로 줄이고, 경찰과 군대, 기타 관공부서의 공무원을 대대적으로 감축했으며, 정부 부처를 합병했다. 또한 사유 기업을 장려하고, 인재 양성에 주력했으며, 세금 인하 정책을 단행했다. 영국의 국유 기업에 대해서도 단호한 메스를 들이댔다. 제2차 세계대전 이후 영국 정부는 석탄, 전력, 철도 부문의 기업을 모두 국유화했다. 그 결과 1979년도에 이르러서는 영국의 국유 기업 노동자 수가 150만 명에 달했고, 국유 기업의 총생산액은 국민총생산액의 11.5%를 차지했다. 그러나 국유 기업 특유의 경쟁력 저하로 많은 국유 기업이 적자에 허덕였다. 이러한 악순환의 고리를 끊고자 마거릿 대처는 국유 기업을 사유로 돌리는 개혁을 단행했다. 1981년부터 시작된 개혁으로 국유 기업의 약 3분의 1이 사유화됐고, 국유 기업의 노동자 수도 65만 명으로 줄어들었다. 덕분에 경제적 부담이 줄어들면서 영국 경제는 점차 빠른 속도로 발전하기 시작했다. 1984~1988년까지 5년 동안 영국 경제는 프랑스보다 두 배, 서독보다 1.5배 성장했다.

경제 개혁의 성공으로 국민의 지지도가 크게 상승했다. 영국 매체들은 그녀를 처칠 이후 가장 위대한 총리라고 극찬했다. 사실 이러한 성과를 거두기까지의 과정은 결코 순탄하지 않았다. 개혁이 진행되던 초기 석탄 광부들이 사유화에 반대하는 장기 파업에 돌입했고, 실업자들은 거리 시위에 나섰으며, 일부 도시에서는 폭동까지 발생했다. 야당이었던 노동당은 그녀의 개혁이 국가 경제를 더욱 추락시킬 것이라며 비웃었고, 보수당 내에서도 반발이 심했다. 그러나 마거릿 대처는 전혀 동요하지 않았다. 그녀는 "대수술을 막 끝내고 나면 건강이 더 악화되는 것처럼 느껴지지만 실상은 회복 단계로 접어들고 있는 것이다."라고 말하며 개혁의 칼날을 멈추지 않았다.

1993년 마거릿 대처는 총리직을 사임한 이후 회고록 《다우닝가 시절》을 출판했다. 이 책에는 '철의 여인'이라 불리며 정치가로서 가장 화려했던 시간들을 기록하고 있다.

마거릿 대처는 경제뿐만 아니라 외교와 내정 방면에서도 눈부신 활약을 했다. 이란 인질 사건이나 포클랜드Falkland 전쟁이 일어났을 때는 강경 자세를 취했다. 과감하고 단호한 의회 연설을 통해 영국 국민을 단합시켰으며, 즉각적으로 군사 작전을 명령하여 국위를 선양하고 정치적 입지를 공고히 했다. 이후 마거릿 대처는 세 차례 연임에 성공하며 장기 집권했다. 그러나 1980년대 후반에 이르러 마거릿 대처의 지지율이 크게 하락하자 보수당은 새로운 대항마를 찾아야 했다. 1990년 11월 20일, 마거릿 대처는 보수당 내 재신임 투표에서 기권하면서 자신이 아끼던 존 메이저를 후임 당수로 지원하고 정계를 은퇴했다. 비록 네 차례 연임에는 실패했으며, 오만하고 전투적이라는 약점도 있었지만, 마거릿 대처는 '대처의 기적'을 만들어 내면서 영국 역사에 길이 남게 되었다. 지금도 사람들은 '철의 여인'이라는 단어를 볼 때면 강인한 미소를 짓고 있는 대처 총리의 모습을 떠올린다.

맥을 잡아 주는 **영국사 중요 키워드**

'철의 여인'의 유래

마거릿 대처는 세계 정계에서 '철의 여인'이라고 불렸다. 이러한 별명은 어디서 유래한 걸까? 1976년 1월 19일 마거릿 대처는 야당 대표로서 런던 시청사에서 소련을 강력하게 질타하는 연설을 했다. 강경하고 격렬한 어조로 연설하는 그녀의 모습은 과거 처칠 총리가 '철의 장막'을 비판하던 연설을 연상시켰다. 당시 냉전 분위기가 점차 수그러지고 있던 차에 마거릿 대처의 연설은 모스크바의 이목을 끌었다. 이때 스탈린은 그녀를 '철의 여인'이라고 호칭했다. 이는 독일 역사상 '철혈 재상'이라고 일컬어지던 비스마르크를 빗대어 표현한 칭호였다. 그런데 뜻밖에도 마거릿 대처는 '철의 여인'이라는 호칭을 자신의 강인한 성격을 강조하는 별명으로 만들었다. 1979년 영국 대선에서 보수당이 "영국은 철의 여인이 필요하다."라는 구호 아래 선거 유세를 하면서 '철의 여인'은 마거릿 대처의 별명이 되었다.

3 포클랜드 전쟁

The United Kingdom

1982년 4월 5일 영국 런던 의사당에서는 모든 이들의 심금을 울리는 연설이 이어지고 있었다. '철의 여인'이라 불리는 마거릿 대처 총리가 두 팔을 흔들며 큰 목소리로 외쳤다. "우리 영국 제국의 깃발이 포클랜드에 다시 휘날릴 것을 보장합니다!" 그로부터 사흘 뒤, 항공모함 허미즈호와 인빈시빌호를 중심으로 한 영국 함대가 포클랜드를 향해 출발했다. 남대서양에서 포클랜드 쟁탈전이 벌어진 것이다.

시기 : 1982년 4월 2월~6월 14일
인물 : 마거릿 대처, 레오폴도 갈티에리Leopoldo Galtieri

영유권 분쟁

마거릿 대처 총리가 말한 포클랜드는 남미 최남단에 자리한 제도로 스페인 어로 말비나스Malvinas 제도라고도 불린다. 포클랜드 제도는 사우스조지아 등 산호섬 346개로 이루어져 있으며 총 면적이 1만 5,000㎢에 달한다. 하지만 면적이 작다고 포클랜드를 얕봐서는 결코 안 된다. 포클랜드는 면적은 작지만 마젤란 해협과 가까워 전략적으로 대단히 중요한 곳이었다. 사실 포클랜드의 영유권 문제는 지금까지도 논쟁이 분분하다. 영국은 1690년대에 영국인이 최초로 포클랜드를 발견했으며, 현재 거주민 80% 이

한눈에 보는 세계사
1980년 : 한국, 5·18 민주화 운동
1982년 : 이스라엘, 레바논 침공

상이 영국 국민이므로 당연히 영국의 소유라고 믿고 있다. 그러나 아르헨티나의 생각은 다르다. 일찍이 스페인이 포클랜드를 발견한 이래 지금까지 스페인의 식민지였으며, 아르헨티나가 스페인의 식민지에서 독립하면서 포클랜드 영유권을 승계했다고 주장한다. 게다가 포클랜드는 아르헨티나에서 불과 270여 해리밖에 떨어져 있지 않은 가까운 곳에 있다. 그런데도 무려 7,000해리나 떨어진 영국이 영유권을 주장하는 것은 어불성설이라고 반박했다. 양국은 결국 유엔의 중재 아래 양국은 담판 협상을 시작했다. 그런데 결판이 나기도 전에 포클랜드 해역에 석유가 대량 매장되어 있다는 사실이 밝혀지면서 협상은 결렬되었다. 영유권 분쟁 문제는 더욱 복잡해졌다. '검은 황금'이라고도 불리는 석유가 매장되어 있는 보고寶庫를 순순히 남의 손에 넘겨줄 이가 누가 있겠는가? 결국 평화적 협상은 물 건너가고 무력을 앞세운 해결책을 강구할 수밖에 없게 되었다.

동계 전투복을 착용한 특수부대원들. 포클랜드 전쟁에서 혁혁한 전공을 세웠다.

비록 영유권 협상을 진행하기는 했지만 포클랜드 제도는 여전히 영국 해군의 관할하에 놓여 있었다. 이에 아르헨티나 대통령 갈티에리Leopoldo Galtieri는 영국 해군이 주둔하는 포클랜드를 무력으로 탈환하기로 했다. 1982년 4월 2일 새벽, 아르헨티나 해군이 잠수부대를 앞세워 포클랜드 섬에 잠입한 뒤 신속하게 비행장과 항구를 공격했다. 동시에 포클랜드에 주둔하고 있던 영국군 200여 명을 포로로 생포한 뒤 포클랜드는 아르헨티나 수중으로 떨어졌다. 아르헨티나의 무력 침공 소식은 전 세계로 퍼져 나갔다. 아르헨티나 국민은 환호성을 질렀으며 갈티에리 대통령은 단번에 민족적 영웅으로 추켜 세워졌다. 반면에 영국 국민은 치욕과 분노에 사로잡혔다. 영국의 모든 방송국은 정규 방송을 중단하고 포클랜드 사태 소식을 실시간으로 보도했다. 당일 〈타임스〉와 〈데일리메일〉은 포클랜드 소식을 담은 호외를 발간했다. 호외에는 '치욕Humiliation'과 '보복Revenge'이라는 단어가 수차례 언급되었다. 4월 3일에 영국 의회는 긴급회의를 소집했다. 회의석상에서 당시 총리였던 마거릿 대처는 격앙된 목소리로 외쳤다.

"여러분, 우리에게 필요한 것이 무엇입니까? 우리에게 지금 필요한 것은 권력입니다. 여러분은 절대적으로 나를 지지해 주어야 합니다. 나를 지지하는 것은 곧 영국 제국을 지지하는 것입니다.!"

1980년 5월 13일 마거릿 대처는 과거 윈스턴 처칠에게 전혀 뒤지지 않을 만큼 강경하고 단호한 모습으로 지지표를 호소했다. 결국 의회에서는 아르헨티나의 침공에 즉각적인 무력 대응안을 만장일치로 결정하고 군대를 파견하기로 했다.

무력 대응

1982년 4월 5일, 군함 62척, 잠수정 6척, 전투기 42대, 헬리콥터 200대, 해병 특전사 3,500여 명으로 구성된 영국 함대가 포츠머스 항을 미끄러지듯 빠져나갔다. 목적지는 포클랜드였다. 함대 사령관 우드워드 제독이 이끄는 영국군은 SAS 특수 부대와 SBS 특수 보트 지원대 등 최고의 정예 부대로 이루어졌다. 또한 배수량 2만 톤급의 항공모함 인빈시빌호와 42톤급 구축함 등 당시 최고의 주력 무기로 완전 무장했다. 마거릿 대처 총리는 자신이 내놓을 수 있는 비밀병기는 모조리 다 내놓은 셈이었다.

항공모함 인빈시빌호는 전투기 16대와 헬리콥터 2대, 예비 헬리콥터 2대를 탑재할 수 있다.

영국 정부는 해군 함대를 포클랜드에 파견하기 전에 전시 동원령을 내렸다. 당시 해군은 상선 56척을 긴급 징집했다. 항구에 정박하고 있던 배들은 48시간 내에 병원선과 보급품 운반선으로 개조했고, 해상을 운항 중이던 선박은 중간에 화물을 내리고 해상에서 개조 작업에 착수했다. 그 가운데는 800여 명의 학생을 태우고 지중해로 관광을 떠난 유람선도 징집되었다. 긴급 동원령이 떨어지자 유람선은 가까운 항구에 학생 전원을 하선시키고 3일 만에 병상 1,200개를 갖춘 병원선으로 개조하여 포클랜드로 파견되었다. 당시 학생들은 영국 정부에서 보내 준 특별기로 귀국길에 올랐다. 영국인들의 민첩한 대처는 온 세계를 깜짝 놀라게 했다. 마거릿 대처도 "영국 함대의 일사불란한 결집력은 영국 군사 역사에 길이 남을 것이다!"라고 자랑스러워했다.

1982년 4월 24일에 영국 함대가 드디어 포클랜드 해역에 도착했다. 26일, 영국군 제42해군특전사가 사우스조지아 섬을 점령했다. 5월 2일, 영국 해군의 잠수정 컨쿼러호가 포클랜드 해역 부근에서 아르헨티나 해군의 순양함 제너럴 벨그라노호를 격침시켰다. 갑작스러운 소식에 사기가 땅에 떨어진 아르헨티나 해군은 즉시 포클랜드에서 철수했다.

공중전과 지상전

시종일관 전면적인 전쟁으로 발전하지 않을 것이라 여겼던 아르헨티나 정부는 영국의 신속한 무력 대응에 뒤통수를 얻어맞는 격이었다. 갈티에리는 마지막 희망을 공군에 걸었다. 당시 아르헨티나 공군은 프랑스제 슈페르 에땅따르 전투기와 미국제 A-4 스카이이글 공격기를 보유하고 있었다. 공군 조종사들은 미국과 이스라엘에서 훈련을 받아 영국 공군에 뒤지지 않을 만큼 전술에 뛰어난 인재들이었다. 5월 4일 오전 11시, 아르헨티나의 슈페르 에땅따르 전투기가 포클랜드 섬 근해에 정박 중이던 영국 해군의 셰필드호를 AM-39엑조세 공대함 미사일로 격침시켰다. 그러자 폭탄 160kg이 폭발하면서 영국이 자랑하던 최신예 방공 구축함은 순식간에 불길에 휩싸였다. 2억 달러의 구축함이 허망하게 침몰하고 만 것이다. 셰필드호의 침몰 소식이 언론에 전해지자 국제 군수품 시장에서는 엑조세 공대함 미사일 가격이 20만 달러에서 100만 달러로 상승하면서 단번에 세계 최고의 무기 반열에 올랐다. 셰필드호의 격침은 시작에 불과했다. 5월 21일 오전 10시, 아르헨티나의 전투기 70여 대가 출격하여 영국 호위함 1척과 구축함 3척을 격침시키면서 맹렬한 공격을 퍼부어댔다. 5월 25일은 아르헨티나 공군의 공습이 최고조에 달하는 날이었다. 슈페르 에땅따르 전투기가 엑조세 공대함 미사일로 영국의 운송선을 격침시키고 구축함 4척을 파

포클랜드 전쟁에서 영국군의 씨해리어 전투기는 아르헨티나 전투기 31대를 격추시켰다.

괴했다. 아르헨티나 공군기도 20여 대가 파괴되었다.

아르헨티나 공군의 맹렬한 공격이 쏟아지는 동안, 영국 육군은 은밀히 상륙 작전을 진행하고 있었다. 5월 11일 밤, 영국 특수 부대 8명이 포클랜드 섬에 잠입하여 정찰 활동을 했다. 그리고 5월 27일에 영국군의 전면적인 상륙 작전이 시작되었다. 영국군 600명과 4,000여 명으로 구성된 특공대 2개 여단이 포클랜드 섬의 다윈 항과 아르헨티나 항을 각각 분산 공격할 계획이었다. 당시 섬에 주둔하고 있던 아르헨티나 병사는 1만 3,000명에 달했다. 그러나 1864년 이래로 한 번도 전쟁이 벌어지지 않았기 때문에 전쟁 경험이 전혀 없고 전투력을 상실한 아르헨티나군은 지상전에서 맥을 못 췄다. 5월 28일 영국군은 다윈 항을 함락했다. 6월 2일에는 영국군 정예 부대가 추가로 투입되었다. 병력이 추가되면서 영국군의 공격은 더욱 거세졌다. 6월 14일에 아르헨티나 병사들이 아르헨티나 항으로 퇴각하자 영국군 포병대가 포격을 가했다. 12시간 동안 포탄 1만 2,000발을 발사한 끝에 마침내 11시에 아르헨티나 병사들이 백기를 흔들며 투항했다. 74일에 걸친 포클랜드 전쟁이 마침내 막을 내리게 된 것이다.

포클랜드 전쟁은 영국의 승리로 끝났다. 이 전쟁에서 영국은 병사 256명이 전사하고, 구축함 16척, 전투기 34대가 격추되었으며 전쟁 비용으로 총 12억 달러를 쏟아부었다. 반면에 아르헨티나는 병사 1,000여 명이 전사하고 1만 1,000명이 포로로 잡혔으며, 구축함 11척, 전투기 117대가 격추되었고, 전쟁 비용은 약 10억 달러에 달했다. 영국은 거액의 전쟁 비용과 수많은 전사자를 희생하며 승리를 차지했지만, 이는 어디까지나 명의상의 승리에 불과했다. 아르헨티나는 여전히 영유권 주장을 철회하지 않았다. 마거릿 대처 총리는 포클랜드 전쟁의 승리로 정치적 기반을 더욱 공고히 하면서 연임에 성공했다. 반면에 아르헨티나의 갈티에리는 대통령직에서 물러나야 했다.

맥을 잡아 주는 **영국사 중요 키워드**

외교 전략

포클랜드 전쟁에서 마거릿 대처의 외교 전략은 전쟁을 승리로 이끄는 데 결정적인 역할을 했다. 마거릿 대처는 미국과 영국의 동맹 관계를 강화하여 미국이 아르헨티나에 무기를 판매하지 못하도록 막았고, 영국군이 미국의 정찰 위성을 통해 포클랜드의 군사 현황을 탐지할 수 있도록 했다. 셰필드호가 프랑스산 엑조세 공대함 미사일에 격침되자 마거릿 대처는 즉각적으로 미테랑 총리와 연락을 취해 프랑스에서 아르헨티나에 미사일을 판매하지 않도록 차단했다. 그뿐만 아니라 프랑스군에서 미사일 추적이 가능한 레이더 암호까지 얻어 냈다. 이러한 외교 전략이 있었기에 영국군은 포클랜드 전쟁을 승리로 이끌 수 있었다.

The United Kingdom

4 비운의 왕세자비 다이애나

영국 왕실 일원 가운데 다이애나 왕세자비처럼 만인의 사랑을 받은 사람도 없다. 친근감 넘치고 부드러운 미소는 맑은 물처럼 모든 이들의 마음을 상쾌하게 만들어 주었다. 다이애나는 고루한 왕실의 벽을 허물고 대중에게 친근하게 다가섰으며, 파란만장한 애정사로 세간의 주목을 한몸에 받았다. 다이애나는 이미 이 세상을 떠나고 없지만 그녀의 화사한 미소는 영원히 우리의 기억 속에 함께할 것이다.

시기 : 1961~1997년
인물 : 다이애나Diana Spencer

외로운 어린 시절

1961년 7월 1일, 다이애나 스펜서는 귀족 가문에서 태어났다. 미래 황태자비의 탄생은 스펜서 가문에 그다지 큰 즐거움을 주지 못했다. 그의 부모는 연거푸 딸만 둘을 낳은 상태였기에 모두 가문을 계승할 아들이 태어나기를 간절히 바라고 있었다. 그런데 또다시 딸이 태어났으니 그 실망감이 얼

한눈에 보는 세계사

1964년 : 베트남전 발발
1966년 : 중국, 문화대혁명
1967년 : 중동 전쟁 시작
1969년 : 미국, 유인 우주선 달 착륙
1970년 : 제1차 석유 파동
1972년 : 한국, 유신헌법 확정
1975년 : 제2차 석유 파동
1977년 : 소련, 아프가니스탄 침공
1978년 : 이란·이라크 전쟁
1980년 : 한국, 5·18 민주화 운동
1982년 : 이스라엘, 레바논 침공
1986년 : 서울 아시안 게임
1987년 : 한국, 6월 민주 항쟁
1988년 : 서울 올림픽 개최
1990년 : 독일 통일
1993년 : 유럽 연합 출범

마나 크겠는가? 이제 막 세상에 태어나 울부짖는 갓난아기가 훗날 스펜서 가문에 엄청난 영예를 가져다주리라고는 아무도 예상하지 못했다.

다이애나의 조상은 부유한 상인이었다. 비록 돈으로 작위를 샀지만 부단한 노력으로 상류사회의 일원이 되어 왕실과 친밀한 관계를 유지했다. 다이애나의 아버지는 조지 6세의 시위관을 맡기도 했다.

다이애나에게도 행복한 어린 시절이 있었다. 대자연과 동물을 좋아했으며, 화원에서 숨바꼭질하고, 사냥개와 함께 숲을 달렸다. 상쾌하고 활력으로 가득 찬 대자연은 그녀에게 깊은 인상을 심어 주었다. 행복은 그다지 오래가지 않았다. 오랫동안 가정불화로 사이가 좋지 않던 부모님이 1969년 정식으로 이혼하게 된 것이다. 당시 영국 상류 사회에서 이혼은 일종의 추문이었다. 다이애나는 부모님의 이혼으로 마음속에 깊은 상처를 얻었다. 그 후 어머니가 재혼하면서 다이애나와 남동생은 그의 아버지가 양육하게 되었다.

여느 귀족 가문의 자녀들처럼 다이애나는 아홉 살이 되자 기숙학교에 입학한 뒤 여자 고등학교에 진학했다. 성격이 온화하고 선량했지만 성적이 그다지 좋은 편이 아니었던 다이애나는 학교를 그만두고 런던의 유치원 교사로 일하기 시작했다.

1981년 2월 6일, 다이애나는 찰스 왕세자의 청혼을 받아들였다.

아름다운 신데렐라

1977년, 다이애나는 왕실 사냥 행사에서 처음으로 찰스Charles Windsor 왕세자를 만났다. 그러나 이날 행사의 주인공은 다이애나의 언니 사라였다. 당시 사라는 찰스 왕세자의 여자 친구였으며,

어린 다이애나는 언니를 따라나선 들러리에 불과했다. 그러나 이날 행사에서 찰스 왕세자는 통통하고 천진난만한 다이애나의 모습에 관심을 느꼈다.

1978년 11월, 다이애나는 버킹엄 궁에서 열린 찰스 왕세자의 서른 살 생일 파티에 초대받았다. 이는 다이애나가 찰스 왕세자의 생활권에 진입하게 된 계기가 되었다. 어느새 우아하고 매력적인 여인으로 성장한 다이애나의 모습에 찰스 왕세자는 매료당하고 말았다. 다이애나도 마찬가지였다. 모든 젊은 여성들이 왕세자비가 되는 꿈을 꾸는 것처럼 그녀도 예외는 아니었다. 다이애나는 모든 여성의 우상인 왕세자의 지적이고 중후한 모습에 마음을 빼앗겼다. 얼마 지나지 않아 두 사람은 사랑에 빠졌다. 눈치 빠른 파파라치들은 두 사람의 관계를 눈치 채고 앞다퉈 취재하기 시작했다. 젊고 사랑스러운 다이애나는 순식간에 언론의 초점이 되었고, 그녀가 왕세자비가 되느냐 안 되느냐의 문제는 전 국민의 관심사로 떠올랐다.

1981년 2월 24일, 다이애나와 찰스 왕세자는 약혼식을 올렸다. 같은 해 7월 29일에는 전 세계의 이목이 쏠린 가운데 성대한 결혼식을 치렀다. 생방송으로 중계된 결혼식장에서 다이애나가 길이가 7m에 이르는 기다란 웨딩드레스를 끌고 화려한 마차에 올라타 군중을 향해 손을 흔들던 모습이나, 버킹엄 궁전 테라스에서 찰스 왕세자와 달콤한 입맞춤을 하는 장면은 그해 내내 영국인들의 즐거운 화젯거리가 됐다.

동화 뒤에 감춰진 진실

사람들의 눈에 비친 두 사람의 결혼은 아름다운 동화 그 자체였다. 그렇다면 당사자인 두 사람에게는 어땠을까? 왕위 계승자로서 빨리 결혼하라는 왕실의 압력을 받던 서른 살의 찰스 왕세자에게 결혼은 당연한 통과의례와 같은 전략적 선택이었다. 반면에 나이 어린 다이애나에게는 결혼이 꿈같은 사랑의 결실로서 왕세자가 항상 자신을 사랑하고 지켜 줄 것이라는 기대로 가득 찼다. 사실 여러모로 보나 찰스 왕세자와 다이애나는 그다지 잘 어울리는 커플이 아니었다. 그만큼 서로 다른 점이 많았다. 케임브리지 대학을 졸업한 찰스 왕세자는 독서와 사냥을 즐겼지만 다이애나는 이를 따분하게 여겼다. 대신 다이애나는 최신 유행 음악을 즐겨 들었지만 찰스 왕세자는 이를 천박하게 여겼다. 이러한 확연한 차이점은 결혼 초기에는 두 사람에게 신선한 매력으로 다가왔지만, 시간이 지나면서 단절감과 소통의 부재를 초래했다. 게다가 무엇보다 두 사람의 결혼에는 카밀라Camilla Parker Bowles라는 커다란 장애물이 가로놓여 있었다. 카밀라는 찰스 왕세자가 젊은 시절 사랑했던 첫사랑의 여인이었다. 두 사람은 취미 생활도 비슷하고 소통이 잘 이루어졌으며 여전히 서로 사랑하는 사이였다. 젊은 시절 찰스 왕세자의 우유부단함으로 카밀라는 다른 사람과 결혼했지만 그 후에도 두 사람은 끈끈한 관계를 유지해 오고 있었던 것이다.

신혼 시절 다이애나의 사진으로, 행복과 기쁨으로 가득 찬 표정이다.

찰스 왕세자와 다이애나의 결혼 생활은 금세 갈등과 불화에 휩싸였다. 다이애나는 찰스 왕세자가 이미 자신과 결혼했음에도 불구하고 나이도 많고 미모도 보잘것없는 과거의 연인을 잊지 못한다는 사실을 이해할 수 없었다. 카밀라의 존재를 의식한 다이애나는 찰스의 마음속에서 카밀라를 지우려고 애썼다. 반면에 찰스 왕세자는 그러한 다이애나를 이해하지 못했다. 왕세자비의 칭호까지 차지한 데다 카밀라가 그녀의 지위를 흔들 만한 위협적인 존재가 아닌데도 일상적인 교류조차 용납하지 않는 것을 이해하지 못한 것이다.

끝없는 말다툼과 냉전 속에서 두 사람의 관계는 급격히 멀어졌다. 그러던 1982년, 다이애나가 큰아들 윌리엄을 낳으면서 두 사람의 결혼생활에 전환점이 생겼다. 처음으로 부모가 된 다이애나와 찰스 왕세자는 갓난아기를 돌보느라 허둥대면서 다시금 화목하고 행복한 결혼생활을 되찾은 듯했다. 그러나 이러한 행복도 금방 끝이 났다. 찰스 왕세자는 가정을 소중히 여기면서도 카밀라의 곁을 떠나지 않았다. 두 사람의 부부 관계는 다시금 냉전 상태로 돌입했다. 1984년에 둘째 아들 해리가 태어났다. 다이애나는 찰스 왕세자와의 관계를 회복하려고 노력했지만 이미 물은 엎질러진 뒤였다. 다이애나는 철저히 절망감에 빠졌다. 하느님 앞에서 행복을 서약했던 찰스 왕세자를 증오하기 시작했고, 답답하고 번잡한 왕실 생활에도 싫증이 났다. 다이애나 왕세자비는 찰스 왕세자와의 함께 참석하는 행사를 일부러 피하기 시작했고, 각종 연회와 왕실 행사에도 일절 참석하지 않았다. 찰스 왕세자는 처음에는 다이애나에게 행사에 참석하라고 설득했지만 나중에는 아예 투명인간 취급을 하며 관심조차 주지 않았다.

잉글랜드의 장미

다이애나는 불행한 결혼생활을 보상하기라도 하듯 자선 사업에 적극적으로 앞장섰다. 에이즈 환자나 나병 환자 등 사회적 약자들에게 따듯한 관심을 베풀면서 정신적 위안과 성취감을 얻었다. 제3세계에도 관심을 기울였다. 짐바브웨 난민에게 식료품을 전달하고 전쟁으로 장애를 입은 고아들을 직접 둘러보며 관심을 기울였다. 다이애나 왕세자비의 제3세계에 대한 동정과 원조는 전 세계인의 존중을 받기 시작했다.

다이애나가 언론에 노출되는 빈도가 늘면서 두 사람의 가정불화도 언론

1992년 2월, 다이애나는 인도 자카르타의 고아원을 방문했다. 고아 50여 명을 만난 자리에서 병에 걸린 남자아이를 안고 있다. 자선 활동이 삶의 일부분이었던 다이애나는 진정한 인도주의자였다.

의 표적이 됐다. 1992년 2월, 찰스 왕세자와 다이애나가 인도를 방문했을 때였다. 폴로 게임에 참가한 찰스 왕세자가 우승컵을 받고 다이애나에게 의례적 입맞춤을 하는 순간 다이애나가 고개를 돌려 외면했다. 세계 언론이 지켜보는 자리였던 만큼 찰스 왕세자로서는 참을 수 없는 치욕이었다. 이 일로 영국 왕실의 분노를 불러 일으켰지만 이미 왕실 생활에 혐오감을 느낀 다이애나는 전혀 개의치 않았다.

1992년은 다이애나의 결혼 생활에 가장 혼란스러운 해였다. 그해 6월에 앤드루 모튼의 《다이애나의 진실》이 출간되었다. 다이애나의 묵인하에 찰스 왕세자와의 불행한 결혼 생활이 만인에게 공개된 것이다. 동화 같기만 하던 두 사람의 결혼 생활에 실은 온통 눈물과 절망이 깃들어 있었다는 사실을 알게 된 대중은 찰스 왕세자를 비난했다. 그러나 같은 해 8월 24일,

2006년 8월 31일, 다이애나 서거 9주년을 기념하여 수많은 영국 국민이 켄싱턴 공원으로 몰려들었다.

영국의 저명한 일간지 〈더 선〉지에 다이애나와 연인의 대화 내용이 담긴 기사가 실렸다.

대중은 엄청난 충격을 받았다. 고결하고 정숙하게만 보이던 왕세자비가 염문을 뿌렸다는 사실이 믿기지 않았다. 매스컴은 다이애나 왕세자비와 승마 교련의 스캔들을 포함한 염문설을 연달아 보도했다. 이렇듯 매스컴을 통해 왕실의 추문이 잇달아 터지면서 영국 왕실은 공황 상태에 빠지고 말았다.

1992년 12월 9일, 영국 총리 존 메이저는 찰스 왕세자와 다이애나 왕세자비가 별거에 들어갔다고 정식으로 공표했다. 1994년, 찰스는 방송에서 카밀라와의 관계를 인정했다. 그 뒤를 이어 이번에는 다이애나의 연인이었던 제임스 휴이트가 5년간의 밀애를 폭로했다. 그리고 1995년 11월에는 다이애나가 방송을 통해 10여 년의 불행했던 결혼생활과 휴이트와의 관계를 고백했다.

찰스 왕세자와 다이애나 왕세자비의 불행한 결혼생활은 이미 막다른 골목에 이르렀다. 두 사람이 경쟁이라도 하듯 스캔들을 폭로하면서 왕실의 권위가 크게 실추되었다. 1996년 8월 28일 일련의 협의를 거친 끝에 다이애나와 찰스 왕세자는 마침내 정식으로 이혼했다.

파리에서의 죽음

이혼 후에도 다이애나는 자선 사업에 전력을 다했다. 그녀는 죽기 전까지 약 200여 개에 달하는 자선 기구를 이끌었고, 적십자 홍보대사 등 중책을 맡았다. 공익사업에서도 대인지뢰 추방 국제 캠페인에 적극적으로 참여했다. 다이애나는 앙골라 등 전쟁 지역을 직접 방문하여 지뢰를 밟아 불구가 된 사람들을 위로했다. 그녀의 적극적인 활동 덕분에 대인지뢰 추방 국제 캠페인이 전 세계적으로 퍼져 나갔다. 21세기에 이르러서는 전 세계 135개 국가가 대인지뢰 금지 조약에 서명했다.

그와 동시에 다이애나는 자유로운 애정 생활을 이어갔다. 그녀의 열애설은 신문의 1면을 차지했고, 수많은 파파라치가 그녀의 일거수일투족을 감시하다시피 했다. 파파라치의 추적은 일상생활을 불편하게 만들었을 뿐만 아니라 급기야 그녀의 목숨을 앗아갔다.

1997년 8월 31일, 다이애나는 연인이었던 이집트 재벌 2세 도디 알 파예드와 프랑스에서 휴가를 즐기기 위해 파리로 향했다. 저녁 식사를 끝낸 두 사람은 도디의 별장으로 이동했다. 그 과정에서 오토바이를 탄 7명의 파파라치가 카메라를 들고 뒤를 쫓아왔다. 두 사람은 파파라치의 추격을 따돌리려고 고속 질주를 하다 31일 새벽 12시 30분 즈음에 지하 차도의 콘크리트 기둥을 들이받는 교통사고를 당했다. 도디는 그 자리에서 숨지고, 다이애나는 중상을 입고 병원으로 후송됐다. 그러나 긴급 구호에도 새벽 4시에 다이애나는 36세의 젊은 나이로 숨지고 말았다.

다이애나의 급작스러운 죽음은 영국 국민 전체를 충격에 빠뜨렸다. 아무도 그녀가 서른여섯의 젊은 나이에 죽을 것이라고는 예상하지 못했기에 슬픔은 더욱 컸다. 1997년 9월 6일, 런던의 웨스트민스터 사원에서 다이애나의 장례식이 거행되었다. 장례식에는 수백만에 이르는 군중이 거리로 나와 눈물을 흘리며 '만인의 왕세자비'였던 그녀의 죽음을 애도했다. 영구차가 지나가는 길목마다 꽃이 산더미를 이루었다.

부록 : 영국 역대 왕실 계보

웨섹스 왕조

국왕 명칭	기간
에그버트	802~839년
애설울프	839~858년
애설발드	858~860년
애설버트	860~866년
애설레드 1세	866~871년
앨프레드	871~899년
에드워드 1세	899~925년
애덜스탄	925~940년
에드먼드 1세	940~946년
에드레드	946~955년
에드위	955~959년
에드거 1세	959~975년
에드워드 2세	975~978년
애설레드 2세	978~1016년
에드먼드 2세	1016년

데인 왕조

국왕 명칭	기간
크누트 1세	1016~1035년
해럴드 1세	1035~1040년
크누트 2세	1040~1042년

웨섹스 왕조

국왕 명칭	기간
에드워드 3세	1042~1066년
해럴드 2세	1066년

노르만 왕조

국왕 명칭	기간
윌리엄 1세	1066~1087년
윌리엄 2세	1087~1100년
헨리 1세	1100~1135년
스티븐	1135~1154년

앙주 왕조

국왕 명칭	기간
헨리 2세	1154~1189년
리처드 1세	1189~1199년
존	1199~1216년

플랜태저넷 왕조

국왕 명칭	기간
헨리 3세	1216~1272년
에드워드 1세	1272~1307년
에드워드 2세	1307~1327년
에드워드 3세	1327~1377년
리처드 2세	1377~1399년

랭커스터 왕조

국왕 명칭	기간
헨리 4세	1399~1413년
헨리 5세	1413~1422년
헨리 6세	1422~1461년

요크 왕조

국왕 명칭	기간
에드워드 4세	1461~1483년
리처드 3세	1483~1485년

튜더 왕조

국왕 명칭	기간
헨리 7세	1485~1509년
헨리 8세	1509~1547년
에드워드 6세	1547~1553년
메리 1세	1553~1558년
엘리자베스 1세	1558~1603년

스튜어트 왕조

국왕 명칭	기간
제임스 1세	1603~1625년
찰스 1세	1625~1649년
찰스 2세	1660~1685년
제임스 2세	1685~1688년

윌리엄 3세와 메리 2세	1689~1702년
앤	1702~1714년

하노버 왕조

국왕 명칭	기간
조지 1세	1714~1727년
조지 2세	1727~1760년
조지 3세	1760~1820년
조지 4세	1820~1830년
윌리엄 4세	1830~1837년
빅토리아	1837~1901년

작센 코부르크 고타

국왕 명칭	기간
에드워드 7세	1901~1910년

윈저 왕조

국왕 명칭	기간
조지 5세	1910~1936년
에드워드 8세	1936년
조지 6세	1936~1952년
엘리자베스 2세	1952~현재까지

영국사를 아는 것은 세계사의 큰 줄기를 꿰뚫는 것

역사를 공부하는 것은 한 개인, 한 집단, 한 국가, 더 나아가 우리가 살아가는 이 지구의 삶의 궤적을 살펴보는 것과 마찬가지이다. 역사는 흐르는 물처럼 끊임없이 순환하며, 그 속에는 동시대의 여러 가지 사실이 복합적으로 연계되어 있다. 그래서 우리는 과거의 역사적 사실들을 명확히 분석하고 판단함으로써 현재에 산적한 문제들을 해결할 실마리를 찾을 수 있고, 더 나아가서는 미래를 예측할 수 있다. 영국의 유명한 역사학자 에드워드 카도 "역사는 과거와 현재의 끊임없는 대화"라고 하지 않았던가?

이 지구에는 69억에 달하는 사람들이 230여 개 국가를 이루며 한데 뒤섞여 살고 있다. 피부색과 언어, 전통, 풍습이 다른 이 많은 사람이 서로 소통하도록 다리 역할을 해 주는 언어가 바로 영어이다. 그렇다면 영어가 세계 공통어가 될 수 있었던 이유는 뭘까? 일반적으로 언어의 힘은 그 언어를 사용하는 지역 사람들이 다른 지역 사람들보다 문화가 발달하고 선진적인 기술을 개척한 데서 나온다. 바꿔 말해서, 오늘날 세계 공통어로 사용되는 영어의 힘은 그 근원을 되짚어 보면 '해가 지지 않는 나라' 영국 제국 시대로 거슬러 올라간다. 당시 영국은 전 세계의 4분의 1에 달하는 영토를 식민지로 삼고서 역사상 최초의 초강대국이자 가장 거대한 제국으로 군림했다. 또 세계에서 가장 먼저 산업 혁명을 일으켜 '세계의 공장'이라고도 불렸다. 그 시대의 영국 문화는 세계 곳곳으로 퍼져서 경제, 법, 정부 조직, 교육 등 사회 각 분야에 지대한 영향을 미쳤다. 이는 오늘날 영어가 세계 공통어로 우뚝 설 수 있는 토대가 되었다.

영국사를 이해하는 것은 세계사의 큰 줄기를 꿰뚫는 것과 같다. 영국 역사 속에는 우리에게 익숙한 인물이 많다. 책《왕자와 거지》나 영화〈천일의 앤〉의 역사적 배경이 되었으며, 오늘날 영국 성공회를 탄생시킨 헨리 8세, 평생 영국 제국을 더욱 발전시키는 데 힘을 쏟으며 영국 절대주의의 최고 전성기를 이끈 위대한 여왕 엘리자베스 1세,《로미오와 줄리엣》등 주옥같은 작품을 남긴 영국 최고의 극작가 셰익스피어, 진화론의 창시자 다윈,《올리버 트위스트》의 저자 찰스 디킨스, 제2차 세계대전에서 연합군의 승리를 이끈 주역인 처칠 총리 등등 이루 셀 수 없이 많다. 이 책은 이처럼 위대한 업적을 남긴 역사 인물들과 영국 역사의 흐름에 커다란 영향을 미친 역사 사건을 중심으로 영국사를 이해하기 쉽게 설명한 책이다.

우리는 이 책을 통해서 한 세기를 주름잡은 영국 제국의 흥망성쇠 과정을 이해하고, 더 나아가서는 세계사의 변천 과정을 개괄적으로 파악할 수 있다. 아무쪼록 이 책을 통해서 독자들이 올바른 역사관을 수립하고, 과거와 현재를 들여다봄으로써 건강한 미래를 개척하는 통찰력과 분석력을 기를 수 있기를 바라는 마음이다.

찾아보기

[ㅇ]

맥을 잡아주는 세계사 06

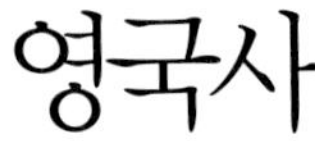

초판 2쇄 인쇄일 | 2015년 10월 5일 **초판 2쇄 발행일** | 2015년 10월 14일

지은이 | 맥세계사편찬위원회
펴낸이 | 강창용
펴낸곳 | 느낌이있는책

주소 | 경기도 고양시 일산동구 중앙로 1275번길 38-10 706호
전화 | (代)031-932-7474 **팩스** | 031-932-5962
홈페이지 | http://www.feelbooks.co.kr
이메일 | mail@feelbooks.co.kr
등록번호 | 제10-1588 **등록년월일** | 1998. 5. 16
책임편집 | 신선숙 **디자인** | 김민정
책임영업 | 최강규 **책임관리** | 김나원

ISBN | 978-89-97336-75-3 03920
값 17,800원

· 잘못된 책은 구입처에서 교환해드립니다.

이 도서의 국립중앙도서관 출판예정도서목록(CIP)은 서지정보유통지원시스템 홈페이지(http://seoji.nl.go.kr)와 국가자료공동목록시스템(http://www.nl.go.kr/kolisnet)에서 이용하실 수 있습니다.(CIP제어번호: CIP2014030312)